司馬遼太郎対談集

日本人を考える

司馬遼太郎

文藝春秋

司馬遼太郎対談集　日本人を考える◉目次

収録した対談の中には、差別的表現ととられかねない箇所が含まれています。差別を助長するものではないこと、時代を反映した対談であることを鑑み、原文のままとしました。読者諸賢のご理解をお願いいたします。また対談中の肩書き等は当時のままとしました。

文春文庫編集部

本書は一九七八年六月に刊行された文春文庫の新装版です。
なお、犬養氏、高坂氏、桑原氏、今西氏の対談につきましては『司馬遼太郎対話選集』2巻・7巻（二〇〇六年　文春文庫）を参考にいたしました。

●DTP制作　ジェイ　エスキューブ

司馬遼太郎対談集

日本人を考える

梅棹忠夫×司馬遼太郎

日本は〝無思想時代〟の先兵

一九六九（昭和四十四）年十一月

梅棹忠夫（うめさお　ただお）

一九二〇（大正九）年生まれ。国立民族学博物館初代館長。京都大学名誉教授。理学博士。専門分野は民族学・比較文明学。世界各地の探検・調査をもとに、幅ひろく独自の文明論を展開。五七年の『文明の生態史観』は反響を呼ぶ。文化勲章。二〇一〇年逝去。

司馬　いま大学の数は、ひところの四百からさらにふえて、六百ぐらいだといいますね。これほどめでたいことはない、と数年前に梅棹さんはおっしゃいましたな。あれは驚いたな。

梅棹　ええ。大学の数は多ければ多いほどいい。少々中身がいかがわしいものがあっても、いずれそれは修正がききます。国民総大学出になったら、こんないいことはない。国力としては、結局、その方が勝ちです。ヨーロッパのように、人口五千万の国に大学が十いくつしかないといったことでは、これから先とてもやっていけないと思うんです。

司馬　大学というところはバカが利口になるという装置じゃないけれど、知的訓練に耐える体質を学生に与えることができる。そういう体質でないとやれないような分野の仕事が、いまやどんどんふえているというわけですね。

梅棹　相当に高度の知的トレーニングが、ますます必要になってきている。ある意味では、一億総管理職みたいな状態に近づきつつあると思うんですよ。いまの大学出は昔とちがって、あんまりエリート意識をもてなくなっている。ところが知的訓練だけはすでに相当にできている、これは大変に具合のいいことですね（笑）。とにかく全国民が大学に入ればいいんだけれども、なかなかそうはいかん面があるかもしれません。しかしいま大学への進学率は相当に高くなっておりましょう。結構なことです。

史上最初の無層化社会

司馬　いつも思うことなんですけれども、いまの日本人の社会、これは人類が初めて経験する社会じゃないか。というのは、階級がまったくありませんでしょう。人間というのは、やはりある程度等級や階級をつくらないと秩序維持ができない面があって、弥生式の昔からずっと階級秩序で人間を統御してきた。ところがここへきて、まったく階級のない社会へ入ったわけで、さあどうやって人間が人間を整理したりコントロールしたりするのか、これは今世紀最大の興味点ですな。人類が社会というものをもって以来、初めて無階級状態を日本において経験するのですから。

もっとも階級がないのを寂しがっているという社会現象がある。東京大学の社会心理的な地位が向上したのは、そのためでしょう。教育ママやマスコミが東大、東大と騒ぐのも、この無階級時代になんらかの階級代替物《だいたいぶつ》を探して秩序づけをやってみたいという面が、社会心理的にあるんじゃないでしょうか。

梅棹　そうかもしれません。しかしまあ東大出といっても、昔みたいなエリートとちがいますな。どっちにしても大したちがいはない。いまの日本の社会、たしかに非常に平坦《フラット》な形になりつつありますね。話は古くなりますけれども、サルからようやく人間に進化したころの社会は単層社会なんです。現在でも未開社会はだいたい単層社会です。それがいまから六千年ぐらい前に、次第に重層化してくる。上になる奴と下で働く奴と、層が二つ三つと分れてくる。

単層社会から重層社会へ。文明社会はみなそういう経過をたどってきている。日本もつい最近まで重層社会でやってきた。ところが戦後、そこから脱皮しかけている。今後どうなるかというと、無層社会です。一見、単層社会に似ているけれども、内部が非常に複雑になっていて、単層とはいえない。こういう無層社会というのは、いまだかつて人類は一度も試みたことがないわけです。われわれの社会は、人類史上最初の無層社会に突入しつつある、と私は見ているんです。

司馬　だいぶそんな気配になっておりますな。たとえばアメリカなんかどうなんでしょう。あれは最初、わりに無層社会的な状態から始まったんじゃないでしょうか。

梅棹　あれはむしろ既成のヨーロッパ社会の延長と見た方がいいですね。ヨーロッパの階層分化をごっそりもちこんでいる。いまでも太平洋岸から大西洋岸にいくほどに階層制がつよくなっていて、やはり当分はヨーロッパ的な社会ですね。それに黒人問題もありますし、日本の方がはるかに無階層、無層社会ですよ。

司馬　おそらく無層社会への進化という意味では、日本は世界の先兵ですな。

梅棹　まさに先兵です。

司馬　そういう無層社会に入りやすい基盤が、日本には歴史的にありましたね。たとえば徳川家の先祖は時宗《じしゅう》の遊行僧《ゆぎょうそう》ということになっておりますけれども、あれは要するに当時の賤民《せんみん》です。それが流れ流れて、たまたま三河の山奥の松平郷に住みつき、実力を貯えて大名になっていく。日本というのは歴史的に見ても、非常に社会的な対流のいい国ですね。絶対的な支配階級もないし、下積みでどうにもならないといった階級もない。なんとかなる国なんですね。

梅棹　イギリスなんか階層間の対流が非常にむずかしい。ヨーロッパは日本よりもはるかに階層制の殻を残していますよ。

司馬　蒙古人やトルコ人なんかの遊牧民族の社会はどうでしょう。わりに無階層なんじゃないですか。

梅棹　いや、そうはいえませんね。トルコといえば、このあいだユーゴにいってきましたけれども、あそこはかつて五百年ぐらいトルコの支配下で辛抱していた。それだけにいまでもよくトルコのことが話題に出るんです。あの強大なトルコ軍の主力部隊をなしていたのはイェニチェリ軍団というんですが、これはユーゴ人やルーマニア人からなる軍隊なんです。子どものころにセルビアやルーマニアあたりから徴兵され、トルコにつれていかれて小さいときから軍事訓練を受ける。これがトルコ軍の中核になるわけです。

ノーベル文学賞をもらったアンドリッチという人の作品に『ドリナの橋』という小説

があります。主人公のユーゴ人がやはり子どものときにイスタンブールにつれていかれる。途中でドリナ河を渡るときに筏《いかだ》で大変に苦労をする。人々が難儀しているのをみて、よしオレはトルコで偉くなってここに橋をかけてやろう、と決心する。トルコで立身出世をし、ついには宰相にまでなって故郷の河に橋をかける。その橋が次には主役になって、その上を往来する人間たちを第二次大戦にいたるまで描いた大河小説です。

ですから当時のトルコ社会は、セルビアの田舎出が宰相になれるような仕掛けになっていた。その限りでは無階級的ですけれども、日本に似ているというよりむしろ清国に似ていますね。

軍事能力に秀れた日本人

司馬　つまり秀才登用の制度をもった官僚制度ですね。

梅棹　そういうことです。皇帝がものすごい権力をもっていて、それに直属の官僚群がいる。これが地方に赴任していって、猛烈な中央集権制度を形づくっている。日本のような地方分権的な状態とちがうわけです。

司馬　たとえば日本人というのは、オランダ語が必要だとなると遮二無二《しゃにむに》これにしがみつくけれども、間もなく英国文明の方が上だとなると、遠慮会釈もなく英語に切りかえてしまう。福沢諭吉なんか、彼自身の前半生で個人としてそれを体験している。それから軍事面でも、幕末から維新にかけてフランス学がはやっていて、初めのころの士官学校なんかフランス語でやっていた。ところがフランスがドイツに負けたとなると、またたく間にプロシア式に切りかえて、学ぶ言葉もドイツ語になってしまう。

医学においても明治初年にドイツからホフマンを招《よ》んで以来、オランダ語は弊履《へいり》のように捨てさられてドイツ語です。そういう遠慮会釈のないところは、どこか遊牧民のやり口に似ているんじゃないか。実はこのことを友人の陳舜臣氏にいうと、中国人にはそういうえげつないところはない、日本人のそういうところはひょっとすると遊牧民の気質が出ているんじゃないか（笑）。

私も日本は純然たる農耕社会だと思いますが、ときどき日本人をはるかな昔の遊牧民と結びつけて考えてみたくなる。これはまあ根も葉も見つからぬ空想なんですけれども。

梅棹　たとえば日本人が昔から軍事的組織能力に秀れているところなんか、遊牧社会の原理がかなり入っているでしょうね。あれだけ卓越した軍事能力は、農耕社会からはなかなか出てきません。

司馬　たとえば源義経が壇ノ浦で平家を殲滅《せんめつ》させた集中感覚や機動感覚をみてもそうですね。関ヶ原の規模を考えても、日本人の組織・運営の能力は大したものです。これは普通の農耕社会からは出てこないものかもしれませんな。

梅棹　昔から非常にミリタリスティックな国民ですね。いくさ上手です。

司馬　組織・運営力の上手な民族というのは、他にどこでしょうか。

梅棹　やはりイギリスでしょう。

司馬　スペインが後退したのも、イギリスの組織力にやられたからですね。

梅棹　会社の運営力なんかも、イギリスが第一等だった。

司馬　大坂夏の陣のちょっと前には、すでにイギリス商館の出張員が平戸、大坂、江戸に来ておりましたね。リチャード・コックスという商館の親玉が、日本の情勢の変化を本国に報《し》らせて、本国のより大きな判断を待つといったことをやっていた。大した組織力です。いまはまあイギリスは、そういう面での旧家になっていて、代って出ているのがアメリカ、ドイツ、日本といったところじゃないでしょうか。

梅棹　ドイツはまだ私いったことがないので、実感としてよくわからないんですけれども。

司馬　ドイツ人というのは妙なところのある民族ですね。例のゲルマン騎士団が盛んにスラブとの国境を侵した時代、村単位で出かけていくんですけれども、天幕の中でほとんど性的な事故が起らなかったそうですな。キリスト教以前のことです。どうも彼らには固有のルールがあったらしい。個人の欲望を充たすことよりも、ルールとかシステムとかの方が大事だという思想で動く。そういう民族は十七世紀以降、とても得をしていますね。

梅棹　簡単にいえば自己規制がきく文化かどうか。自己規制のきく文化というのは、近世以降、たしかにつよいですな。

司馬　良し悪しは別にしてつよいです。

梅棹　日本人はわりに自己規制がきいている民族で、ヨーロッパでいえば北方的なものが主流になっていますね。ヨーロッパでも南の方は、たとえばメシを食うのに二時間から三時間かかる。日本人は昼食なら、早い人で五分間（笑）。食事を義務と思うか人生そのものと思うか、このちがいは大変なことです。日本人は食事を義務、必要悪だとみていて、早飯は侍の基本的心得の一つとされておりましたでしょう。

司馬　早飯、早糞ですね。

梅棹　それに早走り。食事をゆっくり楽しむことを罪悪視する。それより組織のためとか公共のためにエネルギーを捧げる。なにかをやるという目的合理性で自分を規制していく。これはかなりきつい文化ですよ。

司馬　中国人というのは現実肯定というか欲望肯定の民族でしょう。そこから出た儒教は、もともと禁欲的なものじゃない。ところがこれが日本に入ってくると、どこか堅苦しく禁欲的な道になってしまう。このあいだ、必要があって『葉隠』を読んでいましたら、こんな話が出てきました。

衆道つまり男色に家元というのがあって、この家元が弟子に衆道の極意をたずねた。弟子が答えて「好いて好かぬものなり」という。衆道に惑溺《わくでき》すると刃傷《にんじょう》沙汰が起って侍が二人死ぬ、だから好きだけれども我慢するのが極意である、というわけです。その答えをよしとして家元は弟子に跡目をゆずるんですが、こんなマンガみたいなやりとりを大まじめでやっているんですね。何事にも自己規制こそ極意だというような考え方が日本人には以前からあって、それに儒教がのっかったために、どこか堅苦しい道《みち》のようなものになっていったんじゃないかと思うんです。

梅棹　似たようなことがヨーロッパにもありますよ。カトリックというのは陽気で、世俗的で、現実肯定的でしょう。これが北の方へいくと大まじめな、きついことになる。スイスのカルヴィンみたいなリゴリズム。まっとうにイエスの教えを実践して、自己規制の粋みたいなものになってしまう。これがプロテスタントの源流になるわけですね。

思想というのは伝染病

司馬　南の方のカトリック、これはどこそこの教会にいくと眼病がなおるとか梅毒がなおるとか、そんな格好で教会が存続していて、われわれがカトリシズムという名前で想像しているものと、だいぶちがうんですな。

梅棹　本場のカトリックというのは大変に大らかな、人生を丸ごと肯定してそれに飾りをつけたようなものでしょう。いろいろ規制はあるけれども、建て前は建て前として立てておいて、現実は現実でやるという知恵ができている。建て前と実際が一致しなきゃいかんという思想は、人類史のどこでどうして出てきたのか、面白い問題ですね。

司馬　日本人と思想の関係ですが、たとえば仏教が伝来したとき、聖徳太子という人はおそらく仏教を思想として理解して受け入れたのではなくて、一種の芸術的ショックにやられたんじゃないか。伽藍《がらん》とか仏像が金色さん然としていて、これに打たれた。カトリックが伝来したとき、織田信長なども芸術的ショックをずいぶんと受けたんですね。彼は一種の芸術家肌の人間で、ものごとを美的に受けとる方ですから、そういうところがわりにカトリックに好意的だった原因じゃないかと思うんです。

しかしまあ、そのカトリックも、思想としては日本に入りこめなかったですね。たとえば近畿地方に一時は五十万人もいたカトリック信者が、江戸時代になるとその痕跡すら残さなかった。思想としても痕跡をとどめずに儒教に入っていってしまう。キリスト教のような一神教は、どうも日本人にはわかりにくいんじゃないでしょうか。

梅棹　日本にきたカトリックはジェスイットで、かなり厳しいカトリックです。そこらがわかりにくい原因になったのかもしれませんね。日本がたとえば地中海世界のちょっと横に位置していたとしたら、わりに上手に入っていたでしょう。というのは、いろいろな舞台装置が一緒に入ってきますから。ところが単身赴任してくるジェスイットの坊主は、思想しか伝えるものがない。理屈だけをいうようなもので。

司馬　秀吉が、一夫一婦制でなければカトリックにいくらでも入信してやるんだが、なんていってるところをみると、ジェスイットの坊さんたちは相当に思想を正面きって押し出したんですね。

梅棹　思想というのは、なにか壮大な舞台装置があるとこれにイカレる人間が多いでしょう。現実にさわれるもの、見えるものとセットになって入ってきた思想は、かなりつよいんですね。それのない思想は、だいたい一代か二代で消えてしまう。

司馬　たしかにそうですな。思想というのは論理的に完璧でなければいけないわけで、しかしそれは不可能だから、あらゆる思想はフィクションということになりますね。

梅棹　そうです、フィクションです。

司馬　そういうフィクションを信じるときには、狂気といったものが必要でしょう。カトリックでも尊王攘夷でもマルキシズムでも。

梅棹　思想というのは伝染病みたいなもので、一度ひどいのにかかると当分免疫性ができて、次のがきてもかからない。仏教がやってきたとき、日本はいわばバージンだったからまともに感染して、あげく荘厳な舞台装置というか仕掛けをつくってしまった。そこへカトリックが手ぶらでやってきても、免疫ができているからかからないわけですね。

司馬　そうかもしれませんね。日本人の思想というのはいずれも海の向うからやってきて、それがいつも多分に悲劇的なんですな。キリシタンの受難にしてもマルキストにしても。それからたとえば水戸学の思想。あれは宋学から来ていますでしょう。蒙古帝国に滅ぼされかけた南宋のインテリたちが、南宋こそ正統であるということをいわんがための、いわば尊王賤覇《せんぱ》の思想なんですね。この宋学の一番ファナティックなところが水戸学に結実して、それが幕末の革命思想みたいなものになっていったわけで。

ところがこの宋学（朱子学、陽明学）もまたフィクションでしょう。そのフィクションからさめたときに、他のものが望まれた。思想というのはアルコールみたいなものですから、さめてしまうと他のアルコールが必要になる。それがたとえばマルキシズムじゃなかったか。そんな事情が日本の思想史の一面にあるように思うんですよ。

室町時代の日本人に戻る

梅棹　近代日本のマルキシズムは、だいたい朱子学の後継者でしょうね。そういう役割を果しておりますよ。

司馬　たしかに朱子学の後継者ですね。ところでいかがでしょう、これから先、思想というものがいらなくなった文明の段階にきている、とみてよろしいんじゃないでしょうか。すくなくともマルキシズムやキリスト教なんかに匹敵し得る大思想はもう出てこない、出てきてもきわめて滑稽な形でしか出てこないような、そういう段階に入っている……。

梅棹　ボロを出さずに大思想を形成できる可能性が、どうやらもうなくなったという感じですね。

司馬　これからは思想のない状態で文明が無明長夜の中を進行していく、そんな感じがしますね。

梅棹　これから先、いったいどうなりますかな（笑）。

司馬　さっきの無層化社会のことですが、日本は社会的対流ができていいけれども、よその国の場合はどうなるか、これは面白いですな。日本の場合は、徳川時代がまったく異例でしたね。徳川家一つを守るために日本人全部に等級をつけた社会で、上にも下にもいけない。そのために三百年間の平和が保てたわけで……。

梅棹　維新をやって天皇さんを立てたけれども、なによりもまず天皇家の安泰をはかるように全部を編成した。そのやり方はやはり徳川方式に倣《なら》ったんでしょうな。

司馬　ええ。天皇さんに服従しろということで秩序づけをしていこうということになったけれども、それには天皇さまはえらいものだということにしなくてはならない。そのために過去にモデルを求めて、将軍のようなものだといって、宣伝してまわった。だから明治初年の天皇さんの位置は、将軍とほとんど変らない。それを明治憲法でプロシア皇帝みたいにして、それに日本古来の神道的な天皇制をくっつけたわけですね。

梅棹　朱子学の代替物がマルキシズムで、将軍の代替物が天皇さん。結局そういうことになりますな（笑）。

司馬　ですから明治から終戦までの天皇制というのは、朱子学の影響を受けたフィクションでしょう。このフィクションに目の色を変えていた県立中学の校長さんたちが、終戦を境に「もうそれはどうでもよろしい」と訓示する。これは校長さんが変節したのではなくて、酩酊《めいてい》からさめてもとのノーマルな日本人に戻ったという感じですね。

梅棹　非常にノーマルです。

司馬　校長さんに限らず、日本人みんなが終戦後、ツキモノがおちたように徳川以前、室町時代のあるべき姿の日本人に戻ったという感じですね。

梅棹　だいたい江戸・明治期、一六〇〇年から一九〇〇年が、日本の歴史の中では大変に異質な時代だったんですなあ。それから一九〇〇年から一九五〇年ぐらいがその解体期。追いつめられた土壇場で、外圧のショックでパーッと変ってしまった。そう見たらいいでしょうな。

司馬　その通りだと思います。いまのわれわれは室町末期の日本人に似ていますな。それでも室町時代には階級らしいものがわずかにあったけれども、いまはそれもない。どうやって日本人は暮らしていけばいいんだろう（笑）。

思うにこれまで日本人の帰属意識というものが、わりに社会を安定させてきた。つまり三井なり三菱なりに入社するのは、初任給四万なにがしを得るためではなくて、帰属するためであって、そうすることで本人も家族も安心する。給与よりも帰属したことに重きをおいてきた。それがそろそろ変ってきたんじゃないかと思うんです。

近ごろの大学生、必ずしも大企業への帰属を望まない学生がふえている。他にもっとインスタントにいろいろな欲望を充足させることがあれば、そっちの方にいっちゃう。なにしろ東大出のプロ野球選手や歌手が出る時代でしょう。

ほんの数年前までの日本人というのは、そういうことを考えなかった。考える人間は風変りな人間と思われましたね。

大企業は昔の藩と同じ

梅棹　うちの息子は鴨沂《おうき》高校、いわゆる名門校を出たんですが、これが高校時代から無茶苦茶な脱線で、いまだにどこの大学にいくでもなし、どこに就職するわけでもない。なにをしているかというとこの三年間、数人の仲間と組んで気球の開発をやり、このあいだ日本最初の熱気球というのを飛ばした。

なにしろ巨大な気球なので、北海道までトラックで運ばないといけない。そのトラックをトヨタが貸してくれた。これに乗って息子が鴨沂高校に用事があっていったところ、先生が窓から顔を出して「梅棹くん、よかったね。きみ、トヨタに就職したんか」そしたら息子が怒って「バカにするなッ」（笑）……ぜんぜん意識がズレているんですな。

司馬　なるほどねえ（笑）。

梅棹　先生にしてみたら、あのハシにも棒にもかからん不良が、どうやら大企業に就職してくれたと喜んでくれている。ところが本人にしてみれば、こんな侮辱はない（笑）。新聞にも熱気球の記事がのりましたけど、仲間はみな大学生でしょう、息子ひとりだけがいちいち誇らし気に「無職」といってる（笑）。おかしかったですよ。親父としてはかなわんですけれど、考えとしては面白い……。

司馬　面白いなあ。そういうのが出てきたわけですよ。日本人が大きな会社への帰属を喜ぶ、それだけを目的に受験勉強をして大学を出る、というのはおそらく徳川時代の、まったく丸がかえの藩制度からきていると思うんです。

梅棹　同感ですな。いまの大企業というのは完全に藩ですよ。みんな紋章入りの紙袋をもってね（笑）。

司馬　日本社会の一部に変性組織ができてきましたな、梅棹二世の出現などによって。

梅棹　ああいうフリーが出てきたんですね。面白いですな（笑）。

司馬　組織を離れると名状し難い淋しさがあります。私なんか会社を辞めて半年くらい軽いノイローゼが続きました。オレはいまから一人なんだということを、相当にがんばって自分にいい聞かせたんですけれども、いまの若い人はごく自然にスッといっちゃう。

梅棹　そういうのはまだ少数だけれども、出てきたことは事実ですね。

司馬　頭のいい子ほどそうなる。

梅棹　しかしああいう組織離れした奴というのは、いったいどうなるんですかなあ。なにしろ初めから組織に対する価値観が欠落しているわけですよ（笑）。面白い現象ですな。

司馬　そこらへんから次の新しい社会の重要な部分が出てきそうな感じがしますね。

梅棹　若い人で、会社を未練気もなくやめてしまうのがふえましたな。もう組織への帰属意識が薄くなってきている。流動状態に入りましたね。

司馬　ソニーなんか、よその会社をやめた人間を集めていますよ。「出るクイを求む」

とか「英語でケンカの出来る人を」といったキャッチフレーズで。

梅棹　組織というのは一度できてしまうと、その目的追求よりも、組織の維持自体が目的になってしまうところがあるでしょう。会社でもそうですな。しかしもうそろそろ、組織の維持を目的としない組織が出来てもいいころですね。

解散経営学のすすめ

司馬　映画会社なんか、直接の映画づくりに関係のない人件費が予算の七〇パーセントをしめているんだそうです。あとの三〇パーセントで映画をつくっている。これではいかんというので、映画をつくりおわって目的を果したらパッと解散してしまうような組織、従来の組織観からすれば組織ともいえないような組織づくりが出てきましたね。

梅棹　破壊工学というのがあるでしょう。いかに上手に壊すかという技術です。ものをつくるときに初めから壊すときのことを考えてつくる。建物をたてるのに壁に火薬を仕こむための穴をつくったりしてね。同じように会社組織でも、目的を達したらつぶすときのことを考えて、あらかじめ内外に害をおよぼさないような組織づくりをやる。経営学にもそういうのが必要になってくる。破壊工学にならって、いわば解散経営学ですな。そういう会社組織が出てきても、いいはずだし、また出てくるでしょうね。

司馬　これから世の中、どんどん変っていきますな。

梅棹　そんな風に考えてみますと、いまの日本はものすごい変革期にさしかかっていますね。おそらく明治維新以上の一大変革期ですな。明治維新なんか関ヶ原の後始末みたいなものですけれども、すでにいま始まっている変革は、日本史上最大のものでしょう。

司馬　たしかに最大の変革期ですな。いまから新しい時代が始まる感じですよ。そのモメントというか動力は、やはり生産力が巨大になったことでしょうな。職人が一日に一着つくっていた洋服が、いまではボタンを押しただけで一万着できちゃう。あまりボタンを押しすぎると生産過剰で、地球上に物があふれちゃうというような、妙な時代になってきた。そうするとオレは変なボタン押しとは関係のない人間になるぞ、ひいては働くことはすなわち罪悪である、といったような考え方をする人間が出てきた。

そういう人間も実はボタンを押している人間が食べさせているわけだけれども、とにかくみんなに働かれると困っちゃう、遊んでいてくれる人間がいないと困るような具合になってきたんですね。だいたい世の中の仕事というのは、衣食住の生産に関係あることをいうんでしょう。ところがテレビタレントなんかが「近ごろは仕事が忙しくて」なんてことをいっている。あれも小説家も従来の考え方からいったら仕事じゃない。

趣味でギターひいていたら偶然に人気が出て、人から投げ銭がくる。これを〝仕事〟として劇場から劇場、テレビ局からテレビ局へと忙しそうに走りまわっている。これがまあ第一波だとすると、それすらもしないでひとりでギターひいて歌を歌って、およそなんにもしないのが出てきましたな。なにもしない人間が必要になってきた。こいつが何か仕事をすると生産過剰になる、それは本能的に知っているのかもしれない（笑）。

梅棹　いや、はっきり思想的に意識しておりますな。人生の理想は何もしないことだ、という風に。うちの息子の気球にしても、われわれ大人なら、そんなことをして何になるかということが先にくる。ところがただ空にブワブワと浮び上ることだけが目的なんですな（笑）。浮び上ったらあとはいらんと折角つくった気球を北大にパッと寄付してしまった。それを手段に何かをやろうなんていうことは軽蔑すべきことだ、という風になっている。実に不思議な思想です。われわれなら何か役に立つかもしれないと思うでしょう。ところがそれは、彼らにしてみると悪なんですね。

司馬　自覚的に悪だと思う人間が出てきたんですな。

梅棹　私、情報産業論ということをいい出したんですが、これは要するに農業の発展の上に工業が展開し、それを土台に社会を動かす主力が情報産業の方に移っている、ということです。いまものを生産する人間は昔でいえばお百姓なわけで、ものが生産過剰になるというのは、米ができすぎるというのと同じなんです。

司馬　古米騒ぎが象徴的な例ですな。

梅棹　さっきの話の一六〇〇年から一九五〇年ぐらいまでが農工時代。そのあと情報産業時代の黎明《れいめい》期に入ったわけで、それにふさわしいものの考え方の原理がそろそろ出てきているところですね。

司馬　いまベトナムでアメリカが戦っていますけれども、あれはなにもあそこに植民地をつくろうと思って始めたわけじゃない。なにかきわめて子どもっぽい正義感とか力の表現欲が動機で始めて、いまや莫大な国費を投入している。一方韓国にも長い間ほとんど無償の金を大量に投入している。それでもアメリカはわりに平気な生産社会になっている。戦術・戦略的にいろいろな小理屈はつくんでしょうが、一つの民族がもう一つの民族のためにただで金をやるのはなぜなのか。そんなことはかつて人類史になかったことなんで、そこのところに大きな理屈がどうしてもつけられないんですけれども……。

梅棹　あれは、ただで金を出さないともたないようになっているんですよ。

司馬　そうらしいですな。そのベトナム戦争をなんとかやめさせようというべ平連のような動きもありますけれども、一方に、そんなことにはわれ関せずで、気球をあげたりギターをひいたりすることが人類として一番正しい姿なんだ、という人間が出てきているわけですな。それもこれも同じ共通項でくくれる現象かもしれない。

これまでの大人なら、お前は怠け者だ、もう少ししっかりしろ、なんていうべきはずのところを黙っていますね。それどころか羨《うらや》まし気に見ている。ひょっとすると、あいつのいうことの方が本当かもしれんぞ……。

梅棹　（大笑して）おかしいことですな、これは。大変に面白い。

戦争をしかけられたら

司馬　これからの日本は、国際環境さえ許すなら、一割の人間が会社に帰属して働き、あとの九割はどこにも帰属しないでギターをひいていればいい、といったようなことになるんじゃないですか。

梅棹　働くことの意味内容が変りつつありますね。工業時代の観念からいえば、ギターをひくといったようなことは労働のアンチテーゼだけれども、これからはそれが新しい情報価値を生むことになる。一見遊びとみえることが、実は新しい情報価値を生む。まあわれわれのやっていることも、遊びの部類ですな。

司馬　ええ。しかしまだわれわれがいまひとつ遅れていると思うのは、遊ぶ能力がないことですね。遊びには才能が必要ですよ。熱気球を着想して、それをつくって飛ばすには才能が要る。

梅棹　これから教育というものの目的があるとしたら、遊びの能力、いかにうまい遊びを発見・創造できるかというところにあると思いますね。

司馬　なるほど。

梅棹　情報産業といってもまだ黎明期で、なんか能率をあげるための手段だと思われている面がある。しかしこれは能率とは関係がないんです。創造というか遊びの精神にかかわりがある。いまに才能のある非帰属遊戯者が沢山でてきますよ。

司馬　そういう連中が楽しく遊べるような社会をつくるのが、政治の目的ということになるでしょうね。

梅棹　政治そのものも、だいぶ遊びになってきつつあるんじゃないですか。まだ完全な遊戯になりきらずに、なまじ力を残しているからこそわれわれが迷惑をするところがあるわけで。いずれ政治というものの力を縮小していって、完全な遊戯にまで追いこんでしまえばいいと思うんです。

司馬　賛成ですね。やっている本人は血相を変えているけれども、実は人畜無害の遊戯にしかすぎないという形、それが理想の政治ですな（笑）。戦後は権力が拡散して、政治が調整役に甘んじてきたけれども、どうせこの先の仕事も調整しかないのなら、電子計算機で調整の答えをはじき出させるような、透明な機械的コントロール・タワーになってしまえばいいんじゃないでしょうか。

梅棹　事実、そういう要素が出はじめているでしょう。昔にくらべて政治が占める重みは、はるかに小さくなってきていますね。

司馬　ついにはあるのかないのかわからんぐらいに小さくなってしまえば、いいと思いますね。異常な国際環境さえなければの話ですけれども。

梅棹　いまでも政治なんて、国際的緊張を抜きにしたらほとんど無意味になるでしょうね。政治の大部分がそれにからんでいるんですから。

司馬　困ったことには、日本に遅れて進化の過程をたどっている国が沢山ありますね。これが革命をやって組織を一新する。するとこの組織をテストしてみたくなって、どうしても戦争がしたくなる。新しくできた労働組合がストライキをやってみたくなるのと同じようにですね。

梅棹　やってみたくなるでしょうな。

司馬　戦争をしかけられたらどうするか。すぐに降伏すればいいんです。戦争をやれば百万人は死ぬでしょう。レジスタンスをやれば十万人は死にますね。それより無抵抗で、ハイ持てるだけ持っていって下さい、といえるぐらいの生産力を持っていればすむことでしょう。向うが占領して住みついたら、これに同化しちゃえばいい。それくらい柔軟な社会をつくることが、われわれの社会の目的じゃないですか。

梅棹　目的かどうかはわかりませんけれども……いいヴィジョンですな。

司馬　日本の防衛ということを考え出したら、大東亜共栄圏をつくるしかないんです。幕末のころ島津斉彬《なりあきら》も鍋島閑叟《かんそう》も共栄圏論者でした。斉彬がいうには、東北の諸侯は沿海州から満州に入れ。中国の諸侯は支那本国に入れ。九州の諸侯はニュージーランドまでいけ。ニュージーランドという名前を知っていたんですな。それから近畿の諸侯は本国を守れ。それ以外に日本という地理的条件にある国を守ることはできない、といっている。これが日本の国防思想の原型なんですね。

ところがいまそんなバカなことは出来やしません。現に二十数年前、大東亜共栄圏の迷妄《めいもう》から醒めている。あとは沿岸防備です。これはもう戦車がいくらあっても足りない。チェコにいったソ連の四千台の戦車を日本でつくるとすれば一台何億円。そんなものを数そろえたら、それだけで日本は貧乏してしまいますよ。

ですから自衛隊をまともに防衛の主体だと思っていると、国を誤りますね。あれは国の一種の装飾品なんだと弁《わきま》えるくらいに大人にならないと、日本の防衛は危ないですな。ぼくだってかつては戦車兵だったから、兵隊さんの気持はよくわかりますけれども。

世界の交差点で酒盛り

梅棹　日本人もだいぶ大人になったんじゃないでしょうか。子どものころは病気もしたしケンカもしたけれども、もう病気もケンカもしない年齢に達した。大人の知恵というか勘をもつようになったと思うんです。

司馬　たしかにそうですね。だからいま一億一心で銃をとれといっても、とてもそれは出来る国じゃありません。

梅棹　出来ませんな。

司馬　だからそういう妄想は捨てなきゃいけない。歴史というのは絶対にもとに戻らない。それを踏まえた上で覚悟のアグラをかき、前を見なきゃいけませんね。七〇年安保を前にいろいろ騒ぎがありますけれども、みんなお祭り騒ぎにして風俗化してしまえばいいんですよ。そこまで日本人は成長しているはずなんです。騒ぐ方だって見物されているという意識があって、演技者の気分でやっているわけでしょうし。

梅棹　ゲバルトはショーの演出とまったく同じ原理に立っている。いかにカッコよくみせるかということでしょう。報道されることを前提としている。

司馬　だいたい日本は国際環境からみたら不幸な位置にあるんです。アメリカとロシアにはさまれて、両方から睨まれている。両国とも膨張本能がないとはいえない国です。いわば日本は交通の激しい交差点の真ん中にいるようなもので、それならそれでいちいちソレ信号が変ったぞとか、やれ向うから車がやってくるとか神経質になっていたのでは、とてももつとまらない。いっそゴザを敷いて酒盛りでもするしかないわけですね（笑）。

梅棹　ああ酒盛りやっとるというので、向うでよけてくれますよ（笑）。

司馬　日本という国はそういう意味で、すでに強靱な社会になっているんじゃないでしょうか。

梅棹　あまり前例のない社会をつくりあげる可能性がありますよ。

司馬　これからの日本の社会、ゲバルトを相当に包容しながら進行すると思うんです。たとえば公害の問題なんか、裁判所に訴えるより、みんなでその工場にいって滅茶苦茶にブチ壊した方が早いですよ。そうしておいて裁判へもっていって一人頭五億円くらいの損害賠償を請求する。そういう小さな市民的暴力の他に、管理社会における企業組織の膨張本能に反省の機会を与える方法はありませんね。これは思想じゃない。思想なんてものは、もう役に立たん時代ですな。

梅棹　思想というのはさっきの組織への帰属意識と、どこかでつながっていますね。ところがどこにも帰属しない人間については、思想的コントロールがききませんでしょう。となると大変ですな。無思想・無帰属人間をわんさとかかえた無階層社会――人類が初めて経験する社会に、われわれは踏みこんでいるわけです。

司馬　まさに世界の先兵ですな。そういう社会をどうみるかについて、だれもまだ考えてはいないようですね。

梅棹　自覚された形での考察は、今日が初めてでしょうな（笑）。

（『文藝春秋』一九七〇年一月号）

犬養道子×司馬遼太郎

〝あっけらかん民族〟の強さ

一九六九(昭和四十四)年十二月

犬養道子（いぬかい　みちこ）

一九二一（大正十）年生まれ。評論家、作家。首相だった祖父の毅が青年将校に殺害される〈五・一五事件〉に、強い影響を受ける。四八年より滞欧。大学で哲学、聖書学を学びながら、紛争地の難民キャンプ支援を行う。七九年犬養道子基金を創設。『人間の大地』他。

司馬　先日、備中路《びっちゅうじ》をあるいて、たまたま犬養さんのおじいさんのお里（岡山）の村を通りました。あのあたりは人文が古く、古社も多く、犬養家なども吉備津彦《きびつひこ》のむかしからの姓だし、日本の古代的な気分に十分ひたることができました。ですが、今日はひとつ犬養さんに、西洋と日本それぞれの精神《こころ》の違いみたいなことについて、うかがってみたいなと思ってるんです。犬養さんはご自身カトリックでもあるし、西洋の宗教については大変お詳しい。宗教の違いは、民族の精神《こころ》の違いをいわば典型的に示すわけなんで、犬養さんには西洋の神様の話をしていただき、私の方は日本の神様の話などをして、そんなことから始めて、ゆくゆくは民族の性格や政治にまで触れて考えてみたらどうか、とまあ、そんなふうに思ってるんですが。

犬養　宗教といえば、このあいだドイツへいったときにラジオの討論会にひっぱり出されたんです。出席者は世界六カ国からきた女性ばかり。ところがそこで私、総攻撃を受けたのよ。なぜ日本では堕胎を許すのか、それは殺人ではないか、しかも女性自身が許すのは何事か、といって。こっちも反撃戦術として、タブーになっているアウシュビッツをもち出したりしたんだけれども、最後にインドの女性がしめくくりのように「日本には宗教がないからね」といったんです。

司馬　外から見ても日本という国は、やはりそういうふうに見られているんですな。

犬養　ええ。それから話はそれますが、こんどつよく感じたことは、一口にヨーロッパといっても、そこの歴史なり政治なりを考える場合には、民族同士の好き嫌いの感情を抜きにしてはわからないということですね。

司馬　政治とはフィーリングだといいますけど、ヨーロッパの外交政治の一番基本にあるのはそれでしょうね。

世界連邦は日本の特産物

犬養　たとえばドイツ人とオーストリア人の微妙な好き嫌いの感情なんか。私、ドイツに住んでいるオーストリア人の友だちのところに泊まっているんだけど、そこへその人と同郷の友人や親戚がたずねてくる。するとたちまちドイツ人とはどんなに肌があわないかといったふうな話になってしまう。その上に一度彼らと一緒に喫茶店に入ったら、しきりにまわりの人がこちらを見るでしょう、顔にスミでもついているのかしらと思ったら、いやあれはあなたを見ているのではなくて、私たちつまりオーストリア人を見ているんだ、というのよ。

もう一度はある店をひやかして出ようとしたら、店のドイツ人が何か文句をいい始めてどうもあまり面白くない空気になった。結局オーストリア風ドイツ語の訛《なま》りがカンにさわって「散々見ちらかして買わずに出ていくのはけしからん」といっている。私だってずいぶん見ちらかしたんだけれども、私の方には何もいわない。昔からの、分割したり分割されたりの歴史的な感情、それに加えてこれはどうしようもなくちがう民族の性格が作用して、互いにムシが好かないということらしい。そういうムシが好く好かないということをよほど勘定に入れないと、ヨーロッパというのはわからないと思いましたね。

司馬　日本はまわりが海だから、頭から単一民族だと思っている。またそれに違いないんだけれども、しかし鹿児島と津軽それぞれの方言を考えた場合、もしヨーロッパで言葉にあれだけの開きがあったら、別の国語、別の国民になってしまうことでしょう。ところがどちらも同じ日本語、日本人ということで、まあ、なんとなく一つにまとまっているのは、ひとえにまわりが海だというありがたさですね。

犬養　まわりが海で他の民族と肌でふれ合うことがないから、よその国に対して幻想を抱くんですね。よその国を抽象化して考えるしかない。ところが日本を見てもわかるように、どこの国だって泥棒もいれば人殺しもいる。善人ばかりじゃない。ヨーロッパでは国境を接して肌でふれ合っているから、どこの国もどうせ百パーセント善良な国にはなりっこないということを、実感として理解しているわけですよ。絶対平和が幻想だということも、ね。

司馬　だから世界連邦なんていうのは、日本の特産物でしょう（笑）。

犬養　その通りですね。

司馬　たまにいいお年寄りが興奮して、そういうことを口走っておりますな。それはともかく本題の神様の話に戻って、犬養さんは私にとって尊敬する友人で大変親しくしていただいているけれども、ただ一つ犬養さんがカトリックであるということを思うと倶《とも》に戴《いただ》いている天がちがうようで、異教徒という大変ドラマチックな異様さを感じてしまう。私はその辺にころがっているただの日本人の一人だから、どうもカトリックとかユダヤ教とかいう一神教がわからない。つまりこの神様でなきゃいかんとか、この思想でなきゃいかんというような、絶対的なる随順感覚がよくわからない。

そりゃ日本にもときどきインフルエンザのようにして絶対思想が吹き荒れます。古くは阿弥陀様を絶対のものとする一向《いっこう》宗の一向一揆《いっき》から切支丹、尊王絶対の思想、マルキシズムといったふうに……。しかしいずれも、日本の風土にはいま一つ定着しにくかったですな。

犬養　日本というのは、別に批判的な意味じゃなくて、あらゆる面で相対の国ですね。

祖父の殺害が契機に

司馬　相対的思考法の国です。ですから私自身、絶対的なるものを信じている人には異邦人を感じてしまう。日本的な風土感覚からは、どうしても相対的にならざるを得ないんじゃないでしょうか。一神教というのは砂漠ないし荒地から生まれ出たものでしょう。アラビアの大地で寝ころがっていると、上に天しかない。無数の星があって、その運行を統一している絶対者がいるという絶対的感覚が、体でわかってしまうかもしれませんが、日本のような山あり川あり谷ありの錯綜した地理風土では、この山に神がいて、あの谷川にも神がいて、どうしても一神教的思考が成立しにくい。よほど頭を抽象化してかからないとわかりにくい。

犬養　ええ。批判的な意味じゃなくて相対の国だといったのは、そこに非常な知恵深いフィロソフィというか、リアリズムがあるように思うんです。

司馬　あるいは知恵深い心理というか……。

犬養　ええ。私は神学者でも哲学者でもないから、自分がなぜカトリックへ入ったかということをざっとお話ししようかしら。小学生のころに五・一五事件で祖父が殺された、あの事件の影響は大きいと思います。いったいどういうことなんだろうと子供心に考え、女学校から専門学校へいくにつれて自分なりの考えを組み立てていった。

あのころは国家というものが絶対だったでしょう。その国家の方針が満洲から支那とああいうことになり、ファシズムが出てきて祖父の暗殺となったわけですが、ちょうどそのころ普通の殺人事件があって、その犯人は多分死刑になったと覚えています。それなのに組織的に祖父を殺した方は死刑どころではなかったんです。同じ国家の裁判で、これはおかしいと思いました。国家は絶対だというけれども、その国家だって妙なことをするじゃないか。支那人をチャンコロなんて呼んで満洲はカッサラうけれど、いろいろ聞いてみれば、支那の方にも理がある。どうもおかしいぞと思いだしたんです。

それに初めて死人を見た衝撃も大きかった。さっきまでピンピンしていたのがもう動かなくなっている。総理大臣といえば相当に権力をもっているはずなのに、そんなものは死に対して何の力も持ち得ない。国家にも人間にも限界があるんだと思うようになったんです。

つまり、偶有の発見とでも言ったらいいかしら。ところが、そうなると、偶有でないもの、限界のないもの、不変のもの、日本とか支那とか、いまとか、過去とかにとらわれない絶対のものはないのかと一方で考えるようになったんです。たとえば二たす二は四で、これは万古不易《ふえき》でしょう。何かそういうものが、もっと大きな次元でありそうなものだ。目には見えないけれども、何かあらゆる存在がそこから創り出されるような、そういう存在のもとみたいなものがあるはずじゃないか。そこらへんから宗教に入っていったわけです。

お目付をスパイと訳して

司馬　なるほど。そういうことだと私には一言もないんだけれども……。たしかに日本というのは相対の国ですね。たとえば明治維新で絶対君主制をとり入れたけれども、なかなか身につかなくて、庶民の世界では天皇について猥雑《わいざつ》なことをいっていたわけです。結局は八十年ほどでその絶対制が剝《は》げちょろけてしまって、いまはもとの日本古来の相対的世界に立ち戻っている。

日本人というのは、絶対的権力・権威を一つのものに与えるのを嫌がるんですな。同じものが二つか三つないとどうも力学的に落ち着かないところがある。朝日新聞があれば毎日新聞、東大があれば京大、早稲田があれば慶応、美術の方にしても梅原に対して安井、光琳に対しては宗達……最澄が居れば空海。平安朝からずっと朝廷での祈禱《きとう》は天台と真言のバランスの上に立っておこなわれていました。そういうふうに必ず対《つい》になっている。

徳川幕府の老中にしても、同じ役目で何人もいる。絶対的な権力をもった最終の責任者というのがない。井伊直弼《なおすけ》なんかむりやりに絶対権力を握ろうとしたが、とたんに殺されちゃった。つまり絶対権力というのは日本では力学的に心理的に安定を欠くんです。必ず二、三人で、だれに権力と責任があるのかわからん形でやっている。たとえば安政仮条約の批准で咸臨丸《かんりんまる》がいったときもそうですけれども、いつの外交でも正使、副使、お目付の最低三人でいく。

犬養　お目付というのは、外国人にはまったくわからなかったらしい。オルコックも書いていますね。

司馬　お目付とは何かといわれて、スパイと翻訳したらしい（笑）。向こうじゃ、日本人はスパイをつれてきやがった（笑）。お目付というのは源平の時代からあるんです。

義経のお目付は梶原景時《かげとき》でしょう。義経と梶原は同格です。必ず複数でいく。どんな役職も、どんなお使いも複数。

榎本武揚《えのもとたけあき》がオランダに留学したとき、オランダの子供に、日本人は散歩のときでも用事のときでもいつも二人で歩いていると笑われて、そんなような囃《はや》し歌ができたそうです。心細いから二人で歩くんじゃなくて、日本人には彼の意見と我の意見のバランスをとって、初めて安定するようなところがある。

犬養　相対的なのよ。

司馬　なにかそういう心理があるらしい。それが政治にも社会生活にも現れる。日本では二つの権威が成立するんですね。これは長い間の不思議な民族心理ですな。

犬養　そういうところが日本人をかくも好人物にしていると思うんです。これは悪い意味でいうんじゃない。たとえば非常に強くて、頑固で、何でも体系づけないと気がすまないような民族があるでしょう。そういう民族は一つ間違うときは、大変なことになるのよ。日本人なら間違っても相対的に間違うんだけれども、向こうは絶対的に間違っちゃう。その間違いが理屈で体系づけられていくから、物すごいことになるんです。

一神教をひとたびひっくりかえしたところに出てくる西洋のメフィストフェレスの世界の恐ろしさは、とても日本人には想像もつかないものですね。日本人の場合、神が死んだとなっても、いつの間にか生き返ってくる。相対の国だから。

司馬　別の神様、別の思想がくる。

犬養　ええ。日本人は無神教にはなっても反神教にはならない。憎むといったたって、たかが知れてますでしょう。ところが一神教、それの裏返しの反神教が生まれ出るところでは、憎悪といえばそれはもう百パーセントの憎悪ですからね。アイヒマンの裁判を見にいってしみじみ感じたことなんですけれども、日本人なら、財産も妻子も放り出して十八年間、一人の人間を憎むことしかしないで、追い詰めて地球の裏側で捕まえるなんてこと、できやしませんよ。

その憎悪・執念の凄絶《せいぜつ》さ。驚いたことに、アイヒマンを捕まえた人の顔も、アイヒマンみたいになっちゃっていたんです。だって十八年間も憎みつづけてきたんですからね。日本人なら、途中でくたびれちゃう。もういいじゃないかということになるでしょう。憎しみも相対化できる民族、つまりお人好しの民族だと思うんです。

徳川家の大ストライキ

司馬　よくいえばお人好し、悪くいえば無責任。だいたい太平洋戦争のボタンを押したのが誰なのか、いまだにわからない。今後もわからんでしょう。こんな不思議な国ってないですよ。日本中がある種の気分の中で、なんとなく押しましょうで押しただけで……。

犬養　しかし人間の欠点というのは長所の裏返しでしょう。だから西洋の物すごい執念は、日本には真似のできない巨大なものを生むということも、一方にはありますね。

たとえば五百年かけて一つのカテドラルをつくるとか、百年ぐらい先を考えて運河をつくるとか埋め立て工事をやるとか、ジャンボ・ジェットの滑走路を飛行機のできる何年も前からつくってしまう、なんていうのもそれでしょう。

音楽にしたって、ベートーベンの音楽なんか、テーマを何楽章もこねくりまわして、土壇場までもっていっちゃうでしょう。日本の三味線とは違うわけ。音楽の形態がどうとかいう以前に、しがみつき方がまるで違う。

司馬　西洋とくらべればビフテキとお粥《かゆ》の違いだけれども、日本にもいくつか絶対思想みたいなものがありますね。さっきちょっといった一向一揆なんか、まあ、お粥的体制ながら絶対主義的な匂いのする運動です。ただし阿弥陀如来が絶対神のごとく屹立《きつりつ》して君臨しているのではなく、宇宙やら身のまわりやらに水がひたひたと浸してくるようにみちみちている、というそういう存在です。だからこのアミダという絶対者はゴッドのように人間に懲罰をあたえない。本願だけをもっていて、人間がアミダから逃げても逃げても追っかけたり先まわりしたりして救ってくれる。そういうふしぎな唯一存在です。一時は教勢がつよくて、室町末期、加賀の守護大名富樫《とがし》氏を倒して、一向坊主と地侍の連合国家ができた。これは信長という仏敵に滅ぼされるまで、加賀で一種の共和政治を続けたわけです。つまり日本的絶対主義の流行。

そうそうそれと同じ時代、家康がまだ二十代のころに三河一向一揆というのが起こっています。徳川家というのは主従の結びつきが強いのに、家臣の半分が一向一揆側についちゃう。いわば徳川株式会社草創期の大ストライキです。もっともこれは戦争だから、生き死にの争議だったわけだけれども、これが家康の三河統一の試金石になった。このストライキを扇動・指揮したのがのちの本多正信で、いわば組合委員長といった役どころですね。

家康は戦闘面ではさんざんやられたが、懐柔政策でもってこの騒ぎを収めたわけだけれども、正信という人材を得た。家康後年の策謀・奸計《かんけい》のほとんどがこの本多のアドバイスなんです。いまでいうなら学生運動や労働組合運動から成り上がったものほど、冷酷辣腕《らつわん》の経営者になるというケースですな。それはともかく一向一揆はそれ以後二度と爆発することがなくて、一向宗はいつしか野原のお百姓の宗教に戻ってしまったという感じですね。

お次は水戸学や吉田松陰、あるいは平田篤胤《あつたね》のようなファナティックな尊王思想です。それにプロシアの立憲君主制を加味して、明治絶対君主制ができた。しかしこれにはついに日本人は馴《な》れませんでしたな。総理大臣以下が輔弼《ほひつ》の臣で、臣同士は相対的な世界に住んでいる。犬養木堂先生も絶対者として政界に君臨しているわけでなくて、きわめて相対的なバランスの上にのっている。だからフランコのごとくスターリンのごとく自分の抱負経綸《けいりん》を大いに行なうということができない。行なえないうちに絶対希求の勢力、つまり天皇教信者とでもいえる青年将校らによって倒されてしまった。

しかしその青年将校らの絶対希求の勢力も間もなく滅びている。日本にはときどき絶対主義へのマス・ヒステリー現象が起こるけれども、特に昭和に入って右に青年将校あれば左にマルキシズムがあるといった具合に、しきりにそういう現象が起こる。いまだって起こってますね。

犬養　起こっております。

司馬　しかしそういうマス・ヒステリー現象は、みんな何となくうすら寒い、阿呆《あほ》らしい、インチキ臭い感じでもって一般市民は見ている。一般庶民は牢固として抜きがたい相対性の世界に住んでいるわけで、それこそが日本というものじゃないでしょうか。

犬養　カトリックではただ一つ神だけが絶対的な存在で、あとはみんな神の被造物で相対的なものとされる。つまりこの地上に絶対というのはないんです。完全な存在としての唯一の絶対者である神と、いわゆる世の絶対主義とは、別ものなんです。

とにかく神以外はみんな相対的な存在だから、むしろ、地上の絶対主義に対して、われわれは大反対なわけになる。そして同じカトリックといっても民族の性格の違いや民族相互間の好き嫌いで、ずいぶん違ってくるんです。たとえばあの明るいイタリアの聖フランシスコなんかは、太陽も月も自分の兄弟だ、すべての人の中に善がある、と唱うような朗らかなものだけれども、暗い北海のほとりに生まれたトーマス・ア・ケンピスとなると、人間はいかに卑小で罪深い存在であるか、という見方に重点をおく。南のオリーブと北のカシのちがいみたいなものが二人の間にあります。

カトリックに対抗して出てくるプロテスタントにしても、民族の違いでずいぶんと違ってくるんですね。スイス・フランスのカルヴァンとドイツのルターとでも違う。面白いのはイギリスで、ヘンリー八世はローマ法王庁から表彰状をもらうくらい敬虔《けいけん》なカトリックだったのが、アン・ボレインという女性を好きになって皇后との離婚を法王庁に願い出て却下されてから、ローマに背を向けてプロテスタントになってしまう。絶対的な神の下で、民族によっていろいろな表現をとるんですね。

司馬　仏教の方でも、お釈迦《しやか》さんは困ったことに、人間も万物も死ぬものだというただひとことを言ってくださっただけで、これはまあ永遠に変わらない法の中に生きる法を考えついたわけだけれども、その他に何も言い遺してくれなかったために、お釈迦さんの教えについていろいろな人がいろいろの解釈や表現をした。だいたい『西遊記』の三蔵法師が冒険旅行のあげくインドへたどりついたときには、お釈迦さんの時代の仏教は滅んだも同然で、彼はそこらへんのお経を手当たり次第にもってきたわけです。その中にはバラモン教もずいぶん入っている。お経を長安にもち帰った。のちに最澄も空海もきて、それをそれぞれよりどりで日本にもち帰った。空海の真言密教には多分にバラモン教的なものが入ってますね。竜を祈って雨をふらせるなんていう加持祈禱というのは、お釈迦さんとおよそ縁遠いものですよ。そういうのがいっぱい入ってきているんです。

犬養　そうですね。

あっけらかん民族

司馬　たとえば讃岐《さぬき》の金刀比羅《ことひら》さんも、あれはガンジス川のワニの信仰なんです。だれがもってきたのか、とにかくそういうものも含めていっぱいもちこんできて、その中から鎌倉時代の宗教的英雄たち、法然や日蓮や親鸞《しんらん》なんかがオレはこうだと体系づけをおこなって、どうやら日本的宗教ができるんですけれども、日本という国は不思議なところで、そういうものができてもせいぜい三、四十年ぐらいで電池が切れちゃうんですよ。

犬養　いまの家庭電気製品みたいなものですね。息がみじかい（笑）。

司馬　そして一番新しく電池を入れたものが一番強いんです。たとえば日蓮宗の系統では、江戸時代に不受不施教というのがあった。これは幕府権力に対して、日本人離れした抵抗を示した物すごく勢いのいい新興宗教だったけれども、最後は岡山の一角で辛うじて余命を保つんです。

犬養　そうですってね。

司馬　明治以降では本門仏立講《ほんもんぶつりゅうこう》というのがあって、これは京都の北野に大本山を構えたけれども、そのままスッと電池が切れるようにして消えてしまった。本願寺にしたって、戦国時代には加賀に共和国をつくったり家康を追いかけまわすほどの勢いなのに、いまや電池が切れて電気もつかんような状態といっていいでしょう。

犬養　ヨーロッパでは一つの絶対神という巨大なプリンシプルがあって、これに絶えずぶつかる形で新しい何かが再生されていくけれども、日本の場合はよそから借りてきてちょっと使いしては、また新しいものをよそに求める。さっき家庭電気製品といったけれども、モデルチェンジで繁栄している電機メーカーや自動車メーカーみたいなもので、だからこそエネルギーがいつになってもなくならないということなんですね、逆に。その点ヨーロッパというのはプリンシプルが牢固としてあるという意味で保守です。

司馬　中国もその意味では、まるで別の体系だけれどもプリンシプルがあって、それが牢固としていて、そういう意味では保守ですね。たとえば貞操の問題でも、明治維新で横浜が開港になると日本の普通の娘さんからラシャメンが出てくるのが、中国人には実に不思議だったらしい。横浜にきた西洋人がいうには、中国ではこうも簡単に女の子がころばなかった……。

犬養　戦争の終わりがそうだったでしょう。竹槍をもっていたのが、突き殺すはずのアメリカ兵によりそったりして。

司馬　だいたい貞操というのは、日本人は儒教から初めて教えられたんです。もちろん儒教以前にも、自然発生的な村落のモラルとしてのそれはありましたよ。しかしそんなにきびしいものじゃない。とにかく室町末期ぐらいまでの日本人は、すべてにおおらかでしたね。江戸時代からですよ、貞操といったような観念が確立するのは。といっても儒教は読書階級だけのもので、なかなか庶民には浸透しなかった。だから貞操というのも所詮はつけ焼き刃でしたな。

犬養 そういう電気器具的な、牢固としたものを持たない点が、日本人というものを、かくも愛すべきお人好しにしているんだと思うんですよ。感心するとかしないとかは別にして。

司馬 そういうことを含めて私もいっているんです。つまり日本人には、どうしようもなくあっけらかんとしたところがある。面白い民族ですな、日本人というのは。

アメリカの占領こそ神風

犬養 ほんとに面白い民族ですね。ちょっと話が飛びますけれども、アメリカというのは一八〇〇年代にかかるころには、もう人種のルツボでしょう。宗教もいろんなのが入ってきている。ところが新しく国を開拓していくときに、やれカトリックだプロテスタントだといっていたんではやってはいけないから、そこで初めて宗教の寛容性というものが、理屈じゃなしに実際のものになってくる。なにしろ激しい生存競争でしょう、百年かかって東海岸から西海岸へたどりつくまでには、落伍者や病人もずいぶん出る。これを救済するのが宗教の一つの役目になって、いつしか宗教は社会事業団的なものになって行く。

そうするとヨーロッパにかつて見られたような、原理・原則をまっ先に掲げるきびしさがなくなって、日本人とはまた違う意味だけれども、お人好し的なものが出てくるわけなんです。私、今度ヨーロッパにずっといて、アメリカ人と会うとホッとしていた。パリでアメリカ人のゆく酒場がある、そこへゆくとホッとしたって。

司馬　おもしろいな、きのう帰ってきた私の友人がおなじことをいっていた。

犬養　とにかくなにかにつけて理屈や建て前で押してくるのが一般にいってヨーロッパなんで、こっちはくたびれはててしまう。ドイツなんか、一日に何回も聞く言葉が原則と秩序と能率。美容院にいったって、原則としてこれを使って……なんてくる（笑）。電車で人の足でも踏もうものなら、すみませんというだけじゃどうもダメらしくて、なぜ踏んだか、電車がゆれてどうしたからとか理屈をつけないと具合がわるい気がする（笑）。

フランスへいけばいったで、サルトルの講義を聞いてきたとでもいおうものなら門番のお婆ちゃんにつかまって、三時間も延々とやられちゃったり。彼女の知識が低いとか低くないとかは問題じゃないんです。彼女は彼女としての意見を、それも順序づけておわりまでしゃべり通す。いい加減で話の腰を折ろうとすれば怒るし、うんざりして黙っていればそれもいけない。お前の意見を聞こうじゃないかとこれまた怒る（笑）。

だからヨーロッパで向こうから一見してアメリカ人とわかるのがくるとホッとしちゃって、ついニコニコしてしまう。するとお互い全然知らないのに「ハロー」とかなんとかいうでしょう。まあ日本人とアメリカ人というのは……。

司馬　似てますよ。

犬養　似てます。沖縄返還だとかなんだとかいえるのも、相手がお人好しのアメリカ人だからこそですよ。これがもしドイツ人、フランス人だと思ってごらんなさい、とてもむずかしい。スラブ人なら、これまたなおのこととんでもない。私、しみじみと思うんですけれど、実にまあ、よき相手が日本を占領してくれたものだ、これをしも神風といわずして何を神風というか……（笑）。

司馬　話がまたひとつ飛びますけれども、私は非武装論者なんです。ところがこれは多分にオトギバナシでして、実際に非武装をやるとなると、大変です。非武装をやるには逆に国民皆兵になる。老若とも簡単な軍事訓練をうけなきゃいけないし、全国津々浦々まで国を守る意識で満たさなきゃいけない。

犬養　それはそうです。

司馬　となると、そのためにはだれしもが守るに値すると考えるような政権をつくらなくちゃいけない。ということは一種の絶対主義がそこに出てくる。どうしても絶対政権をつくらざるを得ない。これはご免だ、お国柄にも合いませんしね、ということで私の非武装論はドウドウめぐりしてついには行き詰まってしまう。そういう私はとにかくとして、非武装論を唱えている人たち、内心は困っているんじゃないか。来年、昭和四十五年は安保の年だけれども、安保即時廃棄を唱える人はその次にくる言葉をいっていないわけでしょう。中国と結びましょうとかソ連と結びましょうとか、絶対非武装の自主独立でいきましょうとか、そういう次の言葉こそが重大なんであって、さらに一国単独の非武装論には私がさきにいった問題が起こってくる。

国民的盛り上がりの愚かしさ

犬養 安保即時廃棄というのは、悲願としてはいってもまあいい。悲願というのは理想にも通ずるから、あるていど持っていなくちゃいけないんだけれども、問題はそれを達成するための過程・手続きであって、それにはこれだッというキメ手はないはずなんですね。

それに安保即時廃棄をいう人は、日米関係、せいぜいアジアの枠《わく》内でしか問題をみていない。世界はいまだにどこをとってもアメリカとソ連のバランスの上に保たれて、それはアジアでもヨーロッパでも中東でもそうです。中国の存在を睨《にら》みながら互いにバランスをとっている。それは悲しむべきことだけれども事実なんですね。

司馬 やはり十九世紀以来のバランス・オブ・パワーの国際政治が続いている。これに目をつぶって幻想にふけるわけにはいかない。

犬養 不幸なことだけれども、世界が米ソ二つの天秤《てんびん》の上に危うくバランスを保っている。この天秤の片方から日米安保というおもりを即時取り去るとどうなるか、天秤が大きくかしいじゃう。天秤をできるだけ水平に保ちながら両方を静かに下げていくということを、日本人は日本のためのみならず世界のためにも考えなきゃいけないと思うんです。十年前には私は若くて幼くて、そこんところを見なかった。安保反対などいったけれどバカでした。

司馬　明治以後の日本の状況というのは、将棋でいえばちょっと手がないくらいにむずかしいものですね。ロシアというのが帝政以来膨張本能一途の国で、シベリアを併呑《へいどん》して沿海州に出て、カムチャツカに出て千島にきて……。

犬養　物すごい執念の国ですからね。

司馬　いまだにその膨張本能はなくならない。アメリカはアメリカで太平洋を自分のところの池ぐらいに心得ていて、ペリーなんか沖縄を占領して東アジアを押さえようなんていう意見を海軍省に提出している。海軍省が乗り気じゃなくて、ペリーは小笠原の父島を本拠にして日本を押さえようとしていますよ。それらはみんな国家がある以上どうしようもないパワーとして出てきているわけで、こういうパワフルな国に挟まれて、よくもまあ日本という国は明治以後なんとかやってきたもんです。

犬養　あのころの日本にわが身を置いて考えてみると、冷汗が出る。

司馬　明治以後の国内騒乱は、みんな外交問題ばかりですね。たとえば日露戦争のポーツマス条約。ロシアは国内事情もあって早く戦争をやめたい、日本は本格的にやったら勝てっこないからいいところで手を打ちたい。そこで軽い賠償で講和が成立した。ところが戦勝気分におごっていた新聞社をはじめ国民が納得せずに総立ちになって、昭和四十三年の一〇・二一国際反戦デー以上の騒ぎをひき起こした。いま歴史の中にそれをふりかえってみると、衆愚というものはしようがないわいという感じだけでしょう。

日本のファナティシズムは外交問題から起こって、まるで瞬発信管のように爆発して日比谷公会堂で騒いで交番を焼打ちしたりするのは、日露戦争以来のお定まりの騒ぎなんで、いまの安保反対運動のみならんやですね。いずれも長い歴史の中で見たら、きわめて知恵のない騒ぎなんだ。だから私は、日本の国民的盛り上がりなんていうのは、もう信用しなくなっちゃっている。

犬養　私も全然信用しない。

司馬　だってこの国を守るにはよほど深い知恵が必要ですよ。あんな瞬発信管みたいな騒ぎをやっていたんじゃ、とても外交上生きぬいていける国じゃない。

犬養　天佑神助でここまでやってきたけれども（笑）。地図の上で見たって、恐ろしくてぞっとするわね。

司馬　だから私なんか、本当の意味の愛国者だと思っているから、騒がないわけです。よほどの知恵を出さないとこの国のカジはとれない、という感じがあるから。

犬養　私も外国へいくたんびに愛国者になる自分を感じる。この国の政治外交を預かっている人は、よくまあ夜寝ていられると思いますね。私なら心配で寝られたものじゃない（笑）。

お題目だけで走る若い衆

司馬　逆にいえば、プリンシプルがないから助かっているんじゃないですか。相対的思考民族で、あっけらかん主義だからこそなんとかやってきた……。

犬養 まさにその通りで、アメリカが入ってきたとき、プリンシプルを変えずに執念深く抵抗していたら、大変なことになっていたでしょう。

司馬 この狭い日本で、まるで密室の惨劇だったでしょうな。

犬養 ところがあっけらかんとして、チューインガムから六三三四制までいただいちゃった（笑）。

司馬 だから日本民族の相対的思考体質は、案外われわれを救っているのかもしれないなあ。

犬養 案外どころじゃなくて、そのためにずっと助かってきたんじゃないかしら。

司馬 たとえば安保絶対反対、佐藤訪米絶対反対、独占資本絶対反対なんていう〝絶対反対運動〟でも、若い衆がお題目だけで走っているところが相対性民族の面白さですな。お題目、お念仏だけで走れるところがね。さっきの浄土真宗というのは、一時期は国民の一割近くの信徒がいたんです。南無阿弥陀仏とひと言唱えれば浄土にいけますというだけで、他の宗派のように理屈めかしい仏法理論をいわなかった。だから一声でいいというので一向宗がにぎわったんです。いまだってマルクス、レーニン、毛沢東……一声か二声唱えれば、むずかしいことは知らなくても、なにやら有難いというようなものでしょう。

犬養 ある韓国人がこんなことをいっていたそうですよ。日本人というのは驚くべき民族だ。自分たち韓国人は一つことに忠誠を尽くしたり憎んだりしているが、日本人は戦後二十数年かそこらの間に、いったい何回クルクル変わったことか。竹槍もって待っていたはずのがアメリカべったりになった。そのアメリカに飽きてくると、ソ連がいいとか中国がいいとかいい出すのが出てくる。他にもやれスカルノがいいとか、ナセルだカストロだといい出すのもいる。国民の関心がクルクル変わり、変わるたびに繁栄しているのは、いったいどういうことだろうって。

司馬　朝鮮人というのは政治的論理をつくることではすぐれた能力をもっています。つまり、建て前主義になる。だから日本人のようにクルクルとは変わらないし、変われない。日本人というのはあっけらかんとして、つかまえどころがなくて……。

天皇は日本人最大の発明

犬養　嘘も方便というようなことわざ、調べてみると他の国にはあまりないんです。みんな建て前民族だから。日本人というのはつくづくノー建て前。

司馬　私の知ってるかつてのマルキシストがアメリカに留学した。昭和三十年ごろで、彼は向こうで圧倒的なアメリカ文明に打ちひしがれて、一人淋しく田舎道を歩いていた。そのときフッと「そうだ、日本には天皇がいる」と思ったときに、非常に安心したというんです（笑）。日本人の最大の発明は天皇ですよ。皇帝でもなければ王様でもない。なんかつかまえどころのない存在でしょう。明治以後八十年の天皇は別ですよ。あれはプロシア流の皇帝ですから。それまでの天皇というのは、ちょっと外国に例を見ない存在ですな。

犬養　よその国なら、将軍が天皇を倒して自分が天皇になる。

司馬　そうでしょう。ところが応仁の乱だって、御所の壁ひとつ崩れていない。あれだけの騒乱にですよ。だいたい天皇というのはもとは神主みたいなものだったんだろうけれども、神道《しんとう》というものには教義がないんですな。清浄であればいいという教義だけで、それじゃ、清浄とはどういうことかというと、お祓《はら》いをして清めるというだけで、なんのことやらわからなくなる。実に不思議といえば不思議なものなんですね。ここらの捉えどころない、あいまいな神道的なあかるさというものが、日本民族を支えるあっけらかんとした、非常にだだっぴろい底辺につながるんじゃないかとは思うんですけれども、なにかもう一つはっきりつかめませんな。

犬養　日本人はほんとうにあっけらかんだから、ものごとをまずもって考えるということをしませんね。道が狭くて走れないのに自動車をどんどん買っちゃったり。それでも不思議になんとかなっていく（笑）。

司馬　都会の模様がえだって、京都は観光政策上うるさいけれども、東京や大阪なんか、便利だとなるとやみくもに都市の上に高速道路をつくってみたり、こんなことはパリやロンドンではできませんでしょう。

犬養　ええ。それからヨーロッパは、ものの考え方や文学、音楽、美術のすべてが建て前・体系の上に成り立っていて、それがうまくいっているときには素晴らしい効果を発揮できるけれども、その建て前なり体系なりの一角が崩れると、すべてがガラガラッと崩れてしまう。

司馬 積み木細工のようにね。

犬養 ところが日本はノー建て前だから、崩れても全部崩れることがない。

司馬 そういうことですな。ドイツ流の観念論的思考というものが明治以後ずっと日本の知識界を支配してきたけれども、そんなものは昔も今も、少しも日本人の身につい ちゃいない。ドイツ流にシチ面倒臭いことをいわなくたって、日本人には非常なエスプリがあって、ちょっときけばみんなわかっちゃう。良くも悪くもお題目、お念仏だけでわかっちゃうようなところがある。

犬養 なにしろヨーロッパには、建て前を説明する建て前もあるわけで（笑）、それをまた聞くという建て前もあるわけですよ。だから、談義のプロセスを大切にする議会制度の政治が根づく下地があったともいえる。ところが日本人は十七文字かなんかで、パッとわかっちゃうでしょう。そういうところ、議会政治や外交なんかで弱みになるんですね。外交では、すでにわかり合っていると思うことでもくどくどと説明しなきゃいけない。日本人にはそれができない。パッと飛んじゃうんです。だって説明しようにも、説明すべき建て前がないんですからね。

不死鳥のような民族

司馬　なるほど、それでいまわかったことがありますよ。私は二十代のころ、ちょうど昭和二十五年ごろですが、京都にドミニコ会の学院があって、そこへイタリア人の神父さんが赴任して来られた。その神父さんに会いにいって、トマス・アクィナスの思想とは一言でいってどういうことでしょうと質問したら、なんと序論からはじめて五時間ほどつかまっちゃった。えんえんとして述べてくれるその内容は、向こうの小中学生ていどの知識で、どうにもならん。こっちは日本人だから、ヒントの二つや三つ話してくれればわかるのです。この神父は阿呆やと思ったが、してみるとあれは建て前をやっていただけで、阿呆でもなんでもないわけですな（笑）。

ところが、たとえば坂本龍馬なんか、ルソーを読んだことがないのに晩年の言動はルソーの思想が匂っている。幕府を倒すのが正義だということについて、理論的な自信が必要でしょう。それはたった一つ、勝海舟から聞いた話からきている。アメリカの大統領は徳川のように世襲じゃない、それに大統領は下僚の給料の心配をするけれども、日本の将軍はどうだ……それだけ聞いて、龍馬は自分のいわば革命への主観世界をつくっちゃう。これは猛烈にエスプリのきいた話で、単純・軽薄といったことじゃない。日本人というのは猛烈に聡《さと》い民族なんですよ。

犬養　その通りですね。聡いから飛躍しちゃう。あるいは、わかったところできめてしまう。

司馬 それができるのは、あっけらかんとしてプリンシプルというか建て前がないからですね。融通無礙《むげ》、どうにでも変えられる。

犬養 日本人というのは大変なバイタリティがあるというか、不死鳥のような民族ですね。私自身が日本人だからそれほどでもないけれども、外から第三者としてこの民族を眺めていたら、こんな面白い民族って他にないと思うんです。

司馬 とにかく世界で一番研究に値する民族でしょうな。

犬養 これからの日本人はますます外へ出ていかなきゃいけませんでしょう。外には二千年から三千年来の原則を頑《かたく》なに守る執着心のつよい、粘液質の民族がうようよいて、これと否応《いやおう》なしにつき合わなきゃならない。日本人の淡泊で、あっけらかんとした、好人物の性格をなんとか変えないようにしながら、しかもそういう民族と対等に太刀打ちしながらちゃんとやっていくためには、いったい司馬さん、これはどうしたものかしらねえ。

司馬 ということはつまり極端にいえば、日本人は変わらずに向こう様が変わってくれということで、これはもうそれこそ神様におすがりする以外に、手はないでしょうなあ（笑）。

（『文藝春秋』一九七〇年二月号）

梅原 猛×司馬遼太郎

西洋が東洋に学ぶ時代

一九七〇（昭和四十五）年一月

梅原　猛（うめはら　たけし）
一九二五（大正十四）年生まれ。哲学者。ものつくり大学初代総長。大胆な仮説を提起した「梅原古代学」を確立。次々に歴史研究書を著し、「梅原日本学」と呼ばれる独自の体系も打ち立てる。スーパー歌舞伎『ヤマトタケル』などの戯曲も手がける。文化勲章受章。

司馬　坊さんの話、今日はひとつ、それをいかがですか。仏教とか宗教というと、あまりわれわれの生活に関係がないようにみえますけれども、実は大ありかもしれません、創価学会といったふうな思想なり勢力なりの問題もありますし……。

梅原　ええ、ええ。

司馬　なんですか日本も含めて世界的に原始仏教の研究が始まっている、つまりサンスクリット語の仏典は残っていないにしても、それにやや近いチベット語の教典に当って原始仏教をきわめようという動きが始まっているそうですけれども、そういう傾向はいったいどこからきているのでしょう。

梅原　やはり新しい価値体系というか、新しい原理が世界的に模索されているということでしょうね。日本の場合でいうと、明治百年の間、西洋文明の輸入に全力をあげてきた。けれども、ここへきて西洋文明そのものに行き詰まりがでてきている。私、最近ハワイでおこなわれた学会に出席して、何人かの西洋の思想家と話す機会をもったんですが、西洋人自身が西洋文明の行き詰まりをつよく感じているんですね。近代合理主義でもやっていけないし、キリスト教でもやっていけない……二重の懐疑に襲われているんです。私の研究発表のとき、西洋人から、キリスト教の神はクルーエル（残酷）な神ではないか、という質問があった。私もそう思うが遠慮して黙っていた、といったら大笑いになったんですよ。

いまは日本も含めて世界的に新しい文明の原理が求められつつある時代だと思うんです。この前の梅棹さんとの対談では、無思想時代がやってくるとおっしゃっていたけれども、無思想時代になるとぼくら哲学者の商売があがったりになって困っちゃうわけで……（笑）。

水平思考は逆輸入

司馬　うん、あれは付帯説明が要ります。いままでのさまざまな着色レンズ――思想というかイデオロギーというか――をいったん蹴とばして複眼で見なければ、いまの文明の段階はわからないという意味です。本当にわかりません。しかし複眼でみるといまの文明は地獄であったりする。この地獄は複眼で直視しなければいけません。しかし直視しただけでは問題はどうにもならない。極楽をどう幻想するかという問題がつぎにはじまらなければならない。極楽というのは、この文明を救済する原理もしくは思想の意味です。

梅原　西洋でも、これまでの自分たちの原理に不十分なものを感じて、いままで無視していた他の文明の原理を考え直してみようじゃないか、という動きがつよい。そこから仏教やヒンズー教に盛んな興味をもつ人が多くなった。いまや逆に西洋の方が東洋の遺産を吸収しようと真剣ですよ。たとえばいま流行のデボノ博士の水平思考法なんていうのも、もとはといえば鈴木大拙さんの書物からヒントを得ている。それが逆輸入されて日本人は喜んでいるわけで……。

司馬 ほう、それは面白い。

梅原 日本はいま文化的に、非常に有利な条件にあると思うんです。つまり、日本は西洋文明を百年の努力によってかなり理解できる。と同時に東洋文明も、聖徳太子以来の先人の努力によって、これまたかなりのていど理解できる。二つの文明を支えてきた原理を土台に、人類が新しい文明の原理を模索していこうとしている時代に、両方をかなり理解できる日本は非常な文化的チャンスに恵まれていると思うんです。

司馬 なるほど。そのチャンスを生かすためには、既成の仏教団にここらで一度、店を閉めてもらわないといけませんな（笑）。たとえば私、どう考えてみても禅というのは天才のための道だと思うんです。十万人が禅をやって一人ぐらいが悟りに入れるように思うんで、やたらと禅をやれやれと宣伝すべきものではない。あとのふつうの人間はもとの木阿弥《もくあみ》、それどころかもとより悪い人間になるんじゃないか。なにかそういう毒素みたいなものを、禅というのはもっているように思います。

新聞記者をやっていたころ、職業上の必要から禅宗の坊さんにずいぶんと会いましたけれども、何人かをのぞき、これは並以上に悪い人間じゃないかと思うことが多かったです。禅宗に多少関係したことのある友人の作家に、禅をやって悟るのは十万人に一人ぐらいじゃないかと聞いてみたら、いやそれより少ないんじゃないかといってましたが（笑）、禅というものを、きわめて毒性のつよい、天才のための道だという風に覚悟をきめて見直す、それには既成のお寺さんにはいったん店を閉めていただく、そうしないといけないんじゃないか。

禅だけでなくお念仏ならお念仏で、だいたい仏恩報謝《ぶつおんほうしや》、お念仏を唱えさえすれば救われるなんて、僧侶のほとんどが信じちゃいませんでしょう。これは本願寺でもどこでもそうですけれども。

梅原　よく坊さんに頼まれて講演にいくんですが、坊さんよりも信者の方がずっと熱心にこちらの話を聞き入れてくれる。子どものころからお寺の裏を見ているとああいうことになるのかどうか、頭のいい坊さんになればなるほど割り切っていて、「どうせ仏教はもうダメですよ」なんていってる。ダメなら坊主をやめればいいと思うけれども……（笑）。

坊さんは柄が悪い

司馬　日本人の伝統的な精神生活が、そういう職業人の手に握られていることは、さっきおっしゃった新しい原理の模索という上で、非常な障害になりますね。

梅原　坊主の子が坊主になるという世襲制が最大の悪をなしているんです。この間の東本願寺の騒動（大谷光紹新門の管長就任をめぐる紛争）も結局はそれですよ。血の原理だというけれども、親鸞が説いた原理にそんなものはない。野たれ死にしてもかまわんというのが親鸞の考え方ですからね。

坊主の子でイヤイヤ坊主になっているのが多い。おまけにその世襲制が人材の流入を阻んでいる。ぼくのところへくる若い人で宗教的情熱に燃えているのは沢山いるんだけれども、そういう人材をはじき出しているんですね。とにかく坊主の子が坊主になるという世襲制はやめない限り、まずダメですな。

司馬　ダメでしょうなあ。坊さんがテレビに出ているのを見ても、どうも品がないというか、柄が悪い感じですなあ（笑）。本願寺あたりの宗会議員の選挙帳簿なんかの顔写真の羅列をずっと見てゆくと、どうもいい顔がすくない。警察の手配写真みたいな（笑）……そんなことをいうと叱られますけれど。世襲寺では無気力な子どもができると、これなら飛び出さずに寺をついでくれるだろうといって、家族もよろこび、檀家もよろこぶ。気力のある若い人は外へとびだしたがる。たまに気力のあるのが寺を継ぐと、エネルギーの捌《は》け口にこまって教団内の宗政の方に興味をもつ。現状はそうじゃないでしょうか。

梅原　小さい寺を継いだら一生そこの坊さんでいるわけで、宗政でもやらんことには他にエネルギーの捌け口がないんですよ。陰の政治家になったりしているのをみると、才能の浪費、もったいないと思いますね。

司馬　新聞の見出し式でいえば「法灯ゆらぐ」といったふうのお寺騒動がありますけれども、あれに首をつっこんだら四十すぎての道楽とおなじでおもしろくてやめられんそうです。だから東本願寺の騒動みたいなことが起きるわけだし、いったん起きると精力的につづいちゃうんですね。

話がかわりますけど、ときどき変だなと思いますのは、たとえば金閣寺なら金閣寺というのはたれのものだろうということです。そこへ見物にいくと、何百円かの奉納をさせられるでしょう。銀閣寺などは写真をとっても金をとられる。あれは足利将軍の別荘を寺に直したわけだけれども、いったいこういう歴史的建造物、つまり国民の共有財産をみせて金をとるという権利、あるいはその金を住職さんが私有するという権利が、法的にはどのようなぐあいに発生して正当化されているのでしょう。

私は自分の友達の法律学者にきいてみたが、くびをひねっていました。金閣寺さんというのは、先住のころから大変収入のある寺で、先住は祇園の大旦那で鳴らしたひとでした。こうなると、サトリをひらくこともはや産業ですわ。昭和二十五年だったか、金閣寺が燃えましたとき、私は現場にいて、観光産業としての金閣寺成立の法的正当性について、法律も知らないアタマで考えてしきりにふしぎにおもいました。

文化財保護法もお坊さんを悪くしていますね。文化財寺では、文化財の修理や修復となると、国から九割お金がおりる。国民の共有財産だからです。寺側はあと一割出せばいい。これが文化財産業の資本金です。お坊さんたちはこれに慣れているものですから、ある寺で風呂の戸が壊れた、そしたら早く国に補助を申請しなきゃいかん……（笑）。自分が使っている風呂の戸が壊れても、国が補償してくれるというような錯覚をもつというほどに、その意味ではお坊さんは公共的存在なんです。大檀那は国家です、これは文化財寺にかぎりますけれども。

すごい信長の無神論

梅原　やはり徳川時代の宗門の保護、これが仏教をダメにした大きな理由の一つだと思いますね。徳川幕府は、仏教はキリスト教と闘って敗れたという判断に立って、日本の思想界を仏教に全部まかせるわけにはいかない、インテリは全部儒教でいこう、仏教の方は愚民政策である、という風に割り切って考えたんじゃないかと思うんです。

司馬　そうかもしれません。家康という政治家の一向一揆での体験や、晩年、藤原惺《せい》窩《か》に出会って儒教を知るといったふうのいきさつを考えてみると、梅原さんのおっしゃるとおり愚民政策用かもしれませんね。

梅原　ええ。そう割り切った上で、坊さんの生活保障をしてやった。檀家制度がそれですね。檀家を替えることはできない。信仰を変えることができないというバカげた状態のまま、三百年以上、人間をしばりつけちゃった。そんなところに宗教の発展なんてあり得ないわけで、あの檀家制度を撤廃して、お寺をいま一度自由競争させないと、どうにもなりませんでしょうね。

司馬　戦国末期から徳川初期にかけての三悪人を選べといわれたら、やはり林道春、僧天海、金地院崇伝《こんじいんすうでん》があがると思います。この三人が家康から家光までの時代、徳川官僚の命令で檀家制度とかその他の体制をつくったひとたちですね。彼らが歴史の表面に登場する最初は大坂の陣のきっかけになった方広寺鐘銘事件ですが、これを調べていると、この三人、考えられるかぎりの悪知恵をしぼって家康に提供していた。悪知恵デザイナーとして家康体制に機能していた。いまのお寺さんというのは江戸初期に原型ができた。この三人がつくって家康が採用し、それがいまだに生きつづいてきていたわけですね。明治の文化大革命においてすら、根本的にはくつがえらず、歴史がそのままつづいてきている。これは社会の他の現状からみると、驚異の存在ですね。江戸時代がまだ続いている。

梅原　つまり宗教を国家権力に売りわたしたわけですよ。

司馬　檀家制や世襲制をやめて、仏教をみんなに開放しなきゃいけませんね、新しい原理を模索する宝庫として。

梅原　本当にそうですね。ところで司馬さん、一度うかがいたいと思っていたことですけれども、織田信長という人、ああいう人間がすでにあの時期にいたというのは、驚くべきことじゃないんでしょうか。

司馬　ははあ、えらい話題になったな。私は織田信長という一個の思想的毒物が好きで、好きなあまり、小説にもうまくかけず、座談でもうまくしゃべれません。しかし彼の無神論というのは、世界史上稀有なことですな。

梅原　ニーチェが十九世紀に無神論を叫んだとき、ヨーロッパは物凄いショックを受けた。ところが信長は、すでにあの時期にニーチェ以上のことをいったばかりじゃなくて、実際にやっているわけでしょう。

司馬　信長は文章家じゃないから、自分の思想を叡山の焼打ちのような形でしか表現できなかったわけですけれども。

梅原　最後には自分の像を仏像のように拝ませたということを聞くのですが。

司馬　自分自身が神になりたいというあれですね。あれはこういうことだろうと思うんです。当時のキリスト教の宣教師が、信長に対して、初めはこれこそパトロンだとおもってよろこんでいたけれども、そのうちにだんだん信長というやつはおかしいぞと思いはじめて、ついには彼を憎悪するにいたるのです。この人は無神論者だ、とかれらは報告書に書いていますね。それもただの無神論者とちがって、だいそれたことに自分自身が神になりたがっている……。しかしそれは宣教師の誤解ですね。

信長は死ぬときは神道で葬られたいと思っていた。たとえば天満自在天になった菅原道真のように。そこできっと雑談のおりに、オレは神道で葬られて神の名をもらうんだ……というようなことをいったんじゃないか。現にそのとおりになりましたけれども、秀吉も真似をして豊国大明神、家康も真似して東照大権現になったような。そういう意味合いで述べたことを、宣教師が向う流に受けとったんでしょうね。しかしそれにしても信長の無神論というのは凄いです。実証的ですしね。

近代を開こうとした信長

梅原 バチカンの焼打ちなんてことは、ゲルマンのヴァンダル族でも考えなかったことでしょう。それを信長は、当時の日本の、バチカンとでもいうべき叡山をあっさり焼いてしまう……。

司馬 叡山の焼打ちでは三千人、その前の長島では新興宗教だった一向宗の教徒を万という数で殺しています。伊賀でも伊賀者というなにやら怪し気な精神共同体のメンバーをすりつぶし、つまりすりつぶしていくようにほとんどみな殺しにしていますね。それというのも信長は、叡山の坊主とか一向宗徒とか伊賀者とか、そういう怪し気な非合理的な存在を、この世に生かしておけないと思うくらいに嫌悪したんじゃないでしょうか。あれはどういう精神といえばいいんですかねえ。

梅原 一種のルネッサンス的精神じゃないでしょうか。ニーチェが大好きだったのはチェザーレ・ボルジアというイタリア・ルネッサンス期の政治家で、これは悪逆非道の男といわれたけれども、マキャベリなんかはこれぞ君主の名に値する君主と絶賛していますね。もしニーチェが信長を知ったら、これこそチェザーレをしのぐ大変な男だと思ったんじゃないでしょうか。

信長のいわばルネッサンス的精神が中世的なるものを葬ってしまう。それが家康にも伝わっていて、仏教という怪し気なメタフィジック（形而上的）なものを信用しないで、儒教の採用に踏み切った。これが明治以後の日本の発展にいかに役立ったことか。日本がもし骨の髄まで仏教国だったら、あんなにも早く西洋の合理主義をモノにすることは、とてもできなかったろうと思うんですよ。

司馬　たしかにあれは儒教の合理主義のおかげですね。最初のプロの儒学者というのは藤原惺窩だと思いますけれども、彼は豊臣時代に世に出て、豊臣体制を呪《のろ》ってるんです。なぜかといえば、当時政治権力をにぎっているのは馬上天下を取った荒大名ばかり。彼の理想は中国のように、学問のよくできる者が一定の試験をうけて官僚になって国を治めるというイメージですが、この豊臣の世は喧嘩の強い者が天下を治めている、こんなバカげた国はないといって怒っているわけです。

そのうちに前田利家とか家康とかの処世訓好きの大名、いまでいえば経営訓好きの経営者にコンサルタントといったかっこうで招致されていって論語なんかを講ずるようになる。秀吉は藤原惺窩には無関心です。殺生関白秀次は、自分のサロンを文化的にするために儒者に関心をもちましたけれど。そういう豊臣期の処世訓的な儒者が、徳川時代に入って朱子学という合理主義になっていく。いわゆる格物致知でもって、ものごとを論理的・分析的に考えようという精神ですね。

幕末に咸臨丸《かんりんまる》でアメリカにいった連中が工場なんかを見せられても、別に驚かなくてすんだ。というのは窮理学というのがあって、オランダの本かなんかですでに物理を知っていたからで、蒸気機関の原理や動力の伝導を説かれても、特別に珍しくもなんともなかった。のちに物理学とは無縁のしごとをした福沢諭吉ですらニュートンの物理ぐらいは知っていたわけで、こういう知的な好奇心は、やっぱり仏教のおかげというより、儒教的鍛練がさきにあったおかげでしょうね。

梅原　そうです、そうです。

司馬　それはともかくさっきの信長の話に戻りますけれども、ちょっとキザっぽくいえば、要するに彼信長は近代を開こうとした、といえるんじゃないでしょうか。

梅原　と思います。

司馬　近代の思想に邪魔なグループ、または意識が中世的な怪し気なものは全部叩き殺す、それが彼の行動ですね。たとえば仮りに武田信玄が代りに天下を取っていたらどうだったか。信玄というのはごく中世的な人物で、近世の開き手にはとてもなりませんね。

梅原　上杉謙信もならない。

司馬　謙信はなおのことでしょうね。信長は信玄と謙信、この二人の名戦術家を怖れていたんですが、結局二人とも信長より早く死んでしまう。ここらは天の配剤、歴史の妙味というべきかもしれませんね。

梅原　謙信というのは立派に澄みわたった人で、一方の信玄というのは悪をなせばなすほど神様を必要とする（笑）、といったタイプの人間だった。ところが信長というのは、どんな悪をなしても別に神や仏によって救われる必要はないというのだから、これはやっぱり近代精神ですね。近代の意識的な設計者といっていいでしょう。信長と秀吉・家康二人の相違は、歴史の創造者と継承者の相違で、近代の理念は信長によってつくられたと思いますね。

これまで近代というのは、ヨーロッパにはあっても、日本にはなかったとする意見がつよいけれども、しかし信長のような近代の開き手がちゃんと出ているんですね。

これからは内にこもる時期

司馬　信長の経済思想は全く商人のそれですね。家康が農業政策者だとしたら、信長は商業政策者だとおもいます。たとえば堺、博多を押えれば儲かるということを体じゅうで知っていた。百姓から米を収奪するよりも、貿易利潤の方が大きいということを知っていた。秀吉は信長の忠実な弟子だったから、その商業的発展を継承するんですが、ために豊臣家の石高は二百万石ちょっとなのに、あれだけの贅沢ができた。徳川家の石高はそれの数倍なのに台所はいつも苦しい。従って倹約の勧めです。家康という人は、信長や秀吉の真似はどうにも思想的にできない人間だったように思いますね。

梅原　百姓だから（笑）。

司馬　結局日本は徳川でちょっと中世に戻るわけで、もし仮りに信長、秀吉の考え方で押し通していれば、日本というのはもっと早く面白い国になったかもしれませんね。

梅原　いや、成熟というか蓄積することなしに近代化することが、はたしてよかったかどうか。

司馬　ともいえますな。

梅原　日本の歴史には、外との接触でワーッと湧き立った時代と、じっと内にこもった時代がありますね。平安時代というのも、じっと内にこもった時代です。

司馬　平安と徳川ですね。

梅原　ええ。どちらもその前に外国文化輸入の時代がある。仏教文化が入ってきた奈良時代。そのあとじっと内にこもって平安文化ができる。私は平安時代に日本文化の基礎ができたと思うんです。日本人が再び大きな文化的ショックを受けるのは、やはりキリシタン文化との接触でしょう。徳川の三百年はこの文化的接触を恐れて、日本がじっと自分の中にひっこんだ時代だと思います。そこへペリー以下がやってきた。今度はひっこんではいられない。なぜなら接触を恐れて通交を拒絶したら、大砲の弾が飛んできますから。考えた挙句、西洋文化を学ぶことによって、西洋に追いつき、西洋に勝る強い国、豊かな国になろうということになった。

しかし今じっと内にこもる時期がきていると思うんです。唐の真似をしていたら唐がダメになって、仕方なく内にこもらざるを得なかったのが平安時代。明治以来、西洋の真似をしてやってきたが、どうやら西洋の方がダメになったらしい。ヨーロッパは生気がないし、アメリカもなにやらガタついている。といってソ連は不自由な国らしいし、お隣の中国も文化大革命とやらでゴタゴタしている。どこにもお手本がないから、じっくり内にこもって自分で考えるしかない——そういう時期にきていると思うんですよ。あとはここで、ちょうど坂本龍馬が、明治百年の見通しを立てたように、射程の長い見通しをこれからの日本について立てる、そういうことがいま必要になっているような気がするんです。

司馬　そういうことですね。

梅原　内にこもるといっても鎖国なんかできやしないんで、ますます国際的に日本人は通用しなきゃいけない。ただ、森鷗外がいいましたね、日本は二本の足で歩かなくちゃいけない、一本は東洋の足で一本は西洋の足でと。このごろ日本人は西洋の足一本で歩いている。西洋自体が自分の足に不安を感じていま一本の足を求めているくらいだから、ましてや日本は東洋の足をここらで地につけなきゃいかんと思うんです。

　とにかく新しい時代に即した答えを書く民族が次の時代を担っていくわけで、いまや世界中の国ないし民族が新しい答えを独力で見つけ出していかなくちゃならん時期にきているという感じがしますね。

司馬　えらい時代にきましたな。日本人にとってもうまねしはあかん時代やな。

梅原　この間の哲学の学会でも、だいたい西洋人は東洋について禅しか知らない。鈴木大拙以外、あまり知らないんです。そこでぼくは酒の席で隣り合った向うの学者に、酒を飲むと英語が通ずるものですから（笑）、仏教には天台とか華厳《けごん》とか、いろいろすぐれた大思想がある、禅だけで東洋を理解しようとすると間違いだといったんです。そしたら翌日その彼が、別の学者が研究発表会で禅がどうこうといったら、禅だけではダメだッ、天台や華厳があるじゃないかと怒鳴り出して、これには驚きましたね。国際社会は競争が激しいなと思いましたよ（笑）。

司馬　しかしそれはいいことですな。

梅原　ええ。いつの学会でもおとなしかった人が怒鳴り出すほど、向うはいま東洋を真剣に吸収しようとしてるんです。その意味で文明の対話というものが、いま始まったという感じですね。これまでの対話は一方的で、東洋が西洋を学ぶ姿勢はあってもその逆はなかったですから。ところがいまや西洋が東洋に学ぶ時代がきている。

中国は誇り高きがゆえに西洋文明を斥け、そのために遅れてしまった。日本は古い文明を残しながら西洋文明の輸入に成功して、国家も近代化した。その点、日本には新しい文明を創造する可能性があると思うんです。だから日本の学者も思想家も、そういう大きな課題を考えて、いま少し自信をもった方がいいと思うんですけれども。

司馬　なるほど。

梅原　既成の仏教団について、とにもかくにも仏教を保存してきてくれたということの意義を認めてやらなくちゃいけませんでしょうね。しかしもうこれからは保存じゃない、発展の時代だ。ところが一口に仏教といってもいろいろあって、プラトンのようなもの、キリスト教のようなもの、マルクス主義のようなもの、いろいろな種類のものがみな仏教と呼ばれている。

なにしろお釈迦さんが死んで五百年ぐらいしてから、これこそお釈迦さんの本だぞといって、つぎつぎに経がでた。もちろんお釈迦さんが生き返って説法するはずはない。自由自在な思想をお釈迦さんにたくしたんですね。だから仏教にはバイブルが無数にある。

日蓮宗は〝生の原理〟

司馬　さっきの華厳には、ちゃんと弁証法がありますね。弁証法といえばヘーゲルの専売特許みたいにいわれていますけれども。そういう近代思想に負けないものが、仏教にはいっぱいあるわけですね。

梅原　そういうものを一つ一つ取り出してホコリをはたいた上で、現代の眼でそれを考え直す——そこにしか新しい文明の創造はないんじゃないか、という気がするんです。もっともその中の一つだけを選んで、それだけが仏教だというような考え方——現にいまそういう動きがありますけれども、そういうのにはぼくは反対なんです。もともと仏教の大原理は寛容なんですから。

司馬　ふしぎなことに日本の各時代をにぎわす新興宗教というものが、多くは日蓮宗から出ていますね。現存しているものにも本門仏立講、霊友会、創価学会……みんな日蓮宗から出ている。ただ創価学会にいたって、初めて利益ということを掲げた。お釈迦さんは利というものを捨てたところから出発している。ところが創価学会というのは利を説く。簡単にいえば、真善美というのは人間が追求すべき理想だが、そのほかに一つ、利が必要である、と説く。

しかし利を説く以上、これはもう仏教じゃない。致命的なところで仏教じゃない。だからそういうところでひらきなおって、わしゃお釈迦さんとは別物やといえばよい。くりかえすようですけれど、利から離れないと人間の幸福はない、というのは孟子もやかましくいったけれども、仏教ではお釈迦さん以来の大原理でしょう。だからお釈迦さんはどうであれ、創価学会は創価学会で、まったく独創のものだといえばいいのですけれども、そこは宗教のおかしなところで、やはり神聖の根源をはるかな過去に置く。あれほど勇猛果敢なる創価学会ですらそうですから、人間というのは可愛らしいものですなあ。

梅原　なぜ日蓮宗から新興宗教が出てくるかといいますと、こういうことだと思うんです。中世の浄土宗で日本人の多くが死の情熱にかられた。浄土宗はいわば死の原理、ここで仏教がきわまった感がある。そういうものに対する否定として日蓮が出てきた。浄土というのは来世ではない、この世が浄土だ。ここでおどれ。

司馬　生の原理。

梅原　ええ。葬式仏教のようなものを一掃しようというファイトを日蓮はもっていた。

現代という時代は死の時代じゃなくて生の時代でしょう。だからこそ生の原理を説く日蓮宗から新興宗教が出てくる。逆に禅や真宗からは、原理的に新興宗教は出にくいと思うんです。

司馬　室町時代にさかんなエネルギーをもっていた京都町衆は法華の徒でしたな。かれらが法華一揆をやる。江戸時代の抑圧時代に、抑圧を無抵抗ではねかえそうとしたのが、不受不施教の大エネルギーです。いずれも日蓮宗なんですけれども、あのエネルギーがいったいどこからやってくるのかと思うんですよ。どうも日蓮宗というのは日本人の縄文的体質というか——これを言いだしたのは谷川徹三氏ですけれども——荒々しい土着エネルギーを触発するようなところがあるのかもしれない、と思ったりもしてみるんですけれども。

梅原　日蓮というのは、教祖の中で唯一の東国出身者ですね。親鸞も道元も……。

司馬　そう親鸞は京都、道元も京都。

梅原　ええ。法然は岡山ですし、みんな西なんです。いま縄文的体質とおっしゃったけれども、日蓮はそういう土着のエネルギーに、文化果つるところの宗教意識に初めて火をつけた人じゃないかと思うんです。日蓮は千葉の成田に近いところの出身で、おそらく父親は漁夫ですよ。

日蓮が法華経に読みとったのは天台のようなむつかしい理論ではなく、寿量品に説かれる永遠の生命の思想でしょう。寿量品の永遠の命の思想——これが彼をして、どんな逆境にも耐えていかせる。ひどい目に会えば会うほどエネルギーが燃えあがるわけです。法華経を一種の永遠のエネルギーの教えとして読んだんですね。法華経の中で地涌の菩薩というものがある。いままでだれも知らない菩薩が、続々と地の中から涌いてきて法華経を広める。この地涌の菩薩の指導者が自分であるというわけです。これは無名の民が続々と仏教に目覚めることだと思うんです。日蓮は縄文的な伝統をもつ関東の無名の民に、期待をかけていたと思いますね。

司馬　創価学会と戦国時代の一向宗の爆発とは同じかと、よく聞かれるんですけれども、当時の加賀にはすでに相当に豊かな開墾地主がいて、それが貢納《こうのう》を収めるのがバカバカしくなったときに浄土念仏が入ってきた。それがスラッと理解できる体質を、加賀の人はもっていたんでしょうな。

たとえば私なんか南無阿弥陀仏はわかるけれども、南無妙法蓮華経はどうしてもわからない。まあ自分のことはともかく一向宗というのは新興地主の宗教だったわけです。ところが江戸時代から今日にいたるまでの日蓮系の新興宗教をみていますと、地主階級よりもう少し下の階級で、網をひいている親父とか……。

梅原　商人が入りますね。

司馬　ええ、商人は江戸時代でも天秤棒一本でのしあがれますから、商人が入ってくると縄文的な匂いがするわけで……。

梅原　これは面白い。日蓮宗は縄文で、浄土宗は弥生ですか（笑）。

司馬　たとえば日光の東照宮と京都の数寄屋普請が同時代にあるふしぎさは、日本人に二つの体質的な流れがあるとしか思えない。東照宮をつくったのは縄文的な体質で片方は弥生的なそれといった具合に。ほぼ同じ時代に桂離宮というのができていて、これは弥生式の極致みたいなところがあるでしょう。片方に〝縄文人〟がおれば片方に〝弥生人〟がいるといった感じですね。

梅原　宗教的のエネルギーですが、排他的な思想ほどエネルギーが高まるところがあって、だから日蓮は天台宗より門をいま一つ狭くしてエネルギーをかき立てたわけだ。けれども、創価学会の場合は……。

司馬　もう一つ門を狭くしちゃった。それに比例して爆発力もつよくなる。

梅原　と思うんです。しかし大きくなってくれば、いずれは門を広げなきゃいけない。いま創価学会というのは、そういう課題に直面していると思うんです。

創価学会これからの課題

司馬　まあ法華坊主というのは昔から善にもつよく悪にもつよいんで、いずれにしろエネルギーがあふれているんです。どういうわけでしょう。それはこうだと教えてくれたお坊さんがいるのです。南無妙法蓮華経を唱えていると勇往邁進で、どんどん外へ外へ前へ前へと進んでゆく。そのかわり自分の内なるものが薄くなって、外向的性格になる、軍人にむくような。

逆に南無阿弥陀仏を唱えていると、だんだん内へ内へとこもってきて、滅入ってきて、悪いのはみんな自分だというようになり、内向的・内面的になっていく。とにかく南無妙法蓮華経をとなえていると、元気が出てきますな。それに創価学会の場合は利がつくわけで、こりゃ元気になりますわ。しかし外向的であるあまりにひどく利己的になっていって利他性がなくなるおそれがある。だから学会以外の人間からは嫌われちゃうんですね。江戸時代でも日蓮宗というのは嫌われたものらしい。

梅原　南無阿弥陀仏の方は「阿弥陀さん助けてくれ」で、日本人のセンチメンタリズムの故郷みたいなものでしょう。内へ内へと沈潜していく。片や南無妙法蓮華経は「生命よめざめよ」で、エネルギーがワッと外へ向いていく。日本のインテリはだいたい内面へ向う方が好きで、従ってぼくも含めて親鸞が好きなんです。

日蓮が嫌いなのはインテリに多い。明治時代だけですね。高山樗牛《ちょぎゅう》、姉崎正治はとにかく、内村鑑三も意外に日蓮が好きだった。それ以後のインテリはほとんどみんな日蓮を嫌って親鸞を好む。三木清、西田幾多郎、田辺元……。

司馬　みんな親鸞びいきだ。

梅原　ええ。しかし今後日本の歴史には、内に沈潜しているインテリだけじゃいけない。外へ向う日蓮的な魂も日本人の魂に生きてこなくちゃいけないと思うんですよ。

司馬　大正・昭和時代でいうと宮沢賢治が日蓮びいきですね。親父さんが真宗で、大喧嘩している。それから海軍の八代六郎。

梅原　石原莞爾がそうです。軍人にはいるけれども、文化人に日蓮びいきはほとんどいませんね。道元の知性と親鸞のホロリとさせるようなところがいいとされている。ところが庶民には日蓮のバイタリティが訴える。だから縄文・日蓮と弥生・親鸞というような二つの流れを、どちらか一つときめつけずに、並行させて発展させなきゃいけないと思うんですよ。

司馬　創価学会というのは、さっきいったように利の思想があって、お釈迦さんとはあまり関係がないと私は思うんだけれど、ただエネルギーとしては新しい文明を興す可能性あるいは刺激力はもっているかもしれませんね。

梅原　ぼくはあるていど評価しているんですよ。自民党も共産党も西洋の原理でやっているでしょう。そこへ東洋の原理を最初に掲げた政治団体がでてきた。可能性として大変に面白いものをもっていると思うんです。ただ問題は、仏教というのは多元的で他の考え方も許す大慈悲というか寛容を思想的特質としてもっているけれども、これを創価学会が失うようなことになったら、仏教じゃなくなる……。

知性かエネルギーか

司馬　もともとあれは仏教ではないかもしれませんな、お釈迦さんとか、仏典はかついではいますけれども。

梅原　いや、ぼくはそうは思いません。利というものでも、大乗仏教の出現以来、利の問題は仏教の重要な問題になってきています。しかし学会もいずれ天台の方向へ、普《ふ》門品《もんぼん》的な方向へ排他性をよわめていかざるを得ないんじゃないでしょうか。そのときにいまのようなエネルギーを保持し得るかどうかに、新しい問いがあるような気がしますけれども。

司馬　それは難しいでしょうね。そろそろ創価大学なんかつくり出しているところからみると、これは峠だということでしょうか。日本の新興宗教はだいたい三十年でエネルギーが衰えるでしょう。明治の本門仏立講、戦後の霊友会……いずれもそうです。創価学会も昭和三十年ぐらいに大膨張してから、そろそろこのへんで峠は越えたと私はみますけれども。

梅原　日蓮の教えと知的なものと、必ずしも相矛盾するものだとは思えないんですよ。エネルギーを立てるか、知性を立てるかは困難な課題ではありますが。

司馬　ひょっとすると相反する課題かもしれませんね。天理教はもともと病気がなおるところから出てきた。大きくなると教義を整理し、教学をつくった。そのあたりが峠だったように思う。知性を立てればエネルギーの方は衰弱するように思いますが。

梅原　歴史家の眼は厳しいから……（笑）。

司馬　それに、この狭い島国の中の単一民族の中で、排他的なエネルギーが一つ大きく出てくると大変に困るんですよ。日蓮宗の新しいセクトが力を得るときは、いつの時代も政治問題になったり社会問題になったりしている。身近なことでいえば親類同士の事件になったり、友人同士の事件になったり……そんなことのくり返しでいまの創価学会は出てきているわけで……。

梅原　排他的といっても、キリスト教やマルキシズムとくらべれば、まだゆるやかなものでしょう。

司馬　世界的な規模からみたら、大したことはないかもしれませんけど、日本の社会では大層にぎやかなものになりますな。

梅原　国内をみたって、もっと排他的な思想があって、やはり大きな力をもってます。排他性をやっつけるなら、いろいろなものをおしなべてなで斬りにしなきゃいけなくなりますね。

司馬　それはそうかもしれません。

梅原　いまの世界の政治、答えが出ていませんね。マルクスがこうすれば理想社会ができると新しい思想を広めたけれども、それを実験してみた結果がソ連と中国。ともに大手術の結果、別な悪がでてきている。どうもよろしくないということがいまでははっきりしてきた。

いや、あれはマルクスの原理を間違って使っているからだ、ソ連や中国と違った使い方があるはずだ……などという連中が日本にもいますけれども、私はそうは思わない。それならマルクス主義の正しい使い方は何か、そのプランを示してくれなければいけない。しかし私にそのプランを示してくれる政党も思想家もありません。これらは未来にプランがあるかの如くにみせて、実はそれが欠如している。ごまかしにすぎないと思うんです。そこに社会党の凋落《ちょうらく》する原因があったんじゃないか。

司馬　そうですね。

小田実は昭和の日蓮？

梅原　そこで第三党になった公明党が意味をもつとすれば、仏法の原理を標榜《ひょうぼう》する政党らしく、寛容と自由の原理に立たなくちゃいけない。近代国家には欠くべからざる原理ですからね。既成の仏教団には寛容と自由の原理はあるけれども堕落しているし、一方にはエネルギーはあるけれども排他的な仏教団がいる。

間をとるような考えになるけれども、寛容と自由の原理をもちながら、しかもエネルギーにみちた思想運動というものが、新しい時代のものだと思うんですけれども。しかしそういう形じゃ、はたして大衆がついてくるかどうか……（笑）。お前やったらどうかとよくいわれるのですけれども、大衆運動のリーダーというのは自分の思想を少しでも疑う心があるとダメだし、「無知の知」の自覚に立つ哲学者じゃダメでしょう……（笑）。

やはり教祖のような存在になる人はパーソナリティがありますね。ぼくの友人なんかでも鶴見俊輔さんとか、小田実くんとか……ああいう人は新興宗教の教祖にしてもやれるでしょうな（笑）。

司馬　やはりあの人たち、そういう要素をもってますなあ。そこが魅力やな。

梅原　知性がありすぎちゃダメだな（笑）。

司馬　知性があっても、それを凌駕《りようが》するようなエネルギーがあれば……。

梅原　鶴見さんという人は法然みたいな人で、知性を恥じている知性人、バカになりたい一心で生きてるような知性人ですよ。小田くんの方はそこへいくと、エネルギーそのものだな。

司馬　ひょっとすると新しい日蓮かもしれない（笑）。面構えがいい。〝縄文人〟的生気がみなぎっているし……（笑）。

（『文藝春秋』一九七〇年三月号）

向坊　隆
×
司馬遼太郎

日本の繁栄を脅かすもの

一九七〇（昭和四十五）年二月

向坊　隆（むかいぼう　たかし）

一九一七（大正六）年生まれ。元東京大学総長。助教授時代に外務省に出向し、在米日本大使館科学担当書記官を勤め、日米原子力協定をとりまとめた。六八年の東大紛争時は工学部長として収束に尽力。戦後日本の原子力利用の草分け。文化功労者。二〇〇二年逝去。

司馬　あれは昨年のいまごろでしたか、大学紛争がたけなわのころ、『文藝春秋』（昭和四十四年五月号）の座談会に出られた向坊さんが、こんなことをおっしゃっておられましたね。なんだかんだいうけれども、われわれがしっかりしなきゃ日本人は飢えちゃうんだから……と。工学者の心意気といいますか、私そのひとことに大変に感動して、いまだに憶えています。

向坊　いやあ、これはどうも（笑）。

司馬　あのころむずかしい小理屈をいう人はいっぱいいたけれども、あのひとことの重みというのは大きかった。単純ないい方をすれば、向坊さんのような方がわれわれ日本人を食べさせてくれているわけで……。

向坊　いやいや、どうも（笑）。

なくなった飢えの恐怖

司馬　考えてみますと、日本の歴史というのはある意味では縄文式のころから、飢えるかもしれないという恐怖心の歴史です。飢えからの恐怖心にかられて、個人レベルでいえば立身出世の努力をしたり、宗教やイデオロギーにすがったり、国家レベルでいえば戦争をやってみたり、いろいろやってきた。日本だけじゃなく世界的にみてもそうなんで、飢餓への恐怖心が宗教やイデオロギーを生んでいる。キリスト教もマルキシズムも、とどのつまりはそこから出発したのでしょう。

向坊　ええ、ええ。

司馬　ところがこの数年、すくなくともこの日本には、飢餓への恐怖心というものがなくなった。私らの年配の者には記憶としてあるけれども、いまの青少年には飢えるかもしれないという緊張感なんてありませんね。中学を出て東京、大阪に出てくれば、すぐに三万円から四万円の金がとれて、なんとか食べていける。フーテンやってぶらぶらしていても、なんとかなる。およそ飢えの心配のない世の中になった。日本史上初めての時代ですね。ところがこんな事態がきてしまうと、急に無重力状態におかれたように、オレは何のために生きているのだろうといった疑問や虚しさが出てきて、そうすると原始以来のあの飢えからの恐怖心という大緊張が無意識に恋しくなり、それで一個の幻想をつくりあげて、コジキ（つまりヒッピー）をしてみたり、日本人を食わしているシクミというか体制をぶちこわしてみたくなったりする。

そういう思想以前の、すくなくともかつての歴史にはなかった人間の集団現象が出てくる。哲学もむなしくなり、高度の既成宗教もむなしくなった。すべてこわしたい。そういうことが理屈づけはどうであれ、たとえば大学紛争や高校紛争に、多少なりとも関係しているんじゃないかと思うんです。

向坊　そういうところ、たしかにありますね。

司馬　しかしまあ哲学的にはともかく、経済的には、とにもかくにもみんなが飢えの心配をしなくてすむ結構な状態になってきたわけですが、さてこの状態がこれから先、永久に続くのかどうか。それともこれは一時の幻で、下手をするとモトノモクアミにかえるんじゃなかろうか……。

向坊　その惧《おそ》れ、多分にありますね。

司馬　ありますか、やっぱり。そこらへんを今日は伺ってみたいと思うんです。

向坊　飢えの問題、日本ではなくなったとおっしゃったけれども、世界的にみればまだ残っておりますね。

司馬　ええ、たとえばインド。もっともインドは、古代以来、飢えと闘うことなく、飢えをくるみ込んだ哲学や宗教までつくりあげてしまっていて、欧米式のシステムでやれば飢えから解放されるぞと教えても、聞き入れない。インドの飢えの高貴さと救いがたさは、あれはもう宗教化しちゃっているということでしょうね。

のんきな日本人

向坊　それもいずれは崩れていくと思いますけれども、インドだけじゃなく、アジア全体を見渡せば飢えの問題、まだまだ残っていますよ。古来人類を悩ませてきた問題のうち最大のものは飢えでしょうけれども、他にも病気、貧乏、戦争といった問題が残っていますね。外国を旅行していますと、どこの国にも戦争とか国力の衰退といったものに対する恐怖心、危機感がある。それが日本だけにないという気がしますね。

たとえば西独のある大学教授がこんなことをいってましたよ。一〇〇キロほど向うに東独がある。その東独と西独が戦端を開いたら、われわれは二時間ぐらいで捕虜になるか殺される。そういうストレスからいまだかつて解放されたことがないって。

司馬　海に囲まれて暮らしてきた日本人には、国境が地続きにあることの恐ろしさは想像もできんでしょうな。

向坊　私、ウ・タント国連事務総長の顧問の一人として、いわゆる「ウ・タント核兵器白書」をまとめるお手伝いをしたんですが、そのときスウェーデンから来ていた人と仲よくなって、ひまなときはよく一緒に飲んでいたんです。その彼がいってました。第二次大戦中、スカンジナビア諸国で中立を守ったのはスウェーデンだけだった。それを自分たちは誇りに思っている。しかしそのためにスウェーデンがどれだけの努力を払い、国費を投じたかはなかなか理解してもらえない。今後も中立を守るための戦略にあらゆる努力を払うんだ、という話をさんざん聞かされましたよ。

フランスにいけばいったで、フランス人というのはドイツがいつまた敵になるかわからないといった気持をいつももっていますね。戦争の危機感という点で、およそ日本人ほどのんきな国民は他に見当りませんよ。外国から帰ってくるたびに、いつも不思議な感じがいたしますね。

司馬　別天地ですな。

向坊　ええ。イギリスはイギリスで、斜陽化の危機感というのが大変なものです。そこでさっきお話に出た日本のこの繁栄がいつまで続くものか、ひょっとするとモトノモクアミになるんじゃなかろうかという問題ですが、われわれは非常な危機感をもってるんです。楽観論じゃいきませんですね。

司馬　それをひとつじっくり聞かせて下さい。私らシロウト考えで考えても、まずエネルギー源の問題が思い浮びますね。日本は加工をやって食ってゆくという産業国家で、外国から材料を輸入して加工し、それを再輸出して食っている。しかも、その加工に要するエネルギー源の大部分を石油に依存している。この石油のほとんどがまた外国からの買物で、世界情勢の変化から何かの加減で石油がこなくなったとしたら、いったい日本はどうなるんだろうと、まずそれが心配なんですけれども。

石油はあと数十年

向坊　お説のとおりですね。日本で採れる石油は年間使用量のわずか一パーセント以下、外国から毎年二億トン以上の石油を輸入している。そのうち九〇パーセントがアラブ地域からの買物なんですが、ここは世界でも有数の政情不安定な地域で、ここに何らかの混乱が起った場合、日本がどこかとケンカをしなくても、日本に入ってくる石油は制限される。あるいは値上りする。値上りしたら加工のコストが上って、日本はもう輸出がやっていけなくなる。

司馬　モトノモクアミですな。

向坊　ええ。年に二億トン以上も使うことになると、一年分貯めておくことは不可能なんです、量が多すぎて。いまの貯蔵量はおそらく三十日分あるかないかでしょう。タンカーでどんどん運んで操業しているわけですが、タンカーの道筋に紛争が起れば、運んでこれなくなったりおくれたりする。そうなれば日本全体がお手上げです。ぼくらそういうことに対して非常な危機感をもってますね。

司馬　なんとか前もって打つ手はないものでしょうかな。

向坊　いろんな方法が考えられると思うんです。アラブ地域に頼っているパーセントを減らす、ソ連からも入れる、アメリカ、アラスカからも入れるとか、そういう分散方式ですね。供給の安定化といっておりますけれども、そういう努力も現にされていますよ。しかしまあ新しいエネルギー源の開発が、そういう危機克服のための第一の課題ですね。

司馬　石油だっていつまでも無尽蔵じゃないわけで、なんですか、全世界の埋蔵量はあと三十年分ぐらいしかないとかいう説もどこかで見たような気がしますけれども。

向坊　調査した人と時期によってずいぶん違うんですけれども、不思議なことに、毎年使っている量と新たに発見される埋蔵量とが、ほぼ同じなんです。だから、そのままでいけばいつまでもあるようにも思えるわけですが、地質学者たちが地球の地殻の構造なんかを総合的に検討すると、無限にあるはずはないということですね。悲観的な人だと、いまから十年もすれば石油の値段が上り出し、従って使用量が減ってくるだろう、という見方をしている。楽観的な人でも、あと百年もつという人はいない。せいぜいあと何十年というところで値上りが始まり、使用量を減らしていかなきゃならなくなるだろうといってますね。

それに石油は動力源としてもさることながら、われわれの生活必需品の原料としてもウエートが増してきていますから、できるものならそっちの方に残しておきたい。だからなるべく早く、石油にかわるエネルギー源を求める必要がそこにあるわけです。

司馬　そこで核エネルギーということになりますね。

向坊　ええ。これまた残念ながら、これの材料になるウランが日本に出ないんですね。出るけれども少なくて、とても需要におよばない。いままで日本で見つかっているのは、全部を合わせても四〇〇〇トンぐらい。ところがもうじき年に一万トン以上のウランを使うようになります。だからこれも輸入に頼らなくちゃならないんですが、石油にくらべるといろんな利点がある。

まずウラン235という同位元素一トンで石炭なら三〇〇万トン、石油なら二〇〇万トン分のエネルギーを放出する。たった一トンでですよ。だからウラン鉱石を大きな船で運んでくれば、一隻で一年分ぐらいのエネルギー源の保存は容易に可能です。それから供給先が石油にくらべて分散している。アメリカ、カナダ、アフリカと分散しているから、供給の安定化ができるわけで、値段も石油にくらべ三分の一ぐらいは安いと見られています。

司馬　ははあ。

向坊　ところが原子力発電には、安全性の絶対確保という非常に重大な問題があるわけです。広島に落された原爆は重さにして二キロから三キロの〝死の灰〟をばらまいたんですが、原子力発電所にはその灰がトン当りで溜《たま》っていくわけです。これを絶対にばらまかない、漏らさない工夫、設備が必要です。

司馬　万に一つも間違いは許されない。

核の平和利用を阻むもの

向坊　設備の安全性だけでなく、付近に住んでいる人が安心できるような、万全の監視体制が必要です。それから原子炉の中に溜った灰をどうするか。石炭の発電所ならそのまま捨てればいいけれども、これはそういうわけにはいかない。海に流せば、紀元二〇〇〇年ごろには、一年間に出る灰だけで世界中の海が汚染されちゃうと計算されている。だからどこかへ、じっと動かないような形にしておかなくちゃいけない。

地下深くにステンレスのタンクをつくって大事にしまっておくという一方法も、ここ十年やそこらは大丈夫でしょう。しかし日本産業の伸び、文化のレベルの向上なんかを考えると、今世紀末には大変な量になります。その始末をどうするかが解決できないことには、原子力利用がやれないわけです。

司馬　厄介な問題ですな。

向坊　アメリカなんていう国は恵まれてまして、たとえば地下に直径数十マイルの岩塩の塊がある。ということは何万年も水がなかったということですよ。だからそこに穴を掘ってしまっておけば安心なわけです。イギリスや日本は安心して捨てる場所がない。日本は国が狭い上に地震があるし、地下水はいたるところにあるということで……。

司馬　海中投棄はダメですか、うんとコンパクトにして鉄か鉛でもかぶせて。

向坊　生物にはいろんなやつがいまして、何でも食っちゃうのがいるんです。

司馬　なるほど、微生物には金属でもなんでも食うのがいるそうですね。

向坊　そういうのが海底にいるかいないか、確認してからでないと、あぶなくて捨てることは許されませんね。それから最近の海洋学の知識では、一万メートルの海底といえども海水が動いていて、これがどう動くのかも調べなくちゃいけない。またそこにどんな生物がいるかということも確認しなくちゃいけない……。

司馬　気の遠くなるような話ですな。

向坊　とにかくこの灰をいかに始末するかという問題、これには莫大な費用をかけて十分な研究をしなくちゃいけない。それも、いつまでかかっていてもいいという研究じゃなく、すくなくとも今世紀末までに、いや、いまから十五年かそこらの間に、答えを出さなきゃいかん研究なんです。なにしろこれを解決しないことには、原子力利用が糞《ふん》詰まりならぬ灰詰まりになっちゃうんですから。

あらゆる分野の連中が協力してこの問題を解決する義務を、われわれは子孫に対して負っているわけです。今世紀末というとずっと先のように聞えるけれども、いまの小中学生が第一線で活躍している時期ですよ。それまでにこの問題をなんとか解決する義務がある。解決できなければ、必ず日本はモトノモクアミに戻りますね。

司馬　相当にきつい状勢ですな。これは堺の製鉄所の人から聞いた話ですが、イギリスの鉄鋼関係者が見学にきて、日本の技術、システムに非常に感心して帰っていった。ところがそのイギリス人がたずねていうには、日本では第一級の秀才は鉄に来ますかという。そのとおりだと日本側が答えたら、それはうらやましい、イギリスでは第一級の秀才は原子力にいって、鉄のほうには二級の秀才がくるんです、といった。これには鉄屋さんペチャンコになって、オレたちは世界有数の鉄づくりになったけれど、イギリスはもう一つ先に行っておったか、というんですな。

斜陽といわれているイギリスといえども、第一級の秀才は鉄にいかずに原子力にいっている。アメリカのような国は、金もあれば資源もある。人間も世界中から集められる。結構ずくめの国だけれども、日本やイギリスというのは、よほど緊張しないと、これからさき悲惨な目にあいそうですね。

向坊　イギリスは斜陽を挽回するために原子力に賭《か》けたといっていいでしょう。ですから一方には国力を無視して核兵器の装備に走ったし、他方エネルギーの供給を原子力に賭けた。おそらく現在のイギリスの苦しさというのは、核兵器をもったことが一番大きな原因だと、ぼくらは思ってますよ。イギリス人の中にすら、そういうことをいう人がいる。

司馬　ほほう。といいますと……。

向坊　核兵器をつくること自体は技術からいっても、費用からいっても、大してむずかしいことじゃないでしょう。しかしひとたび核兵器をもてば、それを運ぶ手段も必要だし、核兵器で攻撃される危険性を生ずるわけで、これを防ぐための費用――敵の核兵器を探知し、迎撃したりする軍備が互いにエスカレートして、そのための費用がベラ坊なものになる。これがイギリスの斜陽化を早めたわけです。

司馬　なるほど。

向坊　イギリスの原子力発電は目下のところアメリカの倍近くが動いてます。東京電力というのは単独では世界一の規模の電力会社ですが、これの設備がほぼ一〇〇〇万キロ。その半分の五〇〇万キロをイギリスでは原子力発電でやっている。アメリカも日本もやがてイギリスを追い越します。これは時間の問題ですね。しかしいまはイギリスが原子力発電では一番です。

これはイギリスが早くから原子力に賭けたからですね。平和利用の方も軍事の方も、核エネルギーに賭けた。その結果はさっきいったような具合で、さらに斜陽化を招いちゃったわけで、今後は核軍備の方は縮小していかざるを得んでしょうね、否応なしに。

核防条約の問題点

司馬　核というのは軍事に使うと、その国は貧乏しちゃいますね。核兵器は安上りだという説をなす人もいるけれども、あれは大嘘だな。

向坊　それはもう無知以外の何物でもないですね。米ソといえどもこれでは経済がもたないと悲鳴をあげて、これ以上エスカレートしないようにしようと話し合っているわけですからね。その何分の一かの国力しかない国が核兵器をもつというのは、国をつぶすだけですよ。核兵器をもつ国は、必ず防衛用であるとか戦争抑止用だとか、いろいろ理屈をつけるから、結局その禁止は人道問題だという他ないかもしれませんが、経済的に考えてもやめるべきだと思いますね。

司馬　本当にそうだなあ。しかしまあエネルギー源をどこに求めるかというのは重大な問題ですね。

向坊　水力でだめなら火力、石炭でだめなら石油、それでだめなら原子力という風に、人類は次々にエネルギー源を求めてきたけれども、そうしないと人間は生きていけない、活動がストップしてしまう。死滅してしまうんですね。

司馬　人間の生活を維持していく上で、食物と同じレベルの必需品なんですな、エネルギーというのは。

向坊　文化の水準を調べるのに、教育の普及度とか印刷物の量とか、いろんな目盛りがありますけれども、国連では一番いい物指はエネルギーの使用量だとしています。国民一人当りのエネルギー使用量で国の文化水準をはかっている。人間というのは欲張りですから、一度あがった生活水準がさがることには、大変な抵抗がおこる。それが革命や戦争につながるかもしれない。だから絶えず生活水準をあげていかなくちゃいけない。それが平和を保つ一つの道なんですね。ということはつまり、豊富なエネルギー源を常に確保する。その意味でも原子力の利用というのは重大な意味をもっているわけです。

司馬　なるほど。エネルギー源がなくなるとほんとに死滅しちゃうわけだなあ。

向坊　死滅しますよ。月世界のようになってしまう。

司馬　ところで例の核拡散防止条約ですが、調印を終ってあとは批准の段階にきておりますけれども（昭和四十五年二月三日調印）、あれは私らシロウト考えでも、非常に重大な問題を含んでますね。要するにあれは、核保有国が他の国に核兵器をもたせまいということで、その限りでは別に問題はないと思うんです。核兵器をもったらどうなるかは、さきほどのお話でもわかりましたから、もてといわれたってもっちゃいけない。

問題は、お前ら本当に核兵器をつくっていないかどうか定期的に原子炉やらなにやらを査察させろ、そのくせ自分たちの方は見せないという核兵器保有国のいい分ですな。それによって、こちらが独自に開発した平和利用の技術も設備もなにもかも、みんな手の内を見られてしまう。それでいて向う様のは見せてくれない。まるでこっちだけカードをひろげてトランプをやるようなもので、これじゃいつまでたっても勝てっこない。こんな一方的なバカげた話もないと思うんですが。

向坊　まさにその点で、私なんかもあの条約に不用意に判コをつくなと反対してるんです。反対論者の中には、将来、場合によったら核兵器をもてる余地を残しておこうという、危険でバカげた考えの人もおりますよ。私らは、平和利用の面での不平等をいって反対している。

司馬　日本がこれから先も加工産業国家として生きていくためには、安くていいエネルギー源を確保しなきゃいけないわけで、その点でいつも向うの後塵を拝するんじゃ、メシの食い上げにもなりかねない。この問題は向う様のいいなりにズルズルとやっちゃ絶対にいかんですな。

これから何ができるか

向坊　といっても国際関係は冷酷な力の関係で、現に力関係で判コをついてしまったわけですから、同じように力関係で批准もさせられるにきまってますね。ただ、それまでの時間に日本として何を主張し、何ができるか。それを本気で考えなきゃいかんと思うんですよ。

司馬　これからでもできること、なにかありますか。

向坊　条約が発効すると査察がおこなわれるんですが、その査察の方法にこちらのいい分を聞いてもらう。それも理詰めで、だれも反対できないようにもっていく。要は日本が核兵器をつくっていないということだけわかればよろしいんでしょう。それなら、われわれが一生懸命に勉強して、独自に研究・開発している内容を全部見せなくとも、ここところだけを見れば、なるほど核兵器はつくっていないとわかるじゃないですか――そういう風に主張できる方法を考案し、提案し、それを通すことですね。そこにこれからの勝負がかかっているわけです。

司馬　ひとついい意味でのナショナリストになって、大いにやって下さい。そういうナショナリズムこそ、これからの本当のナショナリズムかもしれません。向坊さん、あなたのような人に頑張っていただかないと、われわれはまた縄文以来のエポックに逆もどりするでしょうね。

向坊　いやいや（笑）、しかし私はそれが可能だと思うんですよ。査察するといっても、日本に原子炉が一台か二台のときならともかく、何十台、何百台と動き出したらどうなるか。原爆をつくるのに要する核物質の量なんて、原子炉を動かす量にくらべればほんのわずかで、いわば誤差みたいなものなんです。それを査察し、チェックするには、何千人もの人間が日本にやってきて毎日工場を睨《にら》んでいれば別ですけれども、そんなことができるわけがないし、それでも誤差はでる。

だからこちらから、妥当な誤差の範囲内で日本がたしかに核兵器をつくっていないということを、平和利用を阻害することなしに確認させる方法を研究・開発し、世界中に通用しうるものとして積極的に提案して承認させようじゃないか。それをしてからでなければ、軽々に批准はするなというのが私らの主張なんです。(核防条約は、これらの努力の後、日本として納得できる最低の線が出たということで一九七六年に批准された)

無関心は許されない

司馬　なるほど。ところで話がかわりますが、氷雪物理学というのをやっていらっしゃる樋口敬二氏が新聞に書いておられたのですが、イギリスのラムという気候学者の説を紹介して、ソ連がいまやっている自然改造計画が進行すると、アメリカが砂漠になる、というのです。

ソ連が北極海に流れこんでいるエニセイ川とかオビ川、ペチョラ川といった大きな川を逆に南に流そうとしているらしい。すると北極海の塩分が濃くなって、凍らなくなる。風が吹けば桶屋がもうかる式で、あとの因果関係は忘れましたが、とにかくアメリカが砂漠になる(笑)。アメリカだけじゃなく、日本の降雨量もうんと減って岩山や砂丘が多くなり、水を生命のもとにしている農業や工業がいまのような具合にはいかなくなる。

それは困るからソ連の計画をみんなで防がなきゃいけない。つまり地球はみんなのものでソ連だけのものじゃない。そういう発想からサイエンスの国際管理が必要である、という結論になっていたように思うのですが、さきほどから核エネルギーや核拡散防止条約の話をうかがっていますと、もうサイエンスは一国のサイエンスじゃなくなりましたね。いい意味でのナショナリズムを前提とした新しい国際関係というものが必要になってきた。

向坊　そのソ連の計画のことは存じませんが、おっしゃるような新しい国際関係は必要ですね。だから日本は核について無関心であってはいけないわけです。

司馬　大変なことになりますね、無関心だと。

向坊　無関心だったから今度の核拡散防止条約が出てきたとき、愕然《がくぜん》とした。最初は、オレのところは核兵器をもたないと法律できめているんだから関係ないという顔をしていた。ところが向うはそれでは承知しない。査察させろという。もたないということを、法律の謳《うた》い文句ではなく、理詰めで向う様に納得させる戦略が必要なんです。それがないから、いまあわてている。

司馬　決してもちませんと国内法で謳っているだけでは、国際的な信用はえられないでしょう。

向坊　そういう意味では西独と日本は、世界中から疑われてますよ。この間日本が人工衛星を打ちあげたとき、お次は核兵器だとする論調が海外で見られたでしょう。いまでもその気になれば年に核爆弾を数十発はつくれるだけのプルトニウムを生産する設備を日本はもっています。近い将来は一〇〇〇発もつくれる量になるでしょう。それに人工衛星打上げは、それを運ぶ中距離弾道弾の技術ももっているぞという世界の疑いを招いたようなものですから。

司馬　そういう日本に、中共は脅威を感じているでしょうな。

向坊　こっちが脅威を感ずるのと同様に向うも感じているでしょうね。

司馬　あそこの核の力、どの程度のものなんでしょうか。

向坊　原子力に関しては、全くわからない。臆測するしかありませんね。いまのところではたいした量ではないと思うんですけれども、しかしまあ日本が核兵器をもたないということを態度で明らかにして、向うを安心させてやらないといけませんね。

技術格差をどうするか

司馬　その意味でも、中共と話のできる大きな政治家が必要ですね。今日はもうひとつ、いわゆるテクニカル・ギャップといいますか、技術格差の問題をうかがおうと思っていたんです。日本は明治維新以来、西洋からいろんなパテントを買い受けて、それこそ鉄のつくり方から女の靴下のつくり方までパテントを買ってここまでやってきた。ところがここへきて、パテントを売ってくれた先進国を追い越しちゃったわけで、そうなると日本恐るべし、もうパテントは売ってやらんぞといった態度に諸外国がなってきつつあるらしい。やがてはルーズベルトがＡＢＣＤラインで日本を兵糧《ひょうろう》攻めにしたようなことが技術面で起ってくるんじゃないか。それならそれで、自力で技術革新をやっていく力が日本にあるのかどうか。ないという説もありますね。「日本は技術の三流国だ」という文章が『文藝春秋』の昭和四十五年三月号にものっておりますし、これは加工産業国家としては、エネルギー確保に劣らず、重大な問題だと思うんですけれども。

向坊　一つは、迷惑をかけなければ意地悪をされないですむわけで、核兵器はもたないことを信用してもらう努力をするとか、エコノミック・アニマルといわれる面を改めるとかすることですね。いま一つは、技術格差論というのは日本で起る前にヨーロッパで起きた。フランスのマシン・ブルという電子計算機メーカーがアメリカのIBMに乗っ取られて、これがヨーロッパ中で問題になり、アメリカとの技術格差をなんとか縮めなきゃいかんと検討してみた。

結果は悲観論なんです。一例をあげれば、なにしろIBMの研究開発費がヨーロッパ中の電子計算機メーカーが使っている研究開発費よりもはるかに大きい。進んでいる国が大きな努力をしているんだから差は大きくなるばかりだ、という悲観論に落着いたんですね。ところが日本の場合は少し違う。ヨーロッパは進んでいたのをアメリカに追い越されたが、日本はすくなくともいまだかつて追い越されたことはないという自信があって……。

司馬　変な自信だけれども（笑）、これは大きいですな。

向坊　大きいです。そこのところがヨーロッパと日本の技術格差論の違うところなんですね、日本の技術者は追い越そうと思って頑張っていますよ。追い越せないと思ってやってるバカはいない。一流になろうと思ってやってます。

司馬　そういう人たちの士気を奮い立たせるような国の政策が欲しいですね。

向坊　ええ。それから格差解消のための戦略を立てるべきだと思うんです。一つには重点主義ですね。世界を相手にして、なんでもかんでも一流になろうと思ったら大変だ。日本としてこれだけは一流になろうと、重点をいくつかきめて、それを推進する。

司馬　数点豪華主義。

向坊　それに格差があれば必ず拡散の道があるものです。落差があれば水は高い方から低い方へ流れていく。技術を買うのも、交換するのも、人事交流も、みんな拡散の方法ですね。それからいま一つ。妙なことにあっちで出来たということがわかっただけで、不思議にこっちでも出来たというケースが多いんです。両方ともいくつかの可能性を模索している。片方が出来たとなると、おのずと可能性の選択がしぼられるんですね。

司馬　そういう現象、科学の世界に多いですね。

聞いてあきれる経済大国

向坊　たとえばアメリカが原爆をつくると、間もなくソ連がつくる。スパイもあったかもしれないけれども、それだけではできない。そうしたものなんです。それからたとえば人造ダイヤ。黒い炭からダイヤモンドをつくろうというのは、二百年来、科学者の夢だったんです。ところが一九五五年にアメリカのGEでできた。飾り物にはならないけれども工業用のダイヤですね。すると二、三年のうちに世界中でこれができるようになった。スパイじゃないんです。一所懸命やる気で競争していると、連鎖反応みたいな具合になっちゃうんですね。

司馬　なんとなくわかりますよ。科学史をみると、ほぼ同時に違う地域でできていますね。

向坊　これからは重点主義と拡散の戦略、この二つを組み合わせていくべきです。

司馬　重点主義といっても、なんでもかんでも一流になろうとするところが日本人の活力をかきたててきたわけで、これをしぼるのはなかなかむずかしいでしょうな。それはともかく現在のテクニカル・ギャップというのは、相当なものなんでしょうか。

向坊　分野によりますね。一番大きいのは当然のことながら軍事に直結する技術でしょう。他方、造船技術なんかは逆に日本の方が進んでいる。平均すればやはりギャップはあるけれども、日本人というのは世界一かどうかはともかく、やはり優秀民族の中に入りますよ。悲観したものじゃありません。

司馬　それに勤勉ですしね。

向坊　その点は外国から帰ってくると痛感いたしますね。なんかみんなが走りまわっている感じで。第一、新幹線のようなあんな速い電車をこんな狭いところに走らせるなんてわからないと、外国人はいいますね。たとえていえば寒いときに、暖房をたくかわりに狭い部屋で何十人もの人が集まってゴシゴシ体をこすりつけ合えばあたたかくなる。

それと同じような活力が日本中にいきわたっている感じなんですね。

司馬　ほんとに空恐ろしいほどのバイタリティですな。ただ、これだけ繁栄はしても、昨日今日の成金で資産の蓄積がないから、これで安住したらモトノモクアミになりますね。ヨーロッパはいかに衰えたといっても、あそこの中産階級なんか、父祖伝来の屋敷や土地を持っていて、所得は低いけれども、日本とはくらべものにならないくらいほんとは金持なんですね。

向坊　日本は数字の上ではフランスを追い越しました。ところが表に出てくるフランスの国民所得や国民総生産というのは、実際の財力の三分の一ぐらいだという説がある。フランス人は財産を三分の一は外国の銀行に預け、三分の一は金銀財宝などでもっていて、数字で出してくるのはあとの三分の一。日本は全部出しちゃう（笑）。全部出して、やれ自由世界第二位でござい……（笑）。

頭脳流出は心配ない

司馬　ほんとに経済大国どころの騒ぎじゃないですな。

向坊　木造の家に住んで食事だけは贅沢しているといった感じですね。社会資本というか、そういったものまで総合すれば、まだ経済大国とはいえないのではないでしょうか。

司馬　日本では、世界に聞えた大会社の社長が建坪四〇坪ぐらいの家に住んでるんですからね。考えてみるとまだなかなか……。

向坊　蓄積がないです。

司馬　これからは技術革新につぐ技術革新で、頭で勝負ということなんですが、しきりに頭脳流出の危機が叫ばれていますね。向坊さんのような良い意味でのナショナリストばかりならばいいですけれども。

向坊　それほど深刻な問題じゃないと思うんですよ。というのは第一に、ブーブーいいながらでも、日本でなんとか食えるようになったこと。第二に言葉の障壁が大きくて、頭脳流出といってもおのずから限られてきますね。第三に子供の教育の問題で、妻君が帰ろう帰ろうといい出して、結局は帰ってくる人が多い。それに向うにはどうしても人種的偏見がある。

司馬　やはり相当にひどいものですか。

向坊　どんなにチヤホヤされていても、いざ重要なポストの競争になると落される。そういう例は方々で聞きますね。私もアメリカに三年半ばかりおりましたが、ふだんはいいけれども、たとえば自動車が衝突しそうになったときなんかの向うの罵《ば》詈《り》雑言《ぞうごん》は、それはもうひどいものです。酒場で酒癖の悪いのにあって、これまたひどい目にあったこともある。癪《しゃく》にさわるけれども向うは身体が大きいし、喧嘩になりませんしね。

向うで長年生活している人なら、そういう経験を必ず何回かつみますよ。いい加減いやになって、お金の差ぐらいなら帰った方がいいということになる。そんないろいろのファクターを考えて、出たい人はどんどん出なさい、そして向うで活躍し吸収して、何年かしたら帰ってくればいい——と思ってるんです。だから私は頭脳流出については楽観論者なんです、少数派かもしれないけれども。

司馬 今日はまあ、いろんなお話をうかがって、明暗こもごもといった気分になりましたけれども（笑）、なんとかモトノモクアミにならんように、みんなで知恵を出し合ってやっていかなきゃいかんということですなあ。

向坊 今日申し上げたような話を学生諸君にいうと、それは近代化路線だといって最も嫌われるんです。近代化路線フンサーイ！ なんてやられる（笑）。

司馬 フンサーイ！ はもう百年ばかり待ってもらわないといけない（笑）。

向坊 反対もいい、批判もいい、しかし近代化路線を走る奴が頑張らなかったら、こいつがフンサーイされたら、日本人は全部飢えるということです（笑）。

司馬 話が初めに戻ったところで（笑）、今日はどうもありがとうございました。

（『文藝春秋』一九七〇年五月号）

備　考

原子力発電の規模は本対談後、著しく大きくなり、一九七五年度のＯＥＣＤの発表では次のようになっており、わが国は自由世界で米国に次ぐ二位の規模で、ソ連と同程度とされている。

国名	発電規模（万キロワット）
アメリカ	四〇一〇
日　本	六六〇
イギリス	四八〇

また、ＯＥＣＤの一九七七年の統計では、一九八五年度の見通しは主要国について次の通り。

国名	原子力発電計画規模
アメリカ	一五二〇〇
日　本	三五〇〇
フランス	三一〇〇
西ドイツ	三一〇〇

また、核拡散防止条約についての記載があるが、この条約については、日本政府が筆

者が述べているような方向で努力した結果、査察の内容について日本政府の意見が最底必要限度は採り入れられたとして、国会は、一九七六年にこれを批准した。（向坊　隆）

高坂正堯×司馬遼太郎

政治に〝教科書〟はない

一九七〇（昭和四十五）年四月

高坂正堯（こうさか　まさたか）

一九三四（昭和九）年生まれ。国際政治学者。京都大学法学部卒業後、ハーバード大学に留学。帰国後に『中央公論』に寄稿した「現実主義者の平和論」で注目される。『宰相吉田茂』などで現実主義を代表するオピニオン・リーダーとしての地位を確立。九六年逝去。

司馬　赤軍派のハイジャックのときは外国にいらしたそうですね。

高坂　西ドイツのボンで事件を知りました。向こうの友人が冷やかすんですよ。日本人はこのごろ世界一になるのがえらく好きだが、とうとうハイジャックまで世界一になった。どうして世界一かというと、およそあれほど目標のないハイジャックも珍しい。アラブ人がイスラエルの飛行機をハイジャックしたり、キューバ人がアメリカの飛行機をハイジャックするのはまだしも意味がわかる。

ところが今回の日本のは、その意味も目的も全くわからない。珍しくもまたナンセンスという点で、世界に冠たるハイジャックだ、というんですね。

司馬　すくなくとも政治犯という名に値しないような犯罪ですな。

高坂　それにもう一つ、政務次官が身代わりになって事態を収拾したでしょう。こういう方法は、外国人はまず考えつかない。まさに日本的解決法ですね。アメリカのタクシーの運転手がしきりに感心してましたよ。

司馬　まったく世界に冠絶したハイジャックです（笑）。

高坂　北朝鮮というところはスターリニズムの国ですし、それに日本共産党ときわめて近い。そんなところへ彼ら反日共系の学生がいったところで何ができるか、少し知識があれば、何もできんだろうということがわかるはずですけれどもね。

司馬　なにしろあそこは代々木の親類ですからね。日本の昭和元禄の珍獣がとびこんできたようで、どう飼育していいのか、よほどのユーモリストにそれをひきうけてもらわないと、飼育の方法にこまるでしょう（笑）。

高坂　とにかくわからないでやっている。めざましいことをやったという事実だけは残ったけれども、およそ政治運動をやる者の仕業じゃない。まわりの情勢を読まないでやってるんですね。

司馬　むしろ読まないようにしてやったんでしょうな。自分を無知にしておかないと行動できないような心理状態に、常に彼らのグループはあるわけでしょう。そうじゃないとあんなハネ上がりはできない。

無知こそ行動の原動力

高坂　一般に日本では、国際的な情勢に対する無知があるだけじゃなくて、国際情勢の認識をむしろ拒否するような傾向がある。

司馬　無知こそ行動のエネルギーであるという精神は、わりあい幕末からありますね。

高坂　とくに国際情勢の無知ね。

司馬　ええ。たとえば幕末の攘夷論《じょうい》がそれですね。長州についていえば、二流三流の志士たちはみんな攘夷ということをストレートに信じている。ある時期高杉晋作がひそかに肚《はら》の中で転換した。開国でいかなきゃいかんと肚の中で思ったが、しかし表面攘夷をよそおっている。そこへ西洋文明にふれた井上聞多（馨）と伊藤俊輔（博文）が帰国して、はじめて高杉は三人党（仮称）をつくって藩主や重臣に攘夷のダメなことを説き、重臣たちもわかりはしたが、下級藩士の突きあげをおそれて政策転換しない。

やがて四カ国艦隊がやってきて、例の馬関戦争です。初めて西洋の威力にふれたわけで、重役のあいだに和睦論がでてくる。重役はイギリス帰りの井上に、和睦の使者に立てといったが、しかし井上は和睦論をひっこめ、逆に徹底抗戦を説く。井上にすればこの際、徹底的に西洋の威力をみせつけて、長州が腰骨の折れるところまでやられなければ、攘夷世論を転換することができないとみた。ここらが井上の政治家としての生涯でのもっともかがやける時期ですけれども。

高坂　政治の一つのテクニックですね。国際情勢の無知から、ときどき日本人はモノに憑《つ》かれたようになるときがある。そういうときに反対論をいって頑張るのは、日本では決して得な政治的行為じゃない。いくところまでいかして、それではダメなんだという実例を見せつけないといけないんですね。

司馬　やられてみて初めてわかる。

高坂　ええ。幕末の攘夷論というのは、ヒョウタンからコマというか、実に不思議きわまる役割を果たしたわけですけれども、よく目のみえる政治家にしてみれば、おそらくあれほどバカげてみえたものもないんじゃないでしょうか。幕末の渦中にいた優秀な官僚なんかも、これはいったいなんたることかと思っていたでしょうね。

司馬　思ったはずです。

高坂　大久保利通なんかも初めから攘夷じゃないから、なんたることかと思ったにちがいない。しかし真正面から反対するんじゃなくて、あるときはこれについて走っているようなところがありますね。

司馬　それは大久保だけじゃなく、一流の反幕政治家はみんなそうだったでしょう。無知な、無知こそエネルギーである攘夷エネルギーというものをテコとして時勢を動かそうとしたし、さんざんにこれを利用しましたね。維新政府ができたあと、あるちょっとボンヤリした人間が、太政官《だじょうかん》に出かけて行って、いつ攘夷のお取りやめが布告されましたかと、聞きにいったそうですよ（笑）。

高坂　そんなのがいたんですか。

司馬　いたんですな（笑）。二流の奔走家というのは乗り換え駅というものを知らない。いつまでも走っているわけで……。

高坂　岡義武さんの研究に「維新後における攘夷的風潮の残存」ですか、そういう論文がありますね。明治時代もかなりおそくなってからでも、そういう攘夷思想がいかにつよく残っていたかということが書いてある。

三方一両得のよど号事件

司馬　しかしまあ今度のハイジャック、韓国に降りたために、日本をふくむ極東の国際情勢がわれわれの目の前に、あぶり出しのようにみえましたね。いかに韓国と北朝鮮の間が複雑であるかとか、日韓の緊密な関係とかが、実によくわかりましたな。

高坂　そうですね。それにしても騙《だま》すつもりで金浦《キンポ》に降りたのなら、これはまずかったわけですね。いくら国際オンチでもわかっちゃいますよ。田舎の飛行場なら北朝鮮だと思ったかもしれないけれども。しかしまあ真っ直ぐ北朝鮮へやってはあぶない、ワンクッションおくところまでは知恵が働いたんですな。おそらくそのあとは読んでませんね。読んでないけれども、とにかくあそこで時間を稼いで、北朝鮮に受け入れ態勢を整えさせている。あれはよかった。それがなかったら、いきなり射ち落とされることはなくても、さまざまな紛糾がおこっていたでしょうね。

司馬　あれが政治ですね。政治というのは、まず問題をくたびれさせておかなきゃいけない。ああやって段階をふんだからこそ、学生も北朝鮮へいけたし、乗客も降りられたし、山村次官も英雄になれたし、全部うまくいった。

高坂　三方一両得みたいなものですね。韓国も日本政府の要求を容れてもっともな行動をとったという印象を与えたし、北朝鮮も飛行機を返してもっともなところを示したし、日本政府も学生の要求をそのまま呑まずに乗客を降ろさせることで得点したし、関係当局がみんなポイントをあげましたからね。

司馬　そうですな、九人の思想的低能によってね（笑）。ほんまにあれは史上類のない低能やな。

飛行機を乗っ取ったということもあるけれども、亡命という言葉は政治青年にとってスポーツカーとか別荘といったハイカラなひびきをもっているんですね。それにだいたい日本人というのは国外亡命を考えられないたちの民族なんです。たとえば江藤新平のような、あれほど開明的な人間でも、追われ追われてもついぞ国外に逃げようなんてことは考えずに、四国の山中で捕まってしまう。なかなかこの島国の外にでられないんですね。そういう日本人にはなかなかできかねることを今度はやったということで、まあカッコイイということにもなるんでしょうけれども。

高坂　自分にはできないことをだれかが劇的なやり方でやってくれると喝采《かっさい》を送るわけで、心理的代償効果ですね。たしかに日本人というのは、この国がイヤになったから外国へいってやるというふうにはいかん民族ですね。たとえば戦後ずいぶん向こうへ留学生がいったけれども、ほとんどが帰ってきてますよ、まるで伝書鳩みたいにね（笑）。それが頭脳流出を起こさなかった原因だし、結局は日本をここまで発展させた。どうあっても日本にいなきゃいかんという気が日本の発展につながっているわけですね。

日本人は伝書鳩民族

司馬　室町末期の倭寇《わこう》を考えてみても、せっかく激しい戦闘をやって中国や台湾沿岸を占領しても、そこに住みつかずに日本に帰っちゃう。民族性ですな。

高坂　伝書鳩民族ですよ（笑）。いずれはちゃんと帰ってくる。もう一つ、日本人の貯蓄性向の高さも、実は、否でも応でもこの日本に住む以外にしようがないという気持ちの表れなんですね。何度も外国に侵略されている民族なら、貯金なんかしないで貴金属に替えてもっているでしょう。それが一番心づよいわけです。ポーランドでも朝鮮でも、貯蓄性向が低くてどうにもしようがないんです。

ところが日本の場合、余ったカネを貴金属に替えるどころか、さきの戦争末期、貴金属を供出させられて、みんなバカ正直に供出したでしょう。あれは世界に冠たることですよ。普通の民族なら、戦争が負けてくればくるほど頼りになる貴金属を握って放さない。日本人はそれを出しちゃう。世界の歴史にも珍しいことですね。

どうしてそうなるかというと、どうあってもこの日本に住むしかない、この日本列島と一蓮托生だ、という気持ちがあるからでしょうね。日本人の貯蓄性向の高さはその島国根性と深い関係があるんですよ。

司馬　なるほど。国際感覚の欠如といえば、さきの倭寇も国際感覚がなくて、やたらに勇ましいけれども、どこにどういう商品をもっていけばより高く売れるかなんてことがわからない。わかるのが一人出てくると、手もなくこれに統御されちゃう。王直という南支那の人間で、科挙《かきょ》の試験に落ちて海賊兼貿易商人になったやつです。

これは一時、五島の福江と平戸を根拠地にして、倭寇をアゴで使うようなことをしていた。大変な戦略的な経済人で、どこそこから何を取ってどこそこにもっていけというような、バーター経済の知恵を出していた。倭寇はこれから労銀をもらうような格好でやっていたわけです。まあ、いまの日本の経済人は、王直的なところを身につけましたけれども。

高坂　一度負けたからですね。負けたからそういう知恵が出てきた。しかしまあ日本人の伝書鳩的性格はいろいろ利点もあるけれども、政治家が国際外交をやったりする際には、大変なマイナスに作用しますね。先にいったように政治家は、ある程度、国際オンチが生む奇妙な雰囲気についていかにゃならんでしょう。

たとえば薩摩藩は最初から開国論だったけれども、いやいやながらでも薩英戦争をやったおかげで、あそこは攘夷もやった、腰抜けじゃないといった評判を得た。首尾一貫して開国論でいったら、とてもああいうふうに維新のイニシアティブはとれなかったでしょうね。

司馬　男伊達《おとこだて》も見せなきゃいかんわけですな（笑）。長州の馬関戦争なんかも薩英戦争の真似、薩摩に先を越されたということでやったということが大きな動機ですからね。ところが終わった瞬間からたくましくも開国論にいっちゃってる。同時代の中国や朝鮮はああはゆかなかった。

高坂　日本の政治家は、日本人の伝書鳩的、島国的性格が生み出す妙な雰囲気につきあいながら外交をやらなきゃいかんわけで、それが日本の外交のハンディキャップになっていますね。

司馬　たしかに国内の国際オンチにつきあわないと政治がやれないようなところがありますな。それの極端な例が太平洋戦争ですね。

通用しない国際オンチ

高坂　幕末・維新のときもあぶなかった。当時の技術程度からすれば、なにぶん日本は遠かったから、あれぐらいの殴られ方ですんだけれども、もっと距離が近かったら、乗っ取られないまでも、しこたま西洋に殴られていますね。

司馬　中国と同じ目にあっているでしょうな。

高坂　そうかもしれません。だから国際オンチが国内のエネルギーになっているようなときに、これに会釈するのは大変に危険がありますね。よほどの政治家が、ある時点で急カーブを切れる能力をもっていないといけない。さっきのお話で、いつ攘夷はおとりやめになりましたかというほど明治政府は見事な急カーブを切ったわけですけれども、これはとても危険な前例をつくったような気がします。あんな急カーブは、いつでも切れるとは限りませんものね。

司馬　そういうところが太平洋戦争にもつながっていますね。まあのころの日本にはいわゆる洋夷にとって阿片戦争をしかけるほどの魅力がなかったから、まだあの程度ですんだわけで。

高坂　ええ、日本が戦略的要点になかったから、あの程度の殴られ方ですんだわけですね。しかし世界の状況が変わり、しかもいまのように日本が戦略的要点になった以上、同じような国際オンチではもう通用しないし、また大衆民主主義の時代にはその国際オンチを党利党略に利用したところで、そのあと急カーブが切れるかというと、もう切れませんね。そういう意味で明治維新というのは、実に奇妙な、困った前例をつくってくれたと思うんです。

司馬　たしかにそうですな。もう一つ、困ったことといえば、長州人が陸軍をつくったことですね。奇兵隊の延長で、猛攻につぐ猛攻、糧食は敵に求むというわけで補給なんか考えない（笑）。無能な人間ほど精神主義をやかましくいうけれども、無能な精神主義がまかり通って、二流装備の軍隊をつくって一流だと自称していたわけですね。

だいたい長州というところは当時のことばでいう処士横議の土地で、処士といっても書生です。書生が暴れている格好をもって政治だと思っているところが長州藩にはあった。そういうところが昭和初期の二・二六事件前後の雰囲気につながっていますね。幕末のころも長州では若い政治書生が上の者を呼びすてにしたりした雰囲気があったけれども、その体質遺伝が昭和初期に出てきて、政治化した青年将校が大将をつかまえて

「おい荒木」なんて呼びすてにして、呼びすてにされた方も「若い者は元気があってええのう」なんてやっている。あるいは待合で大言壮語したり、そういう長州的なものが陸軍の体質になった。二・二六事件をひき起こす感覚も太平洋戦争を起こす感覚も、みんなそこらへんからきているようで、おなじ幕末の革命藩でも薩摩や土佐のやりかたはまったく遺伝しなかった。

高坂　そういうところ、たしかにありますね。

恐ソ病と対米従属

司馬　以前から私はノモンハン事件のことに興味があるんですけれども、あれは日本軍の死傷率七五パーセント、ものすごい敗北です。ソ連軍の装備や作戦的な習性をほとんど調べないで、勢いだけでやった結果がこれですわ。陸軍部内にはモスクワ駐在武官とか、多少ソ連のことを知っていた者もいたけれども、そういうのがソ連軍は日露戦争のロシア軍ではないということを説くと、元気のいい連中からみんな恐ソ病とののしられて葬り去られちゃうんですね。相手を恐ソ病とののしることは魔術的なほどに口封じのキキメがあった。昭和二十年代に他人を「反動」とよばわったあれとおなじです。

高坂　まさにそこらが問題なんですね。国際的な力関係や向こうの国情を理解しなきゃいかんという者に対しては、昔なら恐ソ病、いまならさしずめ対米従属といったようなレッテルをはって葬り去っちゃう。そこで正しい判断が働かなくなるんですね。

司馬　そういう時代時代の政治情勢下での口封じのフレーズをあつめてゆくだけで、日本人の意識史が編めそうです。いまは安保是認論者というだけで、インテリの位置から失格しちゃうような気分がありますな。

高坂　それが実にこわいところですね。それからいまのお話の中に書生政治ということがでてきましたけれども、そもそもステーツマンというのは書生でも官僚でもない。そこらへんの区別が明治以来だんだんボケてきて、政治家の質が低下してきましたね。

司馬　たしかに低下しています。たとえば代議士は〝先生〟と呼ばれるでしょう。あれは幕末のかけだし志士がボス志士に対して使った呼び名が続いてきているんです。たとえば土佐の田中光顕が土佐で頼るボスがいなくなったため、長州の高杉のところへ行って門下生にしてくれとたのんだ。高杉はなんの門下だといっておどろいたが、ともかく田中にすれば長州藩士になれないから高杉の門下というユニークな関係をつくることによって長州系列に入った。田中は高杉先生などといって高杉のあとをくっついてあいている。この人は土佐人のくせに明治期には帰化的な長州閥人で、そのおかげで伯爵になった。

高坂　なるほど、そこからきているんですか。〝先生〟という呼び名には、いかにも書生が門下入りして政治をやっているという感じが表れていますね。しかしまあ幕府がああいう書生政治にやられてしまったというのも、結局は幕府に政治家がいなかったということじゃないでしょうか。

司馬　官僚はいたけれども、政治家はいなかった。

高坂　ええ。徳川末期第一の政治家は勝海舟だとされていますけれども、彼が政治家としてどれだけ値打ちがあったかとなると、問題だと思うんです。無責任な立場で、将来を見通して好き勝手はできたけれども、一つの集団をひっぱって改革するというようなことを彼はやってないんですね。素質からいってもできなかったと思いますけれども。

司馬　あれはむしろすぐれた評論家ですな。

大久保利通のすごさ

高坂　評論家以上の政治家が、幕府にはいませんでしたね。もう一人の小栗上野介《こうずけのすけ》にも限界があったと思います。だから書生政治につぶされちゃった。それはともかくあのころから、政治家不在の官僚対書生政治という型ができたような気がするんです。

司馬　そういう感じですね。

高坂　なんといっても徳川二百五十年の平和。これだけ平和が続けば官僚で足りるということになる。それに日本人の識字率は当時から大変なもので、その日本人の書類好きの性格がまた官僚統制にはもってこいだったわけですね。それにさっきの伝書鳩的、島国的性格も官僚統制に向いている。逆にいえば識字率の高さから伝書鳩的性格まで、日本の近代化、経済発展に幸いした要因が、みんな日本から政治家を奪う原因につながっているような気がするんです。

司馬　日本歴史の中で政治家を四人あげよといわれたら、私は信長、秀吉、家康それに大久保利通をあげますね。大久保というのはステーツマンであってしかも陰謀政治もできるという稀有《けう》の人物ですな。彼は長期のヴィジョンをもっていたし、それを実現するための権力についても内科的所見も外科的処置もちゃんと知っていたし、できたでしょう。長期のヴィジョンについていえば、たとえばかれは単純な有司専制主義ではなく、憲法について考えていた。ただその発布は明治三十年からのちがよろしい。原理的には民権がいいけれども、それには日本人の政治能力を高めてからでなくてはダメで、明治初年の日本にはムリだ……なんてこともいっている。

高坂　明治を三つの時期に分けて、最初の十年は基礎がため、次の十年は殖産興業で近代化・工業化をやる、その次に綱紀をつくるというわけですね。

司馬　ステーツマンというのはそういうものでしょう。その間、いちいち衆議にはかっていたのではコトが捗《はかど》らない。だから大久保は独裁権力をもった。もっとも持って二、三年で、これからというときに殺されちゃいますけれども。

高坂　大久保というのは長期のヴィジョンも構想できたし、それを実現するための手はずも地道に考えることができたんですね。普通、手はずを考えるのは官僚で、先のことを、それも夢のようなことをしゃべるのが書生、議員さんで、これは酒を飲まないといえないような代物だから必然的に待合政治になるわけで……（笑）。大久保の場合はシラフで、二つのことができた珍しい例ですね。しかも彼は派閥に関係がなかったでしょう。

司馬　薩摩人だからといって役人にしない。薩摩人は西郷やその配下の者を頼って行って猟官するしか、しかたなかったが、大久保は薩摩人だからといって陳情にいっても冷ややかに玄関払いしてしまう。鹿児島で、いまでも不人気なのはそのせいもあるでしょう。郷党の感情を無視できず郷党と心中してしまった西郷隆盛とはちがうところですね。とにかく大久保というのは日本人には珍しく、権力とは何かということを実によく知っていましたね。

高坂　そんな感じですね。

司馬　かつての幕府の英語使いの福地源一郎（桜痴）は、新政府に仕えたかった。知人が「それじゃ大久保にたのめ」といったが、福地はためらった。かれは大久保が自分をきらっていることを知っていたからです。ところが、勇を鼓して大久保をたずねたとき、大久保はすごいことをいってますよ。お前も男と生まれたからには大仕事がしたいだろう。それならオレにおべっかを使え。おべっかを使ってオレのそでに入り、おれの権力を利用して仕事をしてみろといった。ふつうの人間にはいえないことですね。それを大久保は俗な意味じゃなくて、大変に高い格調でいってるんです。

高坂　島津久光に近づくために碁を習ったという有名な話もありますね。

司馬　ただ大久保は大衆動員が不得手でしたね。その点は西郷にまかせて、権力を行使するのは大久保。いわば投手と捕手の役割で、この二人のコンビが薩摩藩を維新の主役たらしめる。西郷の方は、権力とは何かということが、もともとわかる人じゃなかったですな。あの人は〝堯舜《ぎょうしゅん》の世〟のようなものを想像していた。

高坂　ユートピアンですね。それにたいして、大久保の動きをみてますと、最初のまだ事態が流動化していないときには既成権力に接近するために碁まで習って久光に近づく。事態が流動化してくると、今度は大衆動員のできる人間が必要になってくるわけで、西郷と組む。そこらへんのチェンジ・オブ・ペースはみごとなものです。そういう点では吉田（茂）さんよりも上ですね。

吉田さんの権力の源泉はマッカーサーですよ。マッカーサーを利用することにおいては抜群の能力があったし、そしてまたいい仕事もしたけれども、占領がおわって自分で権力をつくり出す必要が生じたとき、彼はそれができなかった。大久保はそれができた。司馬さんが大久保をもって最後のステーツマンとするのは、そのとおりかもしれません。

司馬　薩摩というのは、ああいう人間の出るところなんですね。

高坂　権力の秘密を知るためには、異民族を統治するのが一番いいです。沖縄はいまでは異民族ではないけれども、かつては薩摩藩が異民族として統治していたわけで、大久保の父親もたしか沖縄役人でしょう。そういうことから権力の何たるかに、小さいときからふれていたんじゃないでしょうか。薩摩が明治維新の主役を演じたのは、沖縄をもっていたということが大いに関係していると思うんです。

司馬　なるほど、そういうところもあるかもしれませんね。それからもう一つ、あそこはあまり子弟を勉強させないところなんです。儒学というか、文字教育も四書五経の、いまでいえば新制中学ぐらいのところでストップして、侍はそれ以上の文字教育はいらんということで。

繊維交渉は譲って得とれ

高坂　さっき幕末の日本人の識字率の高さにふれましたけれども、日本人というのは文字を好みすぎるんですね。儒学というのは政治的才能をなくすものだと思うんです。

司馬　あれは固定観念ばかり植え込んで、フレキシブルな頭をつくらない。

高坂　儒学こそが官僚と書生を生み出すわけで、徳川の儒教主義からまだわれわれ日本人はやられているんですよ。薩摩というのはその害を受けていなかったわけですね。それはおもしろい。

司馬　薩摩人は戦国武者のような士風イメージをもって藩が藩士教育をしてきたから比較的儒教イデオロギーに冒されていなくて、藩の士は固定観念のすくない頭をもつことができた。だから定見がないといえばないわけだけれども、状況に応じて是々非々主義でいける。幕末のかけひきでもそうですね。長州人はあくまでもイデオロギストだから、昨日は佐幕で今日は勤皇と変転する薩摩人を、肚が黒いとか油断がならぬとかいって憎悪する。

高坂　同じ理由で幕府からも憎まれましたね。

司馬　徳川慶喜《よしのぶ》なんか、死ぬまで薩摩人を嫌った。長州は初めから鮮明に敵であることを表明し、それはかれらのイデオロギーでもわかるからゆるせるが、薩摩はときに幕府の味方のような格好をしていた。肝心なところで寝返ったというんですね。まあ薩摩というのは、確固としたテーゼがなくて、今日は赤でも都合が悪ければ明日は白になったらいいじゃないか、というところがあるようですな。

高坂　そうかもしれません。

司馬　さっきの陸軍の、長州風の唯我独尊の話で思い出したんですけれども、牧野伸顕の回顧録だったかにこんな話がでてくるんです。昭和の初めに日本に住んでいたイギリスの女流評論家で、日本の親英米派の政治家たちに人気のあった女史がいた。この女史がイギリスに帰ることになって感想を求められたとき、やがて日本は大戦争を起こして負けるだろうといった。

なぜかというと、日本の軍人は小学校から神秘的な神国教育を受けて、日本は世界一、日本の陸軍は世界一だと教えられている。その頭で士官学校に入り、きわめて閉鎖的な軍人社会に属したままやがて佐官になり将官になる。ヨーロッパの軍人も自国の軍隊を誇るけれども、しかし、周囲の国を見渡して、自分の国は歩兵はいいけれども砲兵はA国に劣る、A国は砲兵はいいけれども騎兵はダメだとかといったふうに、彼我の比較を自然にしている。絶海の孤島にいる日本の軍人にはそれがない。やがて彼らは独走して政権をとるにちがいない。そして大戦争を起こして負けるだろう、というんですな。女史を囲んで聞いている政治家たちはシーンとなったそうですけれども。

高坂　つまり国際感覚というのは彼我を比較検討することでしょう。人間関係でも、相手の身になって考えてみて初めてうまくいくものですね。ところが日本人は国内的にはそれをやっていますが、国外のことになると、とたんに融通がきかなくなる。不思議なところですね。たとえば日米繊維交渉でも、あんなもの譲ってやったらいいんです。

それはつまり貸しをつくるということですね。あれは向こうがムチャをいっている。へ理屈をいっている。そのくらいのことはアメリカ人も知ってますよ。しかしそれなら戦後の日本はムチャをいってこなかったか。いってるわけです。農作物の完全な保護とか、いろいろ向こうに借りをつくっている。だから今度は一回貸せばいいので、借りたり貸したり、そうすることがつまりは対等ということで、それでこそおつき合いも長続きする。

日本人がエコノミック・アニマルなんていわれるのは、得になることはやるけれども損になることは一切しない。だから嫌われるんです。たまには損になることもしてやらなきゃ。こんなことをいうと、対米従属とかなんとかお叱りがくるかもしれんが（笑）、借りたら貸すというのは、生活の知恵としては知りすぎるほど知ってるはずでしょう。

司馬　国内的にはさかんにやってることですがね。

高坂　お相撲の星だって貸し借りがあるそうだし、いやこれもお叱りがくるかもしれないけれども（笑）。たまたま貸す立場になった繊維業界にはちょっと気の毒なところもあるけれども、外交全体の問題としては、この際貸しをつくる方がトクですね。だから繊維業界としては政府に貸しをつくればいいんですよ。

司馬　そういう観点が必要ですな。

高坂　いまは貸しをつくって他のところでとる。それをやらないと、日本の経済がこれだけ大きな規模になってくると、あっちこっちからクレームがつくような気がしますね。

日本人は勉強のしすぎ

司馬　それは繊維業などという軽工業は、そのうち、韓国あたりがやり出して、人件費その他からみて、パンツやシャツぐらいなら韓国から輸入した方が安いということになりますよ。繊維業者がいつまでもいまのような格好で政府によりかかっていると、やがては韓国との関係において、いまのアメリカの繊維業者のような感じになるでしょうね。

高坂　なりますね。繊維業のようなものは後進国にどんどん譲れ、それが先進国のいく道だ、なんて五年も前から滔々《とうとう》とのべていた経済学者たちはいまどうしてますか。カキのように沈黙している。けしからんです。いまこそ彼らはその持論をいうべきですよ。だいたいアメリカに貸しをつくるのに、これほど安上がりのものもないんです。他のものならもっと高くつく。しかも全体からみた場合、政治的にも経済的にも、方向として間違っていない。

司馬　政治家もなかなかそれをいえんでしょう。下手をすると暗殺まではされなくとも、政治生命を失うかもしれないから。まあこんないいにくいことをいい出したのは、高坂さんが初めてじゃないですか（笑）。

高坂　ボクも内心はビクビクものだけれども、まあ暗殺されることはないでしょうから幕末よりはよほどやりやすい（笑）。

司馬　アメリカの繊維業者も企業の合理化をやって、日本の業者に太刀打ちできるようにすればいいじゃないか、という意見もありますけれども。

高坂　それは正論なんですよ。アメリカの繊維業界は最も近代化のおくれた分野で、近代化を怠ったのが悪いといえば、そのとおりなんです。しかし世の中必ずしも理屈どおりにはいかない。友人から金を貸してくれといわれたときに、お前いつもムダ使いをしてるじゃないかと一、二のムダ使いを理由に、だから貸せないと、四角ばった正論をいえば、その友人とはそれっきりでしょう。

司馬　わかる、わかる。その種の正論はみんな吐きたがるけれども。

高坂　そういう正論は官僚の議論であって政治家の議論じゃない。正論というのは直線の上をずっと走るようなもので、しかし人間というのは千鳥足にいくんですよ。繊維問題について正論をいうなら、もっと相手をやりこめる有効な議論がある。けれども貸し借りという政治的観点からすれば、いま貸す方が長い目でみたときに得だと思いますね。

司馬　とにかく日本では建て前と内実がちがうでしょう。これは野党にも自民党にも官僚にもいえる。ややこしい国なんですな。この建て前と内実の別は、儒教からきたものでしょうね。

高坂　やっぱり儒教ですよ。勉強のしすぎだ（笑）。それに日本人というのは、なんといってもナショナリストですね。自動車の自由化問題のとき、業界では得にはならんという判断だった。ところが、それでも沖縄が返ってくるならいいという意見があったそうです。これはすごい大義名分主義ですね。金もうけをさておいても、お国のためならというわけです。

司馬　それも建て前と内実の問題ですな。

高坂　ところでさっき司馬さんがおっしゃった四人の政治家のうち、三人までが戦国時代というところがおもしろいですね。

司馬　信長、秀吉、家康の三人は相互影響でできたんでしょうな。

高坂　いま一つは、戦国時代という混乱があって、それまでの教科書がダメになったから出てきたといえるんじゃないでしょうか。教科書にたよっている時代には、ああいう政治家は出てきませんでしょう。

司馬　教科書がダメになって、みんな無学ですね。信長なんかやっと字が書ける程度ですし、秀吉はもっとひどい。そういう素材が相互に影響を受けながら自己鍛練して出てきたわけですね。

試行錯誤が生む知恵

高坂　よくいわれることですけれども、イギリス十九世紀の議会主義に学べ、あの話し合いで平和裡《り》に解決を見いだすやり方に学べ、というようなことがいわれますね。しかしそれは不十分な認識で、本当に十九世紀のあの議会主義を理解するためには、それに先立つ時代の血で血を洗う政治的暗闘を知らなきゃいけない。シェークスピアの「リチャード三世」に代表されるような、もの凄い暗闘ですね。あの暗闘と混乱があったからこそ、妥協の必要を認める知恵が出てきたわけです。

つまりわれわれがものを書くとき、最後に出てくる結論を書くわけで、それまでにあでもないこうでもないと考えたことを書かないでしょう。教科書でも、最後の結論は書いてあっても、途中のあれこれは書いてない。だから教科書では途中の試行錯誤がわからず、そのため結論が本当にわからないまま、形だけをとり入れて内実を忘れることになるんですね。

司馬　そこが教科書の恐ろしいところですな。

高坂　政治的な知恵というのは、実地に混乱に遭遇して、試行錯誤の中から出てくるものでしょう。その点、イギリスの植民地というのは政治家を養成する〝学校〟だったわけですね。インドなんかにいって教科書に書いてあるとおりをやっても通用せんですよ。否でも応でも実地に習う、時宜に応じて政治をするようになる。しかもヨーロッパには沢山の国があって、あちら立てればこちら立たず、これに処するにも教科書に書いてあるとおりをやったんじゃどうにもならない。日本は戦国時代に教科書離れをしたけれども、徳川二百五十年になってすっかり教科書づいてしまった。

司馬　たしかにあそこで教科書づいてしまったな。

高坂　それまでは、それほど教科書が好きな民族じゃないんですよ。

司馬　坂本龍馬は無学だからよかった、というようなことをどこかで話したら、龍馬は学問があったとひどく叱られたことがあります。江戸期で学問というのは朱子学のことで、道学というか、ああいう倫理の教科書から龍馬が離れていたためにあれだけのことができた、ということをいったわけです。

横井小楠《しょうなん》なんていう人も、ずいぶん学問はあったけれども頭の柔らかい人で、あの人のいうことはクルクルよく変わりますね。先生はずいぶん変説なさいますなと人からいわれたときに、いや変説することが大事なんだ、変説するところにこそオレがあるんだ、というようなことをいっている。日本人にしちゃ大胆な人だったんですね。龍馬も小楠も儒教的な束縛から逃れ出た人で、大変に頭の中の風通しがいい人だった。朱子学なんていうのは政治学を含んだ道徳学で、そんなものに囚《とら》われていたんじゃどうにもならない。そういうものの影響が、日本人にはいまでも残っていますね。

高坂　残ってますね。日本人の教科書好きときたら、大変なものです。教科書で勉強すれば政治ができると思っている。

人生にも教科書はない

司馬　やっぱり孔子、孟子を常に求めるでしょう。マルクスにすがったり、ネルーにすがったり、毛沢東にすがってみたり……あれはみんな孔子、孟子の代わりですね。いつも原理、原則やイデオロギーや建て前にすがっていないと安心できないんですよ。

高坂　だいたい文章をみれば政治家の教養や政治的感覚がわかりますね。あるイギリス人が書いてますよ。ソ連に革命が起こってこの方、あそこの政治家の書くものが面白くなくて退屈だから、ソ連の政治体制はやがて滅びるだろうと思っていた。そしてスターリン、フルシチョフ、ブレジネフとますます文章がつまらなくなってきているのに政治体制は崩壊しない。これは世界のミステリーの一つだ、というんです（笑）。ロシア人に対する痛烈な皮肉ですね。そういえば日本の政治家の文章もわかりにくくて、つまらないものが多いですね。

司馬　福沢諭吉なんか、オレは猿にもわかるような文章を書くんだといったそうだけれども、そういうことがいえる人間というのは偉いですね。これは文章家の大理想ですよ。福沢のような文章を書いた政治家は、明治以後、一人もおらんでしょう。

高坂　学者にもおらんでしょうね。日本人というのは、文章にギラギラした理論や知識がでていないとありがたがらない。つまり教科書を求めているようなところがある。

ここらへんが政治的な感覚の欠如につながっているわけです。官僚と書生っぽの政治にね。

司馬　要するに、政治に教科書はない、人生に教科書はない——そこから出発せんといかんということですな。

（『文藝春秋』一九七〇年六月号）

辻悟×司馬遼太郎

若者が集団脱走する時代

一九七〇（昭和四十五）年八月

辻悟（つじ　さとる）

一九二六（大正十五）年生まれ。医学博士。大阪大学医学部を卒業。大阪大学医学部助教授（精神医学教室）などを務める。ロールシャッハ・テスト、統合失調症の治療などを中心にした精神医学の臨床と研究に従事。日本精神分析学会名誉会員。二〇一一年逝去。

司馬　辻さんとはずっとお交際《つきあい》ねがっていて、ときどき洩らされるお話が、おもしろくて……。ご専門の分野で、いくつかの研究主題をおもちですが、そのなかに「若い人」というのがある。「若い人」ということの精神現象を、精神医学にされているというのが、かねがねおもしろく思えていちど、うかがってみたいと思っていたのです。

歴史の上で、神様は、若い人というのを、戦争とか革命、とくに戦争に使ってきたのですけれども、その人間社会の大事業から、いまや若い人自身が集団脱走しようとしている。逆にいえば、そういう大事業から若い人が集団的に失業した時代が、こんにちだと思います。もっとも国家建設中の共産主義社会や、まだ戦争がおこなわれているいくつかの不幸な地域の若い人はべつとして、他の地域では、若い人の問題が、世界的な課題になっています。人類があらためて、若い人とはなにかということについて考えこんでいる時代だと思います。スウェーデンなど社会保障のゆきとどいた国でも、むしろそうであるだけに、若い人というこの課題は尖鋭的であるらしい。ああいう国の若い人でも、非常な不満をもっている。となると、若さというもののカギとして、不満というものが考えられるわけですね。

辻　不満というか、でき上ってしまったものに対する批判というか、これは若者に与えられた特権だともいえると思いますね。若者の立場からみれば、社会は若者たちが参加しないうちから存在しているものです。自分が作ったものでないにもかかわらず、でき上った規則に従うことを要求するというこの一方性ゆえに、反発を感じることは当然でしょう。若者たちが批判をするからというだけで、彼らを受け入れることをしない社会は、動脈硬化した社会であることも間違いありません（笑）。

それに、若い世代というものは、その時代からかけはなれて存在するものでは決してなく、むしろその時代の特徴とか問題が、若い世代に鮮明に極端化して反映されやすいんです。そういう見方からすると、現在の社会は、多少動脈硬化が起ってきているんだと見ていいと思います。社会そのものが動脈硬化を起しているからこそ、例えば全共闘の動きにしてもだんだん動脈硬化してしまう。

全共闘の動脈硬化ですがね、彼らは一面からしか物を見ないで論理を組みたてるんですね。私はそれを単相論理と名付けているんですが、同時に多相面を見ることが困難なんです。その相面だけからみると、彼らのロジックは正しいわけで、こちらはしばしばタジタジとなりますよ。分析は鋭いから迫力もあるが、それもあればこれもあるという受けとめ方はできない。そういう矛盾があるんで、問題は最終的には、堂々巡りの中に落ちこまざるを得ないと思います。このものの見方の単相性は若者の特徴とも言えますが、これはしかし、社会が持っている若者に対する一方性に若者が押しつぶされないためには、やむを得ない点もあるのでしょう。

司馬　いまの世の中は戦後にできあがったものですけれど、政界や官界は戦前の動脈硬化した部分を引き継ぎながらこんにちに来ている。社会齢は三十年で秩序の動脈硬化がどうしようもなくなる、と私は思っているのですが、戦後社会はそれが早かったように思えます。ところが翻《ひるがえ》って考えてみると、社会というものは元来、成立した早々にも動脈硬化するんじゃないでしょうか。

辻　それはいえますね。

司馬　逆説的にいえば社会というこの人間の秩序は、動脈硬化しなければ成立しえないというようなところがありましょう。例えばスターリン体制ができると、スターリンは自分の体制を守るために、懸命に秩序の動脈硬化をはかる。社会というのは本来そうしたもので、後続者を拒否するところがありますね。若い人を拒否して、お前たちは体制に従うほかはないんだというところがある。だから、単相論理でいくと、いつの時代であれ、社会は鋭く攻撃すべき存在であるということになりますね。

内ゲバは〝病理現象〟か

辻　体制というものは本質的に保守的ですね。それに人間一般の心理からは、つぎのことが言えると思います。既存のものは、すでに経験ずみのもので、たとえ不都合なものがあっても、それ以上には悪くならないことがわかってます。それに対して未知のものは、現在より良いことがどれだけ予測されても、実現してしまうまでは実現するかどうかわからない。すでに手に入れたものまで失うかも知れないという不安がある。それがあるために、社会一般は保守的傾向が優越するし、それに情報化が進み、社会全体があまりにも広がりすぎたため、個がいかに無力なものかを思い知らされてます。この無力感が、熱狂とすぐ隣りあわせにいると思うんです。無力感を救ってくれるものは、熱狂しかない。

司馬 その熱狂を推進させるものは、同時に幻想でもありますね。ここで群れということなんですけれど、幻想は一人で幻想を結像しえても、持続はしがたい。そこで群れて、群れとしての一つの共同幻想を持って、その支配下で熱狂していくという形をとらざるをえない。集団ヒステリーみたいな現象がおこるのはそういうものでしょうか。

辻 若い世代の特徴である群れという現象は、人間の精神の形成に重要な役割を持っていますね。若い世代は全体と個との関係での群れの意義を非常に鮮明に示してくれていますよ。

司馬 例えば?

辻 精神医学の領域では、思春期に精神的な発展に失敗する人々を、精神障害者であるとか、精神的に不健全であるとかいう把《とら》え方をしますが、彼らはおしなべて仲間を作れない。既成の社会はその規則でもって社会全体として青年に迫ってくるので、若者は一人でおれば負けるに決まっているわけです。負けたくなければ集団を組む以外にない。その意味で、仲間を持っているということは、成人に圧倒されてしまわずに青年期の苦闘を一定期間持続し、しかも自分がこわれないですむための重要な砦《とりで》になるわけです。ですから全共闘の人たちは、そういう意味で精神病理的ではありませんね。

司馬　なるほど、大人がもっている「仲間」という語感と、若い人のそれとは、いつの時代でもちがいますね。大人の場合は、会社の同僚とかたまたまそこでグループを組んでいる者と仲間になる。若い人、とくに不満を尖鋭化させた若い人の仲間というのは、一緒に共同幻想を持てる人たちなんですな。

辻　若い人の場合はそうでしょうね。

司馬　だが共同幻想というのは、本来幻想ですから、きわめて消えやすい。それを消えることから守るために、例えば学生運動をやっている連中はセクトの存在を鋭くする。鋭くなければセクトは消えるわけですから、いよいよ鋭くする。鋭くするというのは、つまり排他的な作業ですから、セクトは細分化していく。共同幻想と細分化は、不可分のものですね。他の共同幻想グループとたえず喧嘩していなければならない。内ゲバというのはそういうものでしょうが、あの内ゲバというのは病理現象ではありませんか。

辻　一方では病理現象だと思います。が、ここで精神医学のためにもいっておきたいんですが、病理現象であるといえば、一般に病理を持たない一般健康人とは異質で不連続なものと見られ勝ちなのですが、人間の精神の問題を取り扱う場合にはそうとはいえないということなんです。いま話題になった病理性は、人間心理の、いってみれば自然におち入る一つの結果なんだと見る方が正しいと思います。

先ほどの仲間論になりますが、仲間を支えているのは同質性ですね。他人の中に自分と同質のものを見ることで、仲間が成立するわけです。この同質性を守ろうとすれば、自然に異質なものを排除しようとします。同じ人間同士の中で、この心理に左右されるのが差別の出発点です。こうなれば明らかに不健全で、だから人間の精神が健全であるためには、同質性を相対的なものとしてとらえ、また同質性を守ろうとする姿勢が持っている閉鎖性を自分から乗り超える心がけを持っていなければならない。セクトの細分化は、それとは逆行していますから、これは明らかに不健全で、どこかに彼らがまだ乗り超えることができない狭さがあるわけですね。これが彼らの課題でしょう。ついでにいえば、精神障害者を一般の人が異質的なもののように見る姿勢は不健全ですね。これは精神科医として、ぜひ言っておかねばならぬことです。

広がる不登校現象

司馬　話は変りますが、ヒッピーという言葉の定義をここではわざとアイマイにしておいて、そういう現象で括《くく》られる若い人のことをうかがいたいのですが、これは私の知人からきいた話ですが、ある男子高校生が、二年生まではよく勉強していたんだが、三年になったら急に脱落した。それも脱落生活を送りはじめた。家の中の自分の部屋を暗くしましてね。電球に赤い絵具を塗ってカーテンを黒くして、ちょうどアングラ喫茶のような色にして、そこに毎日一人じっとすわっているんです。お医者さん相手にこんな不適当な言葉を使うのはよくないんですが、時代の病理現象にこの問題がかかわっているんだと思うんですけれど、どうでしょうか。

辻　それは非常に現代的な現象なんです。いわゆる不登校現象ですね。

司馬　ほう、そういう症状名が、もう出来ているのですか。

辻　精神分裂症とかノイローゼとかいったカテゴリーに入れることができぬ現象なんです。そういう生徒に接してみると、どうしても井の中の蛙のような姿勢を感じとらざるを得ません。限られた面だけではなかなか鋭い人もいまして、なぜ学校に行かないんだというと、いまの教育なんて結局は技術論にすぎん、教師も進学のための教育をやっているだけで、あんなの本当の教育じゃない。これはまったくその通り（笑）。

司馬　そういう症状名があるとは、おそれ入ったな。この前、見知らぬ中年の婦人から電話がかかってきまして、子供がその不登校現象になっておるというんです。その子が通っている高校は、私も通っていた学校で「だからあなたは先輩としてこの話をきいてくれる義務がある」と、お母さん、泣きながらおっしゃるのです。その子も、自分の部屋にカギをかけて座敷牢のようにして閉じこもっている。むろん学校へは行かない。母親がオロオロしながらきくと、いまの教育はなっとらん、あんな学校にいけば阿呆になるばかりだなんていっている。どうしたらいいでしょうとその奥さんは泣いておられる。親にも原因が判らないことが、私にわかるはずがないんですけれども。

辻 その生徒の立場に立ってみれば何か困難が起っているんですよ。人によって違うが、成績が下ったとか教師に怒られたとか、見方によってはそんなつまらんことで、と思えるようなことでも理由になる。彼らはそういう困難が生ずると、その困難からすぐに引き下がって生活の空間的なひろがりを縮小してしまう。だから家にひっこんでいるしかない。それだけのことなんです。

司馬 だけど、学校に行かないということは大変に大胆なことですが。

辻 おっしゃる大胆とは少し違うと思います。学校へ行っていないことを気に病んで、昼間は家にひっこんでいる。昼間外へ出ると学校へ行ってないのがばれてしまいますからね。下校時間がすぎると外出もするし、機嫌もよくなってくる。そういう辛さに耐えるくらいなら学校へ行けばいいのに、と思うのに行かないんですね。ちょっとした困難で学校へ行かなくなった生徒は、今度は学校に行かないことが、受けとめかねる困難になってしまう。学校に顔出しすれば、教師に何で休んでいたのかと呼び出されるかもしれない。だから行かない。そんなことで、困難を突破する姿勢がますますなくなってしまう。

司馬 まあ教育の問題ですけれど、いまの高等学校の教科内容というのは、少年たちの平均的な能力からみて大変に過重じゃないですか。戦前の旧制中学の場合は、ある程度セレクトされた子が参加したわけですが、いまの高校は義務教育と変らぬくらいに沢山入学するし、しかもその学科たるや旧制中学よりはるかにむずかしい。私は学校がきらいだったから同情するのですが、そういうことで不登校現象が起きるんじゃないですか。

辻　ついていけないということが、不登校現象をおこさせる一つのきっかけになることはおっしゃる通りですが、その困難を受けとめる姿勢、そちらのほうがより問題だということを見定めておく必要がありますね。ついていけなくても平気な人がいるかもしれない。

司馬　まあ平気なのが健康人でしょうな。

辻　平気になれんというところに問題点を設定することが必要ですね。困難な状態に落ち込むことが、人間の精神にとって健康になるための非常に重要なチャンスなんですが、そういう受けとめの姿勢がない。困るという体験を受けとめる。困るということから逃げないでいる、そこから進歩が出てくるはずですね。ところが困るという事態を受けとめられない、困ったら、すぐに困るような戦争の広がりを縮小しようとする。そういう意味で、学校に行かない子どもは不健康なんです。

司馬　両親の過保護ということと、かかわりはありますか。

辻　一種の過保護でしょうが、親御さんもどうしていいか判らないことが一番の問題でしょうね。何のために学校へやってるんだと聞くと、答えられない。平均的な答えは、こういう時代だから就職するにしても大学へやっておかないと、といったところでして、そのときこっちが意地悪く、就職のための飾りに大学へやるんですかときくと、絶句してしまう。就職のために大学へ行くということも進学理由でしょうが、それ以外に大学に行く意味を親御さんも考えてないんですね。これは問題ですよ。

大学は若者の幼稚園

司馬 私の懇意の質屋さんに子供が二人いましてね、あまり勉強のうるさくない大学に通っている。一人は美学で、一人は経営学です。それぞれの学科は、ママが選定したんです。ママに選定理由をきくと、私んとこは質屋ですから美学は質物の鑑定に役立つだろう（笑）。経営学は質屋の経営に役立つ。まあ大学というのは、若い人の幼稚園みたいな遊び場所として（笑）、非常に社会的な意義があると私はいいかげんに思ってますけれども、しかしなぜ子供を大学にやるのかときかれて絶句する人は、そこに純粋な目的意識を見出そうとして見出せずに絶句するわけですから、物事を形而上的に考えようとするタイプの人じゃありませんか。

辻 考えようとしているんだということに賛成できるかなあ。子供のために親は何をしなければならないかを考えることを、実は回避したんだと見るほうが正しいかもしれませんね。大学と全共闘の関係でもそうですが、親は批判されるなら批判されるでいいんです。子供は親を批判することによって自分を作ることができる。親父は稽古土俵の上に出ていくべきなのに、出ない。現代の親に、程度の差こそあれ、共通してみられるこの姿勢が問題なのです。

学界でも通説になってきたんですが、不登校なる現代的現象が起きる家庭では、親父のカゲが薄い。人間的にカゲが薄いというのではなく、この方々は社会的にはチャンと成功しておられるし、経済的にも家庭を安定させておられる。それなのに家庭ではカゲが薄い。これはどういうことかというと、家庭内で精神的な影響を父親が与えている家庭では、子供や母親の話の中に父親が出てくるんですよ。通常われわれは本人や母親に、これまでの生活の歴史や、これからの方針などを、特に本人や家庭にとっての重要な決定になったものを中心にきくのですが、不登校現象の家庭ではなかなか父親の話が出てこない。本人なり母親に、お父さんの話が出てきませんね、というと、そうですねえ、なんていいます（笑）。

司馬　親父さんはどっかに韜晦《とうかい》しているわけですね。

辻　家庭内で父親が子供に与える影響は大きいんですよ。親子の出会いでは、一番最初は必ず母親と出会うわけで、その時父親は出る幕がないわけです（笑）。はじめて自分の子に出会うときは調子悪いもんですね、父親にとって。ところが母親にとって子は分身だから、平気で抱きしめる。ところが、父親にはそれができない。子が父親の存在をはっきり知るのは、どこまでが自分でどこまでが他者か、という区別がついてからですね。母親と自分との区別がつけば自《おの》ずから家庭内にもう一人母親以外の人間がいると確認できるわけです。それが判ったとき、母子が合体していた世界が開く。

司馬　切り開かれるのですね。

辻　そうです。最初に体験する精神世界の切り開きは父親がやるわけです。精神分析の領域で、フロイトがエディプスの複合であるといういい方で表現したことに通じてくると思うんですが、父は母子を切り開くある意味での敵であると同時に、子にはじめて精神世界の閉鎖性が開かれる体験を与える。そしてまた人間が一個の独立した、孤独でもある存在であるということを体験させる存在なんですね。現代は父親がそういう役割を果すことが困難になって来ました。父親の存在理由があいまいになっています。

司馬　母親と合体したような父親がいますね。

辻　これからの父親は人間としての本当の実力で土俵に上らざるを得ないでしょう。昔だったら社会的に父親の地位が保障されていましたから、相当に弱い父親でも土俵にのれて、ワシのいうことは絶対だ、ということがいえましたが、いまはそれもできない。

司馬　こんにち、父親とは経済的存在で、例を変えていえば、自動車の運転手みたいなものですな。母親と子供はちゃんと後部座席にすわっている。父親は機械の一部で、ただ車をうごかしている。ところがその運転手が急にどこに行くのもオレの自由だといい出したら、後ろの客は腹を立てる。そこは、こんにちの多くの哀れな父親は心得ていて、自分は車を動かしていればいい、人間になったら叱られる、と思って黙々と車をうごかしている。

辻　しかし、全共闘の学生たちの話を聞くと、そういう姿勢でいる父親に文句いってますね、なぜちゃんと土俵に上ってこんのかと。

司馬　運転手席という機械室から出てナマの人間としてぶつかってこいというんでしょうな。

辻　学校でも、父親と同じ立場に立たされている学長や学部長などがやっつけられていますね。何やってんだ、もっと父親らしくやれ……。

司馬　たしかに全共闘諸君の社会のとらえ方というのは、心理的には家庭パターンを広げた型になってますね。だから、学長や学部長出てこい、ということになるんですね。

辻　ですから学部長が反動的である場合、話し合いは意外に成立するんです。あいつは反動だけど、あいつなりに筋は通っている、ということになります。だからと言って、は反動的であれというのではありませんがね。自分を出さずに妙に判ったような姿勢でいると、その中に欺瞞《ぎまん》をかぎつける、そうなると追及は鋭いですよ。あの人たちを子供だというと怒られるでしょうが、おっしゃる通り、子供のやり方ですね。それを乗り超えることが、あの人たちの課題だと思うんですが、まだ成功していませんね。

父親よ土俵に上れ

司馬　ぼくらの青春の体験では、家庭と学校、そして軍隊という三つの場があって、それらはぜんぜん別の社会だとあきらめて出ていきましたね。たとえば軍隊なんか一種の欺瞞社会でしょう。中隊長は父親である、内務班長は母親であると入営のときに必ずいわれるんですが、毎日部下を殴っている内務班長が母親であるはずがないことは、みんな判っている。けれど、まあ聞いといてやれ。しかし、信じてはいない。結城昌治さんの作品に、昔の軍隊の唄みたいなものが出ていて、懐しかった。将校商売、下士官道楽、兵隊さんだけがお国のためというのです。将校はオヤジであってほしいとか、下士官は兄貴であってほしい、などとは思わなかった。ところがいまの若い人なら、中隊長は父親たれ、内務班長は母親たれ、といいだすでしょうな。分類の仕方が、どうもドメスティックになっている。

辻　そうでしょうね。

司馬　そうなると、このあたりに断絶といえばそういえるものがあるかもしれない。

辻　こういえばいいでしょう。出くわした困難を受けとめて行く姿勢が大事である、ということを実際の経験から身につけている人たちから見ると、困難を受けとめようとしない一部の若い人たちに断層を見る。当然引き受けなければならないことを引き受けようとしない姿勢に断絶を感じるんではないでしょうか。ただ、人が断絶を云々する場合には、遠回しに自分の正当性を主張していることが多いですね。それに互いに人間ですから、相手に見た欠点は、自分にないとは言えないはずで、人間はむしろ同じ欠点が自分の中にある可能性を否定するために断絶を強調しやすい。その意味でも断絶を嘆く前に、批判が必要であれば、本当に批判する姿勢を大人が示して、土俵に出ていくべきなんです。真剣に喧嘩しなければならぬかもしれない。そのかわり、本当の自分をさらけ出すんですよ。

司馬　薄汚なくて、愚鈍な姿ではあるけれども（笑）。

辻　ええカッコしてられんということですな（笑）。戦いになったら、これは敵ですからね。敵は断層の彼方《かなた》にいます。しかし、同じ人生の土俵にのったという共通の地盤を確保しているという意味では、断層ではないという二重性があるんですね。

司馬　戦後、国家の権威も衰え、旧民法的な家もほろんだが、親父だけが残った。栄光も権威もうしなって、運転手という形でやっと家庭の中の位置を占めている。せめて子供の敵にだけはなりたくないという姿勢で、ずっと戦後きている。その親父どもに、もう一度勇敢さをとりもどせと、精神医学者としておっしゃりたいわけですね。

辻　そうですね、親のほうが、子供に認めてもらいたがりすぎます（笑）。

司馬　欲しいものはなんでも買ってあげます……。

辻　自分を認めてほしいという姿勢がママにはありますね。だが父親は、自分が認めてもらえるなんて、期待してはいけない。人生の厳しさの上にすわらないといけませんね。親はもう若い者にはなれないわけですから、断層はありますよ、直接法では。だが、直接法の断層の上に問題がのっているのではない。直接法的な断層を強調することで事がすむものではありません。互いにこの時代に生きている人間としてつながっている以上、断絶をとやかく言うより自分の年齢をひっさげて人生の土俵に出ていくより仕方がない。

司馬　よき敵として。
辻　欺瞞を排除する姿勢も必要ですね。自分がええカッコするための欺瞞は捨てるべきです。本当に社会に立ち向かうための欺瞞だったら、堂々とやるがよい。しているにもかかわらず、していないという種類の欺瞞はいけませんね（笑）。若者だけではなく、全体が自己愛的な姿勢が強いわけです。
司馬　つまり機動隊を呼んだのはオレであると、堂々と出ていく学長でなければいけないわけですね。機動隊を呼んでおいて、いや機動隊の方で勝手に来たんだとか、欺瞞が多すぎますな。
辻　欺瞞の最たるものは、現在の政治家の姿勢ですがね（笑）。それはともかく、学長は学長として、機動隊を要請した、これは自分の責任であるという姿勢は必要ですね。もっとも、学長の個人プレーだけでは、何事も解決できない。そういう時代になりつつあることも、もう一方では問題になると思いますが。

液体化した政治権力

司馬　学長が父親的立場を示すだけでは事が解決しなくなったことは事実でしょうな。
辻　父親的立場に学長が立っているのであれば、学長は学校に押し寄せてくる外からの圧力に対抗して、必要とあらばその圧力をつぶしてしまって、家庭つまり学校を守ることが要求される。必要とあれば文部省の不都合さをつぶしてしまう。だから、また必要とあれば子供の不都合さをもつぶしてしまう、という具合にね。それなら本当の父親ですけれど、それが実現できない時代になりつつあるのはたしかですね。そう考えると、たしかにこわい。何かこわいものを背後に実感しますね。

司馬　こわいものというと?

辻　個人プレーでは防ぎようのない、社会全体の動きの中にある一人一人の人間の自由性をおしつぶすような圧力。簡単にいってしまえば、政府が悪いんだ、資本主義社会が悪いんだということになりますが、そうは簡単にいいきれないもの、この時代に生きる人間の精神を圧迫するものが社会全体の動きの中にあって、学園紛争の場合でも学長一人の力ではもはや学校を守ることができなくなっている。滝川事件のように、一人の人間が動いて学園を守り抜くというようなことは、成り立たない。そんな時代に入ってきているという感じがします。

司馬　しますね。たとえば政府が悪いという。だが政府のどこに権力があるのか。政府の中の権力をかきわけてみると判らなくなる。権力そのものが造形的なものでなくて、悪液質をもった液体になっている感じがありますね。

辻　それでいて、一人一人の人間に圧迫感があるのもたしかですね。そこで、さっき話題となった、困難に立ち向かってこそ進歩があるということ、これは個人の精神史からみると、たしかに進歩のチャンスです。われに七難八苦を与えたまえ式に苦しむほど、人間味は出てきます。だがすべての問題を自分一人の精神史に還元してしまうと、背後にある矛盾をみんな問わなくなってしまう。社会に矛盾があればあるほど人間味が出ることになってしまうし、矛盾は矛盾でいいじゃないかということにもなりかねないし、権力者の都合のいい精神論に使われかねません。一方での批判は、やっぱり持っていないといけませんね。

しかしそれにかまけていると、矛盾を問うことしかしなくなって、それを個人精神の発展に利用できない。そういうむずかしさがありますね。個人が人間的に広がっても、社会全体が個人をつぶしてしまうような時代がきているだけに、この問題は、非常にむずかしい。例えば、キリストだ、釈迦だといっても、原爆ひとつ落ちればパアになってしまう。われわれは、それを切実に考えなければならないんです。

司馬　若い人の問題も、やはりそういうことと結びついているんですな。簡単に言葉で解決しようとすれば、そういう文明の段階なんだということで済んでしまいますが。

辻　そうですね。

司馬　一番ティピカルな例でいえば、人間の社会では、独裁者がいて、彼の善意で維持されている社会が一番運営されやすい。しかもそういう社会でも人間にはそれなりの自由と幸福があったと思うんです。中国の清帝国は名君の輩出した王朝です。名君たちはみな独裁皇帝ですが、しかし政治的善をしたいというだけの目的のもとに、私のない生活をしておった。これは政治という側面からみると非常に裁断性に富んださわやかな状態だと思います。ところが庶民たちは窮乏しておった。この窮乏は皇帝の政治力ではどうすることもできなかったんです。ヨーロッパのような技術文明が中国にも興っておれば人民たちは飢餓から簡単に免れたでしょうね。

ところがわれわれのいまの文明では、皇帝に直訴したら解決できるという政治手段は持っていない。その代り、民を飢えさせぬ技術文明だけがあるわけですね。政治そのものも文明の中で溶けて、政治権力が変な意味で液体化している。その液体化が大学の学長や学部長にまで浸透している。深刻に考えると非常に重苦しくなる代りに、毎日三度の飯を食っていられるという点ではいい、というような変な時代にいるわけですね。

辻　そうですな。

現代は無階級社会

司馬　そういう時代に若者がどう生きるかということになると、これはもう過去の例は参考になりませんな。若い人が全員、個々に生きる目標を持たなければ生きていけないような時代も、いまはじめての経験ですからね。

辻　個々というと？

司馬　例えば封建社会を考えてみると、長州豊浦郡かどっかの農家の長男に生まれれば、人生の目的は田圃《たんぼ》を継ぐだけでいい。次男坊に生まれたら、鍛冶屋の徒弟に行って、将来は鍛冶屋を村外れで開けばいいんです。明治以後はそういう状態は薄まってはいたけれども、まあ、その式で生きていけたわけですね。ところが今は一種の無階級社会になってしまって、個々に目標を設定しなければ生きてはいけない。

歴史を振り返ってみると、例えば、空海や本居宣長や坂本龍馬には生きる目標があったということになるが、これはきわめて例外であって、大多数の人間はごく簡単な生活手段をかち取るだけの努力、非常に小さな努力で社会の中に入っていけた。それだけが生きる目標で、それ以上のことは望まなかった。生きる目標なんていう高邁《こうまい》なものはいつの時代の人々もそれを考えずに生きていた。食うことだけが、生きる目標だったんですから。ところが、いまは職を身につけなくとも食える。どう転んでも食えるという時代は、日本史上、最初です。食うことを外すと、ひどく人生が抽象的な光景になると思うのですが、いまの若い人は、そういう光景の中にほうり出されている。そして個々に生きる生甲斐のようなものを見つけてゆかねばならない。大変だろうと思いますよ。

辻　政治的にラジカルな若者のいうことを聞いていると、例えば、政治を司っている者に、みんなを弾圧してしまうような意図がある、といういいかたをしますね。資本主義は帝国主義的な侵略を意図しているんだとか。そしてすべて社会の矛盾はこのような意図によるものと解析してしまう。これは若者にのしかかる気圧の重さを若者が実感として感じとっている証拠です。ここには社会全体の動きに対する無力な個人という関係があるのですが、この場合に彼らは、社会全体の動きを人格化されたものの意図によるものとしてとらえる。資本主義、帝国主義、あるいは政府という人格体があって、それが自由の剝奪を意図し、個人は被害者として見る。この見方は、むかし人間が恐れをいだいたとき、その恐れの対象に、神とか……。

司馬　雷とか……。

辻　場合によってはお化けですね。そういう人格化されたものの意図的な働きをみつけようとする、あの着想と共通点があるんです。

司馬　同じですね。

辻　現代の動きの背後に何か一つの意図的なものがあって、我々は被害者として対応するといったほうがわかりやすいんですね。やっぱりちょっと幼稚な把え方です（笑）。自由の敵は、お化けとか原始的な神などのように視覚的に把えられるものではありません。この解析によると、人間の自由を押しつぶすものは、自分の外側にあって、自分は決して参加していないことになります。現代の人間全体の精神的な営みの結果として、それらは我々に向かって押し寄せてくる。だから、自分の外側だけをいくら批判しても本当の解決にはならないと思うんです。いまの若い人たちの動きのなかで、我々はそこを批判したいですね。

安易な生物主義を排せ

司馬　話が変りますが、向精神薬の研究がこのところ、非常に進歩発展をとげたといわれていますね。大変珍重する人がいて、若い画家などで、その種の薬をのんで作品を描いてみたという人がいますが。

辻　単純な生物主義に問題をおきかえてしまうことは問題ですね。薬を使えば、すぐ苦境から解放してもらえるという姿勢は、自分が遭遇した困難を自分の精神の問題として、受けとめていないわけでしょう。たとえ向精神薬であっても、薬は身体に影響を及ぼすことを介して精神に影響を与えるのですから。薬を飲むということは、厳密にいいますと身体的な水準での条件が変って困難がなくなってしまう、あるいは、困難を困難と感じなくなってしまうということで、これでは困難を人間の精神が乗り超えたということにはならない。そうして精神の広がりを自分のものにするチャンスを失ってしまう。安易な生物主義と精神で問題を捉えることを避ける傾向は、若い人だけでなく、現代人全体の傾向で、すぐ薬を飲む人が多くなっていますね。それだけでなく、医者もすぐに薬を飲ませたがる。精神の問題として捉えることが厄介で、医者もそれを避けようとしているのでしょう。これは薬がそれなりに有効な場合に特に問題なんですよ。

司馬　それが極端になると、お医者さんあがりの首相が出て、変な若者にはみんな薬を飲ませてしまえということになってしまう（笑）。それはこまるんで、若い人たちにつける薬はないという大前提で物を考えねばならない。歴史的にいって、若い連中が経験する社会といえば、つねに変な社会なんですからね。過去から見れば変な社会を、若い連中が最初に経験する。いまもしている。われわれは旧秩序の中のどこかに精神の基盤を置いてますから、何となく精神の安泰を得ておりますけれど、若い連中は変な社会の実験動物みたいになっていますからね。見通しは今のところつけられないけれど、何か過去の歴史の中にはない社会動物としての人間ができ上るんじゃないか。つまり違うモラルとか、価値観とか、秩序感覚とかがリアリティの骨組みになった人間がでてくるんじゃないでしょうか。

辻　そうでしょうね。人間はどんどん変化してゆく世界に身を置きながら、自分の歴史の中で安定したものを作り出さねばならない。それを作りだせないものは健康といえませんから。

司馬　あどけない大人がいますな。

辻　ええ（笑）。しかしこの安定は動きのない、変化を否定する不健全さと隣りあわせています。一方、若者は社会の中での生活をいまだ自分のものとしていないので、常に新しいものを実現させる原動力なんです。新しい変化なくしては進歩はないという点でこの精神は重要なものですが、しかし不安定だし、そのためにいろんな不健全さも生じる。だから若者も旧秩序の人間も、すべて不健全にもなりまた健全にもなる可能性をもっています。

司馬　われわれは未来に対して複雑な気持をもたざるをえないのですが、人間に可能性がいまだに存在しているとしたら、そういう人間によって新しい人間社会ができるんじゃないか。古い観点から見ればより正義であるかどうかは別として、やや暮らしやすい、いまの若い人のアレルギーがおさまるかもしれない社会ができるかもしれませんね。

辻　やはりそういう意味では、賭けなければいけないでしょうね。何が来るか判らないけれど、新しいものに賭けるという精神を、若者だけではなくみんなが持たないと、新しいものを手に入れることはできませんね。それはたしかです。

司馬　ですから、いまは特効薬など期待せずに、社会は苦しみに苦しんだほうがいいかもしれませんね。

辻　だから自分の属している集団の同質性であれ、歴史の中から自分のものとした安定性であれ、自分のよりどころとしているものに絶対的なものとして寄りかかってしまうのではなくて、相対的なものとして受けとめる心を自分のものとしなければなりませんね。それは不安の多いものではありますけれども、そうでなければ人間の精神は閉ざされたものになってしまう。簡単に実現できるという保証もありませんし、終りのない作業かもしれませんが、それが大事であるという心構えだけは最低限持ってなければならない。そこでは、若者と旧秩序の人間という差はなくなってしまうんですよ。

司馬　いい診断ですね。

（『文藝春秋』一九七〇年十月号）

陳舜臣
×
司馬遼太郎

日本人は〝臨戦体制〟民族

一九七〇（昭和四十五）年九月

陳舜臣（ちんしゅんしん）

一九二四（大正十三）年生まれ。作家。大阪外国語大学印度語部卒業後、終戦まで同校の助手を勤め、その後、家業の貿易に従事。六一年「枯草の根」で江戸川乱歩賞を受賞後、作家生活に入る。「青玉獅子香炉」で直木賞を受賞。日本芸術院賞、瑞宝章など。

司馬　どうも話しにくいな、外語で一年先輩の人というのは（笑）。それに陳さんは大変な秀才だったし……。陳さんは、言葉のほうをずいぶん勉強なさいましたね。インド語とペルシャ語はご専攻だったからいいとしても、アラビア語やロシア語の読み書きもできるのでしょう?

陳　はあ、まあ辞書をひきながらですが。

司馬　言語生活は、お家での日常語は福建語で、それに公式語としての北京官話があるなあ。われわれ近所まわりの連中とのつきあいは関西弁で、小説は、大変論理性の高い日本語で書かれる。えらいこっちゃな（笑）。つまりそういう日常感覚のなかから、陳さんが考えておられる日本民族とはなにか。そんなことを話してくれへんか。

陳　そうやな（笑）。一番くらべやすいのは仏教でしょうね。インド、中国を経由してきた仏教は、日本に渡来したら、とても日本的に変形してしまった。そこらあたりに日本プロパーがもとめられる可能性があるんじゃないかと思うんです。例えば、どの宗教でも祈禱《きとう》に異常に熱心だったということ。禅宗だけはそうじゃないけれど、これは江戸期に白隠が出たり、道元に還れという運動があったせいで、それがなければ、やはり加持祈禱に傾斜したでしょうね。日本において、いかにシャーマニズムが根強かったかを物語るんじゃないでしょうか。

それに仏教国でお寺が兵隊を養っていたことはありませんね、日本の僧兵のように。

司馬 叡山や三井寺の。

陳 中国にも少林寺拳法があるが、あれは健康法、体操の一種なんですね。しかも拳法を使って僧兵を養い寺を守っておったという事実はありません。

やはり、その点で日本は尚武の国だといえるんじゃないですか。それから、ひじょうに派閥好きだということですね。

司馬 いまの中国を論ずることはしばらく措いて、中国は文をもって社会をまもろうとしてきたことはたしかですね。武は権道《けんどう》であって、常態ではない。

陳 そうですね。

理論を完璧に

司馬 坊さんの話が出たついでですが、私はこのところ空海（弘法大師）に熱中しておって、なかなかおもしろい。

かれが遣唐使に随行する留学生として入唐《にっとう》するのは九世紀のはじめですから、じつにふるい話ですが、かれは中国の合理主義にはなんの関心も示さず、最初から真言密教を学ぼうとした。密教は、仏教でさえない。釈迦を教祖としていない。インド土俗のバラモン教で、それが唐に来ている。

陳　もとはバラモンでしょうね。

司馬　密教というのは、宇宙の内部の秘密を思想化したもので、だから中国人からみれば、目でみえる山川草木からかけ離れた、思想だけの世界ですから、体質にあわなかったのか、なかば廃《すた》っていた。ところが、空海からみれば非常に新鮮であったので、それをごっそりもってかえってきた。ところがここでおもしろいことに、中国やインドにおける密教は、カッチリと体系化されたものでなく、大きさはあるが多分に流れた存在です。それが空海という日本人の頭をとおすと、ぬきさしならぬほどにカッチリしたものになる。理論を完璧なものにし、論理を構築して、一つ駒をぬくとガラガラ崩れるほどにカッチリしたものをつくりあげたのです。それが日本の真言密教です。

陳　なるほど。

司馬　どうも独断かもしれないが、密教が原産地のインドにあったころや、経由地の中国にあったころには、思想としての結晶度はそんなに高いものではなく、教義などにも辻褄《つじつま》の合わない所もあったのではないか、と思うんです。それを中国人は「アイマイな所があっても、むしろそれが実在の姿である」と、許容してしまう。

空海が日本の代表選手であるということでこういう例をもちだしたのですが、どうも話が理屈っぽくなっていかんけれども、要するに空海は、海の向うに存在しているものをもちこんで来るのに、そのエッセンスを抽出して、日本で再組織して、たとえ小粒ではあっても、完璧な結晶体にして高野山の山頂へ置いた。日本文化は、そういう思考で成立しているとは思いませんか。ずうっとマルキシズムまで考えてみて。

陳　そうですね。規模の大きさは望まない。小さな、たとえ、箱庭のようなものでも一分のゆるぎのないものにしたいという性癖が、日本人にはありますね。

日本人の鎖国意識

司馬　日本人と中国の関係ですが、昔々から日本は、中国の現実を理解するという関心の示し方をせず、むしろそのある部分を理想化し、尊敬しっ放しできたわけですね。日本人の漢文的世界は、そういうものでしょう。私などでも漢文的世界の中国と現実の中国は、あれは別々のものやと思っている。現実の中国のほうは、日本人にとってきわめて判りにくい民族ということになっている。

例えばアメリカ人のほうが、日本人にとってずっと判りやすいところがあって、つまりアメリカ人というのは、ボタンを三つほど押せば答えがでてくるような、そういう平明さがあるように思われる。

ところが中国と中国人は違う。新生中国になったとき、これで中国人も単純化した、マルキシズムの窓を通しさえすれば毛沢東も中国も理解できると思ったが、とてもそういうものではない。

こうなると、日本人にとってヘタに中国を理解しようと思う姿勢をとらないでいる方がかえって便利のように思えてきますよ。日本という場所からみると、どうも中国はそうですな。

陳　どうも日本人は、そういうふうに閉鎖的に閉じこもってしまいがちなんですよ。閉鎖的でいる方が有利だと思っているのと違いますか。鎖国というものも、やはり日本的なものの表われといえる。なにも幕府が命令を下したから鎖国したということではなくて、日本人にはもともと鎖国を受け入れる精神性があったのではないでしょうか。

司馬　ははあ、そういえばそうやな。鎖国は日本人にとって、ごく自然な感情ですな。まったく同感です。徳川幕府が鎖国にふみきった時、あまりアクシデントもなかったということに、あらためて驚いてみる必要がありますね。直接に貿易にたずさわっていたごくわずかな商人やキリシタンは別にして、平均的日本人は「ああ、そうか」ですんでしまったし。

陳　箱庭というと悪口めいてきこえるけれど、空海もそうであったように、日本人は隙のない完全なものをめざす。そのためには、鎖国したほうが民心がまとまっていい、ということもあるんじゃないですか。

司馬　そうや。いまの貿易自由化の問題も、それでよくわかる。

陳　あれこれ苦心して、外へ洩れないように、拡散しないように、日本人は努力するんじゃないでしょうか。コンパクトで機能的であることをめざすようですね。

国家の体制についていえば、そうなるためには、あんまり外国とつき合って、間口をひろげると、隙間ができて困る。理想は手足のごとくうごかせる精鋭の小部隊を編成することです。大軍団になってしまえば、動きが鈍くなる。維新後、外国と接触したけれど、そのかわり、思いきり内をひきしめましたね。明治日本の成功は、小部隊的勝利で、日本の十八番といえるでしょう。

変り身の早さ

司馬 中国人と日本人とのちがいについては、別な面もある。中国人のほうが現実的なくせに、反面、民族共通の一理念に対してひどく忠実なのではないか、ということです。宋の時代に大医がいて、官の許しではじめて罪人の解剖をおこなった。内臓をひらき出してみたが、どうもちがう。ちがうというのは、陰陽五行説という大原理に照らしてちがうということです。中国の医学、つまり漢方は陰陽五行説から出ていますですね、例えば内臓は五臓六腑である、とか。

ところが現実の内臓はちがうのです。そういう場合「理念のほうがまちがっている」と考える人とそうでない人とがありますが、この宋の大医は、「この罪人はまちがった内臓をもっている」として、かれはその解剖図をかくにあたっても、陰陽五行説のほうに合わせて、現実の解剖上の配置をデフォルメしてしまった。

その解剖図がずっと日本にきていて、日本の漢方医の古典の一つになっていましたよ。

陳　なるほど。

司馬　ところが江戸中期、京都の宮中の侍医頭というきわめて保守的な官職をもつ、山脇東洋という当時の代表的な漢方医が、これはおかしいと思いはじめた。かれはカワウソが人間に似た内臓をもっているということをきいて、三十頭だか五十頭だかを解剖し、いよいよ陰陽五行説的な解剖図に疑問をもち、ついに官許をえて、粟田口《あわたぐち》で罪人の解剖をするのです。

杉田玄白らの蘭学者の解剖より以前です。山脇東洋は解剖をやってみて、長年の疑問が一時にとけて狂喜するのです。現実は、理念のようにはなっていない、理念よりも、この罪人の内臓の現実のほうが正しい、という。かれの著書の『臓志』というのは、中国風の理念尊重主義に対する挑戦的な文章で満ちている。「理アルイハ顚倒《てんとう》スベシ、物ナンゾ誣《し》ウベキ」理念というのは現実つまり物の前にはひっくりかえることがあるのだ、現実を理念でまげることはできない、という。

空海的な思想を結晶化することのすきな性格のほかに、こういう合理主義、つまり、西欧的な合理主義をうけ入れやすかった精神を日本人は持っているといえるんじゃないでしょうか。

陳　そうですね。

司馬　中国人には、古来一つの強烈な思想があって……。

陳　それが邪魔になるんですね。重荷になっている。小部隊ならすばやく散開したり、かんたんにUターンもできるけれど、大軍団はいっぱいよけいなものをくっつけて、身のうごきが自由でない。

司馬　日本人は「俺が現実に見たら、話と違っていたぜ」といわれると、すぐに変身する。幕末、伊藤博文と井上馨がロンドンへ行って、ゆく途中上海で西洋文明をみて、とたんにいままでの攘夷志士が、攘夷を捨ててしまう。それこそ全部捨ててしまう。中国人と日本人には、そういう違いがありますね。

陳　それは非常に大きな違いでしょう。

司馬　明治まで漢方薬を飲んでいた日本人が、文明開化とともにドイツの薬がいいとなると、一斉にそれへゆく。まったく大分列行進で、一瞬に方向転換するような盛大さです。こういう性格は、どこから生まれてきたんでしょう。

陳　外から来たものだからじゃないでしょうか。古いものも新しいものも、もともと、みんな自分たちのものじゃないですから。

司馬　もともとあったのは、シャーマニズムだけだから。自前で生みだしたものではなく、向うから来たものだから、捨てるのは簡単ですね。

陳　そうそう、いさぎよいのですね。桜の花が散るみたいに。日本精神の美点にかぞえられていますよ。

司馬　日本人の合理主義もそういうところに根があるのかもしれない。

いつも臨戦体制

陳　それと、私が最初に申しあげた僧兵の存在ですね。一つグループを作って、それを守るのは武力しかないとする考えは、日本人の根本的な思考方法だと思いますね。これなんかも、考えてみると、きわめて合理的で科学的だといえるんじゃないですか。なにしろ、どんなに頭をしぼっても、これ以外にはないのだから。

司馬　中国にしてもインドにしても、武力に頼らずして自己を守る方法をいっぱい持っておったわけですね。人文で守ろうとする。

陳　日本人は、頭から、武力が一番てっとり早いという考え方ですね。つまり、いつでも臨戦体制なんだ。戦争になっても敵に滅ぼされんような体制を常時とっている。だから、お花とか茶の湯とか、口伝秘訣で口から口へと神秘めかして伝えるもの、それと、さっきいった空海の完璧さ。規模は小さくても完璧なものにするというのは、敵に知られちゃいかん、いつでも戦争なんだという意識が、ひそんでいるからじゃないでしょうか。

司馬　土佐の古い伝説に、国主が製紙技術者を他国からよんで、その技術を学びとってしまうと、他国に洩れては国益を損ねるというので、技術者が国へ帰るとき、国境あたりで密殺してしまった。どうも本当くさい話で、これなども産業を興すというだけじゃない、臨戦体制の思想ですね。

陳　臨戦体制となれば、損か得かは、非常に端的な選択法ですからね。捨てるものはあっさり捨てなければ、先へ進めない。物ないしは思想を簡単に捨てるというのは、やはり、常時戦いに臨んでいる姿勢とつながるんではないか。

司馬　東独の新聞記者が、ヨーロッパへやってくる日本の観光団についてこんな感想を洩らした、ときょうだったか新聞にでていたな。「一人の添乗員が先頭を進んでくる。かれは、大ぜいの旅行者をじつに巧みに組織化し、統御し、一糸乱れぬ行進をさせてやってくる。これはどう考えてみても軍事国家である」(笑)

日本人の観光客にとっては、ともかく旅行目的を達するには一人の指揮者のいうとおりに動いていた方が便利だと思うわけで、そう思うとじつに従順に指揮掌握下に入る。これも臨戦の思想ですな。

陳　日本では武家政治が長く続きましたけれど、この体制は、歴史的にみて普通じゃない。武家政治は日本を治める一番いいスタイルだったんじゃないでしょうか。

司馬　たしかにそうです。武家政治は徳川期いっぱいでおわったわけではない。明治期も多分に武断的だった。大正と昭和初年だけがすこし毛色がちがっていて、満州事変前後からふたたび武家政治待望の世論が出てくる。その世論へ軍閥が乗っかった。もっともこの昭和軍閥は馬上天下をとったわけでないから、かえって始末がわるくて、この大戦末期にはもう、日本を支配しているのではなく、日本と日本人を占領してしまっているかっこうだった。徳川幕府のほうがずっと治者的で、同国人を大事にしていますよ。

たしかに昭和十六、七年ぐらいから二十年まで、かれらはもうそれこそ武家政治を通り越して、どう考えても、日本と日本人を占領している感じだった。そう考えたほうが、あのころの日本の姿がよくわかるようなふしぶしがあります。たとえば、日本と日本人は軍閥に占領されていたものだから、敗戦でパッとそういう連中がいなくなって、アメリカ軍がくると、おなじ占領だから、それも陸軍軍閥よりは紳士的だから、すっとうまく行った。一つの占領グループに代って、別の占領グループが来ただけのことですからね、日本国民にとっては。

まあ、あの時代は日本史上きわめて特異であるにしても、日本は、武によって統御すると、比較的安定する社会かもしれませんね。いまは馴《な》れぬながら、文によって成立している。馴れないから、何となく日本人は非常に退屈して、「これでいいのだろうか」「もっと緊張がほしい」と考えがちなのかもしれない。

欠けた侠の精神

陳　日本では昔から統制がとれていて、士農工商という身分制度もはっきりしています。中国には、身分制度がなかったですからね。官吏試験に合格すれば累進《るいしん》できる。ところが日本では、初めから秩序がちゃんとあって、みんなこれを利用している。動かしたらまずいから、何かを外国から取りいれるときも、ちゃんと選択していますね。儒教にしても、これは文と武との違いなのでどうしようもないのに、山鹿素行は儒教と武士道を関係づけようと努力している。こうして日本に入ってきた中国のモラルのうち、仁はまだいいとして、俠《きょう》という精神は、まったく犠牲にされてしまっているんじゃないでしょうか。日本でいう俠客は、博打《ばくち》うち、つまり一種の営利団体のようなもので、本当の男気は日本では育たなかったんではないでしょうか。侍道はあったが、これは俠道とは完全に違います。侍は君主に仕える。つまり上下の関係であって、俠は横の関係ですからね。友達のために死ぬということだから。

司馬　うん、うん。

陳　これは似ているようで違うんですね。日本では武士道は発達したが、その割合で俠はへこんでしまって、ほとんどないという気がする。

司馬　それは大きい問題ですね。俠とまでいかなくても、友《ゆう》というものが日本にはあまり発達しなかった。友情というのは非常に高級なモラルであるといわれだしたのは、明治以後で、この観念は、中国よりはむしろヨーロッパからとりいれたモラルですね。

陳　フレンドシップ……。

司馬　多分に翻訳的なもので。明治天皇の教育勅語に出てきている。それも朋友相信ジという範疇《はんちゅう》で、友義のためには命を投げだせ、というような俠にまでゆくものではないですね。俠の精神が日本に定着しなかったのは、それがあると、縦割りでできあがった日本の社会がこわれてしまうからでしょう。

もっとも例外的に横の関係が一時期ありました。戦国期の衆道ですね。男色ですけれども、戦国の衆道は、いやらしいものではなくて、衆道の関係を義兄弟と言い、たがいに助け合って、主君よりも衆道による義兄弟の方が上だ、というおよそ日本離れしたモラルが猛烈に興って、それが『葉隠』のなかにもありますし、江戸初期までその種の衆道による反体制事件が多かった。もっとも江戸期がしっかりするにつれて、この種の考え方がすたれてしまったけれど。

陳　戦国時代のほんの一時ありましたね。

司馬　戦国のころはいわば、社会が原型に戻ったような時代ですから、お互いにモラルを探しあわねば生きてはいけない。そういう厳しい時代には、多分に変形的なあるいは変質的なものだけれども、友か俠かに類似した精神がパッと出てくるんですが、江戸時代のように組織化された時代となると、俠はむしろ日本人社会をこわすかもしれない、ということで危険なものにされてしまう。日本は秩序維持がすべてに先行しますからね。

国益が優先する

陳　秩序維持といえば、今でもそうですね。やっぱり国益が優先して、例えば亡命を認めないですね。窮鳥懐《ふところ》に入れば、という心がないんですよ。国外追放処分をうけて本国に送還されれば明らかに死刑になると判っている人間でも、日本の法務省は送還してしまいます。

むかしからそうで、孫文も国外退去を命じられたことがある。戦前、ベトナムから亡命していたクゥオンデという王族を、フランス政府からの要請によって、日本政府はあっさりと追放している。終戦直後汪政権の要人たちが日本に飛行機で逃げてきたが、彼らはこれまでの盟邦であった日本の俠をアテにしたのじゃないですか。主席の陳公博は一高を出たが大学はアメリカなので、あまり日本を知らなかった。よく日本を知っていた周仏海などは日本へ亡命してもむだだと見とおしていたのですね。はたして、日本では行きがかり上、しばらくはかくまうが、あくまで面倒をみるつもりはなかった。

最近も台湾独立運動家を強制送還して問題になった。送還前に収容所で自殺した人もいます。そりゃ、自分の国で、よその国の反政府運動などをやられると、大そう迷惑しますよ。そんなややこしい連中は追放してしまえば、一ばん面倒がない。国益からいえば、追放が最上の策である。そして強制送還となる。法律的にそうすることになっている。とやかく言われることじゃないでしょう。しかし、これは、国家的に俠の精神に欠けているという、一つの表われじゃなかろうか。

司馬　ああ俠の精神の欠落か。そういえばそうだなあ。

陳　日本の国益に反するから、この男がおったら困る。それから先は知らん、という考えは、また基本論に戻るけれど、これは戦時体制ですよ。こういう奴がいたら困る、損か得かということが、すべてのものの判断基準になってしまう。

この間、アメリカをまわってきたんですが、例えば、ロスアンゼルスにリトル・トーキョーとチャイナ・タウンがある。黒人暴動が起きると、黒人は日本人街の店から略奪するんですね。日本人の店はズラリと並んでいるのに、一軒の店が襲われても、みな黙っている。隣り近所、シャッターをおろして知らん顔してるわけです。ところが、チャイナ・タウンには、黒人は入りこまない。みんなが出てきて、かえって袋叩きにされるから。

司馬　それが俠ですな。

陳　ペリー・メースンの作者ガードナーは、カリフォルニアでほとんど在留中国人専門の弁護士といってよかった。そのガードナーが、『奥の手の殺人』という、これはハヤカワでも訳されている小説の序文に、友人のために死ねるのは世界じゅうで中国人だけだと書いていますが、それがつまり俠ですね。

司馬　たまに、中国化しようとした日本人、例えば宮崎滔天《とうてん》などが俠の精神を振い立たさんとしたけれど、これは非常に少ない例ですね。

陳　そうですね。

発しにくい俠

司馬　ではどうして中国に俠が発達したか考えてみると、こういうことがいえるんではないか。中国人は親友を裏切らない、とか、非常に信がある、とかいわれる。それは、治乱興亡を経てきて判ったことだが、権力は必ずしも自分を守ってくれない。権力がすみずみまで及ぶには中国は広すぎますからね。だから、村落の共同体が、自分たちだけで守る。守るについて、内部的な秩序の孝をもって立て、対外的なものに対しては、俠をもって守りあおうとした。そういえるでしょう。

陳 ええ。

司馬 それとは逆に、日本はすみずみまで小権力がびっしりあって、それが連なった上に徳川期なら徳川幕府という最高権力がある。そういうなかでにわかに俠を発すると、隣り近所、親類みんなが迷惑するわけで、見殺しの習慣ができた。維新のとき、徳川家も徳川親藩、譜代藩ことごとく会津藩を見殺しにした。見殺しにしてからあとで可哀そうやと涙をこぼす。まったく俠を発しにくい。

いまの世の中でも、会社員は俠を発してくれては困る。同業種の会社が多数で競争していて、そのなかである社員が他社の友人にプラスになるようなことをすれば、利敵行為になってしまう。社内でも、同期の入社生同士が俠で団結すれば会社も組合もこまってしまうでしょう。とにかく日本社会には俠を発すると非常に困るような仕組がありますね。

陳 そういえばそうですね。日本の社会は緻密《ちみつ》でデリケートなんですね。そして、分を守っておれば、まず身の安全は保てる。中国はそれがないので、たがいに横の連絡をとる。商売ではギルド、生活面では秘密結社ですね。青幇《チンパン》や紅幇《ホンパン》など全国的組織だから、べつに縄張り争いはないが、日本はそれぞれ小さくまとまって、つまり小部隊的で、横のつながりがないので、ドスをふりまわさねばならない。任俠と称してはいるが、別物のように思える。戦闘による征服以外に、A組のヤクザとB組のヤクザは仲好くなれない。

司馬　日本のヤクザが任俠といっても、俠という文字をつかうのはどうもちがうんで、ヤクザの組の中で俠を発したりしたら、いっぺんに殺されてしまう。とにかく日本では俠を発しにくい。

陳　矛盾を来たす。

体制を信頼する

司馬　まあ、消極的な俠の精神というか、機能があるのは医師会ぐらいのものですね、内部的な互助機能という点で。ともかく日本の社会のなかの大ていの社会は臨戦体制的緊張のもとに組織化されているから、一つの異分子があっちを向くと、全組織がガラガラとこわれてしまう。むしろ俠は危険ですね。

陳　話がちょっと横道に入りますが、ユダヤ人はどこに行っても自分の伝統を守りますね。何千年も国を離れているし、ユダヤ人に対する抵抗も強いから、守らざるを得なくなっている。中国にも北宋時代にユダヤ人がやってきた。ところが、中国ではユダヤ人は溶けてしまった。痕跡がないんです。中国では異分子に対する抵抗はありませんからね。宗教にも寛大というよりは、無関心に近く、ユダヤ教でもなんでも勝手に拝めばいい。抵抗がないからユダヤ人も守る垣を作らずにいたんですね。世界でユダヤ人が溶けてしまったのは、中国だけです。

司馬　痕跡もありませんか。

陳　ええ、痕跡もないです。

司馬　大集団で渡ってきたんですか。

陳　かなりの集団できてますよ、学者の説によれば。中国の家族制度がそうさせた、とか、イスラエルの習俗よりも居心地がいいんで、ユダヤ人であることを止めてしまったとかいわれています。

これはいわば中国の横の関係の強さを示す実例ですが、その反対に、中国人が日本人を見ると、縦の関係の強さに驚くわけですね。

司馬　例えば？

陳　戦後、中国人記者として日本に一番乗りした『大公報』の王芸生《おううんせい》記者が、帰国してリポートをまとめた。終戦直後の日本訪問記ですね。彼が一番驚いたのは、食糧事情が悪いため、みんな飯を食わんで青い顔をしている。ところが、子供だけは頬っぺたが赤くて栄養満点だ。これは大人が犠牲になって、子供に飯を食わしているのに相違ない。日本は偉い国だぞ、と書いています。彼らは次代に託しているんだ。子供が親を敬う、というより、親が子供の犠牲になっている、と。

司馬　ははあ。

陳　こういう精神が、欠けている俠の穴埋めをしているんではないでしょうか。中国では、大人が青い顔をしていたら、子供はもっと青い顔をして、痩せこけている（笑）。

司馬　そう、孝ですから（笑）。

陳　それなのに、日本の子供はふとっている、と、日本に留学したこともあるこの記者は、あらためて驚いているんです。

司馬　しかし、よくも買いかぶってくれましたな（笑）。

陳　どうしてそうなのか判らん、という書き方でしたよ。

司馬　たしかに、次代に託するという考え方は、日本人の土壌の中に昔からありますね。別に高級な精神でもなんでもなくて、環境が生んだ習慣でしょう。自分は痩せ衰えても息子を東京の大学に入れよう、という式のエネルギーが明治後の日本をうごかしてきた。

陳　これまたアメリカの二世の話になりますが、大学進学率は、チャイナ・タウンと比べて、日系人の方がはるかに高い。中国人は頭が良ければ大学にやる。悪ければコックにさせるとか、割合子供に冷たいんですね。

司馬　日本国中どこでもそうだが、大学へ行くということは、さっきの臨戦体制に……。

陳　組み入れられるということですね。

司馬　自分は土地ブローカーとして金は儲かっている。しかし子供は安い月給でもいいから、それへ組み入れたくない、と親は思うわけですね。横の関係に歴史と伝統があれば、そうは思わないのですが、その横の関係は存在しない。鳶職《とびしょく》は日当四千円とっている、それなのに鳶職の父親は、子供が東大を出て三井の社員になって安い初任給を得ることを望んだりする。日本人は、組織や体制を非常に信頼するようにできているんですね。

陳　信頼しなければ生きてはいけない。つまり、日本人は騎馬民族なんですよ。

会社も臨戦体制

司馬　日本人の祖先は騎馬民族だというのは、江上波夫氏の説だけれども、騎馬民族という概念で日本人の一つの輪郭が描けそうですね。日本語は単純にいって北方のウラル・アルタイ語であることは、モンゴル語を一年でもやれば感覚として判りますからね。なんといっても騎馬民族は強い。

ジンギス汗《カン》はどういう英雄であるかは別として、あれだけの組織があれば、戦に勝てます。老人は一番殿《しんがり》で、若者が先登に立つ。システムそのものが草原を前へ前へと進軍してゆく。その中の個は、そのシステムの中にいることでやっと成立しているわけで、そこから外れたら、これは、えらいことになる。自分だけ草原に置き去りにされたら、という恐怖心があるから、システムと一緒に進まざるを得ません。システムが進んで、町を呑みこんでしまう。住民を虐殺し、また進軍する。別に虐殺するのが楽しみなのではなく、そのグループから蹴落されるのが恐ろしいからついていくだけの作業なんです。

騎馬民族というのは、そういうものでしょうな。

陳　日本の政党の派閥にも、そういう傾向がありますね。自分が安心できるシステムを作らないと気がすまない。

司馬　そう、派閥そのものには、それほどシャープな利益があるかどうか。自民党の派閥の中で、大臣になりうるチャンスがある人間は、何人もいないのに、それに属していねば、安心できない。

陳　大会社にもあるでしょう、派閥は。

司馬　その派閥という問題も、騎馬民族的にいえば非常に問題がある。例えば、ある会社を慶応閥で押えておった。社業が安定している時代はそういう学閥も共同社会のようなもので、そこで社内生活を楽しむことができたんですが、ところが、社業が左前になって危機に直面したときに、会社全体がするどく臨戦体制になり、派閥が消えてしまった。が、その後社業が安定すると、また派閥ができた。その繰りかえしみたいななかに、日本の社会形態の一つのルールがあるんじゃないでしょうか。

陳　日本の経済は、いわば、企業間のシェアの取りあいで発展してきた。これは戦争と同じですからね。土俵のひろさが手ごろだとよけい熱中できますね。ぼくら子供のころ、陣取りという遊びがありましたよ。親指を軸にして、指をひろげて円を描き、それで陣地を取って行く。誰が一ばんひろい陣地を取ったか。こんな原始的なゲームは、このごろの子供はやらんでしょうが。

司馬　シェアという観念は、日本人のメンタリティの中では、どういうものだとお思いになります。

陳　やはり、天下取りじゃないですか。

司馬　領地をふやしていく……。

陳　それを集団でやるんですね。企業間で戦争をしているんだから、企業のエゴイズムも出てくるわけです。臨戦体制だから。

行列の巧い日本人

司馬　なるほど。外から日本を見て、日本は軍国化しているなどといわれるのも無理ないかもしれないな。例えば、日本の大会社に銃と大砲を持たせると、そのまま軍隊になりますね。松下電器などはいい会社で、社員が一所懸命働いている。社の組織もじつに機能的で、企業の目的に対してむだがない。それを塀ごしにのぞいて、濃いフィルターのめがねでながめると、いかなる国の軍隊よりも組織的精度が高くて、強そうですなあ。

戦闘意欲は旺盛で、あのまま軍事的に転換しても戦争ができそうな気がする。それは冗談だが、外国人が日本を見るとき、そんな目で見ると、そう見えてくるかもしれない。

陳　外地にいる駐在員など、眼の色変えて働いてますからね。外国人から見れば、これはただ事じゃあない、と思えるんじゃありませんかね（笑）。失敗して、国に帰ったら、しばり首になるんじゃなかろうかと（笑）。

司馬　そう見えるやろな（笑）。

陳　ことに欧米の人たちにとってみれば、何であんなに働かねばならないのか、不思議に思えるでしょうね。そんな国で、日本の観光客が行進をして、しかも添乗員がビシビシやっていたら、脅威じゃないですか（笑）。

司馬　アメリカ人の記者の眼に映った万博の見物客についての記事が、このまえ新聞にのっていましたね。開門と同時に、待ちかまえていた見物客が血相を変えてなだれこんでくる。どうなることかと見ていると、ガードマンが「止まって」と叫んだ。すると突撃中の群衆がピタッと、止まった（笑）。

陳　行列がうまいのは、日本人とドイツ人でしょうね。

司馬　日本人がうまいとおっしゃるが、大阪人は下手ですぜ。下手というより、行列をお行儀よく作るという精神構造になっていないんですね。東京の国電や地下鉄で、お客の巧みな行列ぶりを見ると、ぼくなんか、大阪で暮らしているだけに、恐怖を感じますね。これは、東京と戦争したら大阪は負けや（笑）。外国人から日本人をみたら当然、思うはずですね（笑）。

陳　神戸人として同感です（笑）。

軍国化の可能性

司馬　ところで、日本人は若い部分から変りつつあるとお思いになりませんか。

陳　なにか、このごろ判らなくなりましてね（笑）。若い連中はちょっと表からみても判らんですからね。香港にいくと、日本の観光客が沢山いるでしょう。四十歳すぎの連中は、日本人だと、すぐわかります。ところが二十歳くらいの連中は判りませんね。世界各国同じような格好をしていますから。香港でテレビを見ていて、ああ日本から来たグループ・サウンズだと思っていたら、広東語で歌っている（笑）。格好では判りませんね。しかし、メンタリティの面では、そんなに変るもんかという気はしますね。

司馬　戦争に負けて、わずか二十何年だから……。

陳　しかし、やっぱり、騎馬民族の変り身の早さも、現われているかもしれない（笑）。

司馬　まあ、ともかく、外国人が日本の軍国化への可能性をいいたがるが、われわれからみればアホかいなといいたいことであるけれども、外からみれば日本は躍起の形相《ぎょうそう》であるらしい。もともと躍起の形相というのは、日本の宿命のようなもので、こんな狭い国土で大きな人口を養わねばならない。そういう政治上の絶対的な命題が、日本にありますね。江戸時代でも割合大きな人口を養ってきたし、誰だったか、耕して天に至ると……。

陳　李鴻章でしたか、その幕僚でしたか。

司馬　瀬戸内海の島が頂上まで耕されているのを見て、そういったんですね。水田耕作で、可能な範囲で土地改良をして、平安朝の初めから、営々と改良し、耕してきた。米は、あれはあれなりに完全栄養食品だし、日本には米がとれるだけの気候条件、台風がやってくる、梅雨があるなど、日本は狭いわりに大人口を養えるような風土がありますね。ありますけれど、大人口を養わねばならぬという至上の命題は、時には強迫観念になり、時にはそれが、国家行動の正当理由となって、侵略を思い立ったこともあった。中国も大人口ではあるが、そんなに逼迫感《ひっぱくかん》はないでしょうな。天と地が人間を食べさせてくれているということで片づいている時代が長かったから。

陳　中国の場合、土地が広いという安心感もありましたからね。ところが日本の場合、数の上で人を恐怖せしめるものがある。

中国はまだ青春時代

司馬　ところで、中国人と日本人と端的に違うところはどこでしょう。

陳　中国人は現実的で、フィクションを認めない。

司馬　それに中国人は欲望を肯定するでしょう。儒教にしても、禁欲的ではない。

陳　ストイックなものじゃありませんからね、儒教は。

司馬　現実を認めるんですな。お妾さんが百人いても、君子は君子でしょう。

陳　かまわない、かまわない（笑）。

司馬　そのへんが中国の魅力だな（笑）。

陳　それと根本的に、中国人は自分の生活を変えませんね。日本人はその逆です。

司馬　いってしまえば〝中華思想〟ということなんだろうけれど、もっと根の中にズシンとしたものがあるんでしょうな。

陳　そうですね。中国は、振い落して方向転換するには、何か重いものをかついでいるような気がします。明治維新にしても、日本の方向転換は早かったでしょう。最初に警鐘を鳴らしたのは洋学者、外国の学問をやった連中ですね。しかも医者が多い。中国の場合、日本の洋学者的立場にあるのは天文暦算の徒ですが、天文学などをやる人たちは、仙人みたいに、世の中と交渉をもちたがらん。そういう人たちは、すこしは西洋が判っていたんですよ、洋学をやっていたから。

しかし、警鐘を打ち鳴らそうという気にはならなかったんですね。ではなぜ中国の医者が洋学をやらなかったんだというと、中国では漢方医学というお荷物が重すぎた。一般庶民も外国のものは信用しないんですね。命を預けるなら、何千年もやってきた漢方医学で治してもらった方がいい、と。余分なものではあるが本質的なものと繋《つな》がったものは、切り落せなかったんですね。

司馬　そこへいくと、日本はずいぶん尻軽のようで（笑）。

陳　切り落すときには、かなり大きな手術がいる。そこで何もできずに、文化大革命まで来てしまった。

司馬　文化大革命とは、科学主義中国にとって邪魔な部分は、たとえそれが原中国的なものであっても切り落してしまうというものでしょうね。

陳　明治維新を日本の青春だとすれば、中国の青春時代は長いですね。まだ終っていないという感じがする。

司馬　辛亥《しんがい》革命以来ずっと。

陳　火がついているのかどうか、消えちまったんじゃないかと思わせながら、手をふれてみると熱気がある。まだくすぶっているんだというふうに、炎が出るまでに時間がかかる。いったん炎があがっても、すぐにはひろがらない。第二革命、第三革命、そして四、五と、てまがかかる。明治維新のときのように、パッと燃え上がらない。つまり、大軍団の不器用な旋回ですね。

司馬　なるほど。まだ終っていないというのは、これはもう揚子江の規模やな。

（『文藝春秋』一九七〇年十一月号）

富士正晴×司馬遼太郎

〝サル〟が背広を着る時代

一九七〇（昭和四十五）年十一月

富士正晴（ふじ　まさはる）

一九一三（大正二）年生まれ。作家、詩人。三十一歳で応召。復員後は島尾敏雄らと同人誌『VIKING』創刊。「敗走」「徴用老人列伝」で芥川賞候補、『帝国軍隊に於ける学習・序』で直木賞候補となる。六八年『桂春団治』で毎日出版文化賞受賞。八七年逝去。

司馬　春早々にけったいなお人と対談するわけやなあ（笑）。いちど富士さんとこを訪ねて、こっちは方角音痴で往生した。あれは大阪府地図をみると、摂津国の北部の山なみがずっと南へおしよせて平野になる台地みたいな所に、安威《あい》という縄文時代からあったみたいな村があって、そのなかの、弥生時代からあったみたいなワラ屋根があんたとこの家や（笑）。表通りの街道、あれは戦国時代の感じやな。その街道わきの、ドスンと落ちたような谷みたいな所があんたとこの家や。竹藪があって、そこへ入るとどこからどこまで富士家かわからん。それでウロウロしていると、いつのまにか、あんたのすわっている三畳の間に入っている（笑）。どうも何度行っても関係位置が頭に入らん。

富士　塀《へい》が立ってへんからな。竹藪のない所が俺とこや思うたらええんやけど。でも俺とこの竹藪も裏にあるんやで。ちょっとだけやけど。

司馬　あれ、富士家の藪かあ。

富士　いや……借りてるわけやけどね。

司馬　しかし、あのワラ屋根ええなあ。ワラの中からイタチやヘビが顔出しよるそうやな。

富士　残念なことに、このごろはちょっと減ったけどな。昔は、俺の机の上でヘビがトグロを巻いてたこともある。

司馬　文鎮みたいやな（笑）。

富士　それから、シマヘビが交尾しよる。あいつら、恋愛のとき、庭じゅう駈けめぐるんや。人間と同じで、雌が逃げよると、雄が追う。それを一日中やって、それから本番にかかる。

司馬　ふーん。

富士　あれ見てるとおもろいで。波が波に重なっていくわけや。片っ方の躰《からだ》に片っ方の躰が波みたいになって乗っていくと、こんどは片っ方の躰が前に乗ってきた奴の躰に乗って、波みたいにからんでいくわけや。からんで、からんで、ダンゴみたいになって、それで終りや。

司馬　へーえ。

富士　ヘビいうものはおもろいもんや。

司馬　イタチも相変らず……。

富士　大きいのがいるわ。

司馬　朝鮮イタチやな。

富士　朝鮮イタチや。

司馬　あの連中、戦後にはびこりよったなあ。朝鮮イタチがわっとふえて九州からずうっと津軽のはしまで日本イタチを駆逐してしまったそうやけど、日本イタチはどこかへ行ったのかなあ。

富士　多分東国へ行ったんやろな（笑）。ところで、俺ん所の風呂な、洗い場がセメントでこしらえてあった。だんだんヒビが入って、そのうち「チューチュー」いい出したんや。どうもその下でイタチが子育てしとるらしい。ネズミやったら人がうろうろしとるのに、平気で「チューチュー」とはいわへんねん。そこらへんにビニールの端が放《ほ》下《か》してあるやろ。それをくわえて入るわけや。

司馬　ベッドにするのやな。

富士　何やわからん。上から水漏ってくるから傘にするのか、それはわからんで（笑）。そしたら、そのうちフッとおらんようになった。音がせんようになった。そやから、ビニールで子供を包んで持っていったんやないかっていうとったんや（笑）。

ネズミと人間

司馬　タヌキは？

富士　タヌキは聞かんな。キツネは昔おったけどな。殺鼠剤《さつそざい》をネズミが食うて、そのネズミをキツネが食うて、それでキツネが多数死《ようけ》んで……。それからもうおらんな。十八、九年前までは向かいの竹藪で啼《な》いとったんやけど。安威河原でようけ死んでおったそうや、ネズミを食うて……。

司馬 ええ面の皮やな。

富士 人間ちゅうやつが出てきたらあかんねんて、たいていの動物は。人間が出てきて強うなった動物いうたら、ネズミやろな。

司馬 うん。

富士 ネズミと人間、よう似ておるわ、タチが悪うてな。

司馬 どっちもへんに適応性がそなわっていて。

富士 恐ろしいわ。ネズミの寿命がもうちょっと長かったら、人間やられるで。あいつら寿命が短いんや。大学コ行かれへんのや（笑）。何でネズミが人間にかなわんかっていうと、あれは学校教育受けられへんいうことやねん。これが長いこと考えて出た結論や（笑）。

司馬 そういうことかもしれん（笑）。

富士 手で物を把えることもできるし、人間の次はネズミの時代やいうてる人もいるが、ネズミが人間より寿命が短いいうのは、これはいかんともしがたいわ。それともう一つ。人間が死んでしもうたら、人類が滅びてしもうたら、あいつら保護者がないようになるねん。人類がおるさかい、敵のキツネもイタチも死んでくれるわけやから。

司馬 なるほど。

富士 いまは、ネコの子みたいなネズミがおるもん。電灯つけたって、ゆうゆうと歩いとるで。こっちゃ見もせんとな。人間がおらんかってみい、イタチやタヌキ、みんなふえるよ。あいつら安閑《あんかん》としてられへん。あいつらは人間がおらんとあかんというので（笑）。

司馬　やっと人間として優越感を持ったとこやな。

富士　滅びはせんけど、まあ減るなあ。人間がおらんようになったらトンビもカラスもふえるもん。ワシかてふえる。アメリカでワシの卵の殻が柔らこうなって孵《かえ》らんと大騒ぎしとるやろ、農薬のおかげで。抱きよるうちにつぶれるんや。人間さえおらんようになったら、そういうことがなくなる。そうしたら知らんぞ。ネズミの運命やいかに（笑）。

教育ママの終り

司馬　ぼくは大将とつき合いが古いからよく知っとるけど、富士さんは安威の里に好んで住んどるのやない、気取って住んどるのやなくて、いろんな住宅事情で……。

富士　泣き泣き住んどる。

司馬　知らん人なら、これは竹林の七賢かとか、何や知らんけど隠者めいてるとか曲解しよるだろうな。実はしょうないから住んどるわけやな。

富士　しゃあないわ。儲《もう》けは悪いしな（笑）。でも電話があるしな、幸いにして。電話があったら退屈もまぎれるし、それでだんだん動かんようになってしもうたんや。

司馬　あんたの退屈には近所としては閉口するなあ。おれは退屈しとるといって、夜中の十二時になると、二日に一回はあんたから電話がかかってくる、退屈しのぎやいうて。とうとう退屈についてエッセイまで書いて（『思想の科学』昭和四十五年十一月号）それもえんえんと長大なる論文やな（笑）。こんな長い退屈論を書いたら、畳が凹《へ》っこむやろと思うて読んでいると、読んでいるうちにだんだん退屈ということはなんやえらい尊いものやと思わされてきた。ほんまに退屈か。

富士　退屈やろなあ。

司馬　人ごとみたいやな（笑）。

富士　ようわからんで、自分の状況いうもんは。人に見てもろうたら、ああ、あいつは退屈しとるらしいとわかるけど、退屈きわまったら、退屈かどうかわからんで。ことにあんなとこで、人とあんまり接触せんとおるやろ。すると、自分がだんだんとわからんようになるよ。

司馬　ほお。

富士　ほお、てなもんや。わからんのや。いろいろな人間がおると、それを視点にして自分を見られるやろ、そいつの反応を見ながら。何もなかってみい。しゃあないから、電話かけるわけや、あれではかってるわけよ。

司馬　ところで、あんた、嫁はん評論家やなあ。電話をかけると、たいてい最初に嫁はんが出てくる。あそこの嫁はんはおれの心を読みよったとか、むこうの嫁はんは才覚がありすぎてこわいとか、だから、いかなる社会生活者よりも嫁はん通になる。すくなくともあんたの非常に数すくないコミュニケーションの重要なポイントにほうぼうの家の嫁はんがおるなあ。

富士　おる、おる。いろんな嫁はんと付きおうとるよ、電話で（笑）。そこで感じたことは、昔と今では嫁はんが変ったなあ、ちゅうことや。教育ママの時代は過ぎたということや。一所懸命教育ママになっても効果がないことが、このごろわかりかけたやろ。五人か四人に一人が大学生なんやから、もう大学に行かしても何もならんということが、ちょっとわかりかけてきたと思うわ。

司馬　ふん、ふん。

富士　大学行かすより、大工や左官にしたほうがだいぶ儲かるぞということを考え出す時代が、もう二年ほどしたらくると思うな。

司馬　それがわかったとき、日本が開けるときや。

富士　ああ、ようなるわ。

司馬　いまは、まだそうはいかん。

富士　いまはインテリ時代や。背広着て、ネクタイしてるのが偉い思うとるねん。

司馬　偉いと思わんでも、安心しよる。まあ戦後の日本は無階級社会みたいになった。戦前は何のかんのいっても、村々や町内にはいささかの身分差別はあった。しかし、完全な無階級社会は、いろいろ不都合があるんやね。たとえば長良川の鵜飼《うか》いの鵜でも、並ぶときは年功序列があって、間違《まちご》うて真ん中に入ってきた奴は、押し出されるそうやが、人間も、たいした生物でない証拠に、序列がないと安定できんというような特徴があるらしい。そうかといって、いまは無階級社会だから、ママたちとしてはよりどころがない。で、ウチの子供は東大で、おたくの子供は慶応だから、ウチのが偉い。すなわちわたしのほうが偉い、ということになる。

富士 それが不思議や。

司馬 あれが階級代替物やて。いまの日本社会は、えらい進みすぎて人間の秩序文明というのが崩れとるからね。つまり、その意味では原始時代にもどった。どう考えてもモラルの面では原始時代や。だからごく自然に母と子の関係が動物的なものになる。ぼくの知り合いで、六十歳くらいのおばはんは、これはえらいおばはんで独立独歩のみごとなところがあるのやが、息子のことになるとあかん。終生の望みは、息子にモーニング着せて、自分は花嫁衣裳を着て、婚礼写真を撮ることや（笑）。

母親というもの

富士 そうなると気持悪いな。しかし、正直なことというたねえ、そのおばはん。母親というのは、息子と結婚したい欲望も相当あるのが多いとちゃうやろか。

司馬 多い、多い。

富士 クマの母親は、子グマが成長すると、抱かれて、それから別々に生活しはじめるそうや。ほんまかどうか知らんが、本にそう書いてあったわ。それなら近親結婚が多すぎて、クマがけったいになるやろ思うけれど……そんな本を読んだら、人間の母親は恍惚《こうこつ》とするのとちゃうか、わたしはクマになりたいいうて（笑）。

司馬　たとえば、田舎から子供を東京の大学に出す。すると二月か三月に一度は、そういう母親がグループ作って東京へ洗濯にゆく。二十歳すぎて、自分のパンツも洗えん男は古来おらなんだはずやのに、いまの母親、それを許さん。母親としては、手ざわりでいつでも子供をさわっていたい。パンツ洗いたい。こうなると教育ママという流行語は古いな。何やろ。やっぱりクマや。

富士　つまり、触覚と嗅覚に頼って生きとるんやね。人間の女は、動物の一番原始的なところが脈々と生きとるやっちゃからな、生活力が強うてかなわんわ。

司馬　江戸時代は違うなあ。ぼくは昔ばなしがきらいやし、江戸文化を何も礼讃するつもりはないけれど、しかし文明が秩序美であるとすれば、日本の文明は江戸時代で極まって、それで終ったのかいなと思うな。あの時代は文化があって、母親はこうあるべきものだとか、べきものというのがちゃんと決まって、堂々としている。その秩序美もしくは秩序悪のために、母親は涙を暗然と流しとるね。タブローの不自由さの中に画家の精神が押しこめられて、はじめて光輝を発するものだとぼくは思っているけれども、われわれの社会は幸か不幸かタブローがはずされてしまって、精神の光輝がなかなか出にくくなっている。まあもう一度、鳥や獣を追っていた時代に戻ったというような感じやな。

富士　そうや、現代はサルの時代やね。つまり、サルの時代というのは、そこに生《な》ってるものを取って食うだけで、栽培はせえへん。いまの日本人は、生っとるものを取って食うみたいな感じやろ。花があったらちぎる。そこらに生っとる実でも取っていく。自動車が停まっておったら、部品を取っていく。みんな、そこにあるからいうことで何でも取っていくねん。

司馬　弥生式農業以前やな、そうなると。採集生活やな（笑）。

富士　おサルさんみたいになってるねん。みんな、背広を着てサルになってはるねん。

司馬　その通りや。

富士　月給かてな、ようけもらったらええ。そやから、なんぼでも上げ上げや。それを蓄積してどうこういうことはあらへん。あるもんはもらわなんならんという気が、今ほどきつい時はないで。会社つぶしてでももろうたらええ、次の日、路頭に迷うてもかまへんようなとこがある。

人間と金銭

司馬　ほんまにある。ぼくは河内平野に住んでいる。ほんの数年前、この国（河内）の真ん中に中央環状線という、飛行場みたいな大きな道ができるというので、そのあたり一帯に土地の買収があった。それでえらい金が農村に落ちた。ぼくが百姓でも、そんなに金をもらったら再生産に使う方法を知らんからこまると思うのやけど、百姓というのはぼくとあまり変らん。どう仕様もない。結局は博打《ばくち》やな。あちこちに賭場《とば》が立って、一時はえらい賑わいや。みな腹巻に百万円ほど入れて、村からハイヤーをよんで、それも親だけで行くのやったらええけど、息子は息子で行く。

富士　親子づれか（笑）。

司馬　それでスッテンテンになったが、ところが総合所得税というものが翌年にかかるということを知らされておらなんだ。自分が住んでる家屋敷を売らんならん。そんなふうに国からえらい大金をもらって、翌年はスッカラカンのところへ、総合所得税というので国に巻きあげられて、いま釜ケ崎におったりして蒸発同然になっているのが何割もあると、府庁の買収係の人がいっておったな。こんな可哀そうな話があるか。国という繁栄と公害のモトジメが、とほうもない大金をどかっと落すことによって、かれらの生活の循環をブツブツに切ってしまう。このごろトンボがおらん、キツネが河原で枕をならべて死んでいたようなことと同じことやね。

富士　いわゆる生態学の問題や。人間の世界にも生態学があるねん。金をようけやったさかい、そないなっちまう。こわいもんやなあ。万国博のときも、売りとうないと抵抗しとる農民から土地を買いあげた。むごいことしよると思うたで。あと、金持って途方にくれとるやろな。銀行に預けといても次の年に、シャーッと税金取られるさかい、えらい損したような気するしな、気分的にええこと一つもなしや。するといってもせいぜい家の建て直しや。

司馬　うん。

富士　すると、こんどは、子供らがその金狙うて争いだす。それまで親父《おやじ》と子供のコミュニケーションうまいこといきよったのに、金でまずくなっていったりな。人間ちゅうのは、そいつそいつの器量に従って使える金がある。器量以上の金がボカッと来たら、ウロウロするわな。俺なんかどうしたらよいかわからんな。ハタと困る。

司馬　あんたとこならワラ屋根のイタチの出てくる穴を、屋根屋をよんでちょっと押えたら、もうそれで使い道は終りやな（笑）。

富士　わかるのは、それくらいまでや。

司馬　ところであんたは貧乏やなあ（笑）。

富士　何を言やがる（笑）。

司馬　あんたがいまどき珍しい貧乏やということは、それはどういうことかいな。

富士　ふつうは、出《い》づるを制して金貯めるやろ。俺は出づるを制して、入るを制しておるのや。つまり、あんまりようけ金が出んようにして、それで、あんまりようけ仕事せんでもええようにしとるわけや（笑）。

司馬　なるほどなあ（笑）。

富士　もっとも、今の世の中では、出づるを制するのもむつかしいけど、入るを制するのも、ものすごうむつかしいねん（笑）。相手を怒らしてしまう。

司馬　しかし、入るを制することがはなはだしいようにも思うな（笑）。
富士　いや、そうでもないて（笑）。
司馬　いまの世の中というのは、あらゆるものを商品にするという前代未聞の時代やから、貧乏であるということさえ、商品にするんやぜ、ジャーナリズムというのは。きょうの対談みたいに（笑）。

中国と元日本兵

司馬　貧乏といえば、あんたも貧乏な戦争に出かけたなあ。あんたの部隊というのは、シナ大陸をどたどた歩いてばかりいて、どこか北支のあたりから、ビルマへゆけといわれて、それでどんどん歩いて、戦争もせずにビルマのあたりまで歩いて、そこまでやっとたどりついたら、こんどは上のほうが気がかわってもとへ引き返せといわれて、歩いてばかりいるうちに戦争が終ってしまった。本当に人畜にあまり害のない戦争経験やな。
富士　いや害はあったでえ。途中ブタなんか食うとる。
司馬　ああ、畜の方か（笑）。
富士　人には何もせなんだ。
司馬　まあ四百余州を歩きまわったおかげで、あんたは中国人は偉いといい出したわな。本当に骨身にしみてそういってるなあ。
富士　ぼくは、向うの爺《じじい》に感心したね。

司馬　ふーん。

富士　南雄の近所、大庾《たいゆ》と南雄の間だったかな。そこで苦力《クーリー》がみんな逃げてしもうた。捕えて、部屋に入れて、前から部隊にいる少年苦力に監視させていたのやが、みんな、レンガを抜いて逃げよる。監視の少年は、やっぱり同じ国の人やもん、黙認しとる。兵隊も黙認しとる。少年苦力を殴ったりはせえへんわけや。そやけど荷物担ぐやつがおらんと、部隊は出発でけへん。で、中国人を捕えに兵隊が行った。屈強な奴は逃げてしもうて、爺さんばかり捕まった。爺さん、悠々とつれてこられるねん。何とも思うてへんみたいな顔して来よるねん。

司馬　ああ、目に見えるようやな。それが中国人や。

富士　何とも思うてへんみたいな顔をして来よる。で、タバコを吸えって袋ごと差し出したら、取った爺さんは片方を長く、片方を短く二つ袋の口からのぞかせて、長い方をこっちゃへ渡す。長いほうが偉いものが吸うことになるんで、一種のエチケットやな。礼儀がものすごう正しいねん。これは敵《かな》わんな思うたね。やっぱり礼儀の国やいう感じがして、それでいかれたんやな。

司馬　まったく中国へ兵隊で行った者はヨワいな。あんた、それほど中国人や中国の風景が好きやのに、もし機会があってもおそらくよう行かんやろな。

富士　よう行かへん。

司馬　ぼくも人畜に害をあたえた覚えはないが、行くのは億劫《おっくう》やな。

富士　ちょっといややな。そいつらの米食うて……。それは日本の政府がいかんねん。食うもんくれへんかったさかいにな。アメリカの軍隊みたいに、バーッと食料落してくれたらいいねん。そんなものなしや。食うもんくれず、着るもんくれず「行けッ」やろ。しゃあない。食わな死ぬから、米とって食って、せっかく中国人が大きくしたニワトリとって食って、ブタとって食って、何でもみんな食うてしもうた。

薪がないときは家こわして焼くやろ。早う飯炊かんならんときは、薪で炊いておったら遅いから、箪笥《たんす》で炊く。よう乾燥しとるからな。それから、来年に蒔《ま》こう思うとるモミまで取って、馬に食わしてしもうた。それはえらい被害やで。そのために、日本兵が直接殺さんでも、飢死しとるのがようけあるわ。

司馬　うん。

富士　いややねん。景色は好きやけどな。けど、行って「あの時は済まなんだ」と平身低頭してあやまる気もないねん、実をいうと。

司馬　日本の兵隊もまた災難で行っとるんやからな。

富士　あやまる気はないけど、済まんという気はあるわけや。そこで涙を流してあやまったって嘘やがな。行きにくいわ、やはり。

司馬　行かんほうがええな。ところで国交回復しても行かんか。

富士　さあ……国交回復したら、ちょっと話が違うてくるけどな。その時にならなわからん。

司馬　政府が筋を通してくれればなんとか行ける。いまの政府の人は、鉄砲かついで中国の村々を荒らしまわった体験のない老人たちやから、きれいな頭で筋通しの外交をやったらええ。

富士　そやなあ。

日本という国

司馬　ところで、あんた、飛行機に乗ったことがあるそうやな。

富士　ある、ある（笑）。

司馬　いつ乗った。

富士　三、四年前、四国放送に行った。飛行機いうのはおもろいな。ピューッと「行くぞ行くぞ」いうて走っていきよる。おもろいでえ。それからずうっと上がっていくやろ。上がっていったら「ベルトはずせ」それで飴くれよってん（笑）。それ食うて下見ておったら、飛行機の翼の所に、毛糸がひっかかっとる。ピラピラしとるねん。そしたら、だんだんブリキみたいな気がして、底が抜けそうな気がしてなあ。しかし、上から見ると、日本は山ばっかしや。平野いうたら少ししかなくて、まるでミニスカートやな。広い山地の裾《すそ》にちょろりひらりと形だけの平地がついとる。まるでミニスカートや（笑）。

司馬　まことに心細い山河や。

富士　そこに三本も四本も自動車道路つくり、高速列車のレールを敷いとる。ちょろりひらりのミニスカートの上に、人間が群がって暮らしとる。しかもマジメ人間ばかりウヨウヨしとるんだからな。

司馬　ふうん。

富士　日本人は、簡単に正義派になって、ほんまに正義の味方や思い込むところがあるわな。少し悪人かいなと思うとる奴にはユーモアがあるけれど、俺はまったくええのや思いよるさかいに困るわ、日本人は。全共闘にしてもそうや。「俺はまるまるええのや、センセはまるまる悪いのや。コラオ前ッ」ってやっとるやろ。

司馬　人相が浅ましいほどに変っている。

富士　人間ていうのは滑稽なものであるいうことを常々思うべきなんや。……滑稽なものやで、人間のやっとることは。俺は絶対正しい思うとる奴ほど敵わんものはないな。

司馬　うん。

富士　自分の弱点を知っとる奴でないと、敵わんわ。そう思わんちゅうことは、つまり頭脳構造が簡単や、いうことやからね。

司馬　アジアの東のほうの地域でいえば、日本人の混血の割合というものはずいぶん複雑で、だから、日本にはいろんな面白い人間がいるんだが、しかし政治的正義というものに取り憑《つ》かれると俺だけが正しいという狂信的グループができあがる。それが群れると集団発狂する。こんな血のお里はどこからきたのかなあ。幕末の長州というのがそうだけれど、日本人のあの方面のお里というのはどこやろ。

富士　不思議やね。

司馬　その点では、興ざめするような民族やね。

富士　ほんま、我が民族は興ざめするところあるで。けど、しゃあないな。あの中に生まれてるさかいな。

司馬　戦争に負けた当座は、興ざめいうたら、偉そうにいうないうて、怒られそうやしなあ。そのきざしもたくさんあったけど、しかし負けたことを知らん若い衆が出てきたら、また元通りになってしまった。ぼくは昭和二十年代から最近まで学生運動をさんざん見てきたけれど、どうも戦争きちがいの顔つきがちかごろ出てきたな。

大正と明治の差

富士　それはいっちゃ悪いわ。大正人間は中学校出るころ、就職難をヒシヒシ肌《はだ》で感じたやろ。「大学は出たけれど……」という映画はあったし……。ところが、いまの人間は失業がないねんもの。しかもうまいもの食えて、エネルギーはいっぱいあって、食えるのは当り前や思ってるのや。就職でけるのかて当り前や。しかし興ざめやね。そういう連中がどのへんでけつまずいて、どないなるか。けつまずいたら、ダダこねて、地面にひっくり返って足すりむくようなことするやろう思うてるねん。あそこらへん、どないなるやろうなあ。学校教育が悪いいうても始まらへんし、親の教育が悪いいうても始まらへんで。それに、教育できるような代物やなかったことも事実やもんな。
司馬　うん。
富士　時代もそうやし、いまの親の世代はよ う け 死んで、自分らも心細うなってるから、子供が可愛いて大事にしすぎたわな。
司馬　それはそうやな。
富士　若い衆を育てたのは大正人間やろ。大正人間いうたら、気の弱い所があるねん。
司馬　心細いところがある。
富士　人間いうても動物といっしょや。大正の奴には、同輩が少ないいうことがひそかにわかっとるねん。肌で知っとる。そやから大正のやつは反省心が強くて割にシュンとしとる。明治の奴は、あんな悪いことをしておいて、自分では悪い思うてへん。大正の奴らの戦争の仕方が悪いぐらいに思って、それで威張っとるねん。昭和に生まれた奴は、もっぱら大正が悪いいうて責めにかかっとるし、大正の奴こそ災難や。人数が少ないし、上からも下からも攻めてくるし……。
司馬　大正生まれのなかでも大正七、八年生まれというのは嬰児《えいじ》のころにスペイン風邪でずいぶん死んで、その前には産児制限の思想があって、絶対人口がもともと足りない上に戦争で大量に死んだ。ほとんど同世代の人間がいない。これを動物的に知っとるわけやな。だから心細がるのかな。
富士　考えてみたら、俺と同じ年の友達は寥々《りょうりょう》たるものやなあ……。

司馬　世代論というのはいっても空しいところがあるが、ぼくなんかより三十歳年上のいまの七十五、六歳以上の人というのはいけず（意地悪・頑固）やな。名前出していうと差しさわりがあるけれど、学界でも、文壇でも、実業界でも、七十五、六以上の人はいけずの仕方の一つの型を持っとるな。

富士　それはおもろいな。俺とこの親父がまさしく七十五歳より上や。これが、つまらんことで強情張る。俺が飯食おうと思うと、自分の机があるのに、飯食う机に来て俳句の仕事をするわけや。「もう飯や」いうても、なかなかやめへん。まさしくそういう所がある。

司馬　どうして七十五、六歳以上の日本人がいけずかということを、ほうぼうの知人にきいてみた。ある人が、それは立身出世意識が身についてるのやろうって。つまり、露骨な立身出世主義時代が日露戦争が終るころから出てくるでしょう。

富士　努力したら偉うなれるという時代やね。

司馬　刻苦勉励して城を築くと、今度は下からでてくる者にいけずをする。千差万別、各人各様といういけずの仕方とはちがって、一つの型があるねん。いまの六十代以下には、そういういけずはないね。

富士　そうやな。その世代は、下の奴を認めたり、育てたりすることがあるやろ。

司馬　七十五、六歳以上の人は、学界でもつまらない弟子を溺愛《できあい》しているのが多いな。

富士　オベンチャラに弱いわ。爺さんになったせいもあるが。

司馬　いや、年齢とは関係なしに、明治生まれの人間の駄目さがあるな。明治生まれを偉い偉いでもてはやしてるがね、いまは……。

富士　つまり、上下の秩序という形で、下から喉をかかれたら弱いねん。ウニャウニャウニャッと、こないなるねんな。

司馬　あのあたりでエポックがあって、それは方言とも関係がある。方言の発声法とか発音とか、きっちり残っているのもそのあたりが限界や。たっぷり幅をとっていえば、各地へ行って人に会ったりすると、八十歳以上の人の方言はいいなあ。鹿児島に行っても、大阪の船場生まれの人も、東京の下町生まれの人も、発声からしてちがっていて、七十歳ぐらいから発声がどかんと平均化してしまうように思うなあ。あれは何やろ。

富士　標準語に合わせないかん、ということになってるねんな。

司馬　うん、まあ、いけずであるという反面、大変、個性がある。というより性癖をごつごつと残している。あの年齢の人はみんな、下駄屋のおっさんも風呂屋のおっさんもそれぞれ変っているし、他と調和する必要をさほど迫られずに大人になってしまったようにも思う。久保田万太郎さんや宇野浩二さんが死んだとき、最後の文士などといってその奇行が回顧されたけれど、ああいうのは文士だけではなく、町内にもたくさんいたな。

富士　あの時代の奴らいうたら、そない生存競争がきつうのうて、町内に一業種みたいやったんやろ。下駄屋もうどん屋も町内に一軒。俺とこのうどんに文句あったら、ほかで食うてくれいうたころやろ。その代り、自分の誇りをもってうどんを作っておったから、うまかったけどな。

テレビの影響力

司馬　どうも、愛宕《あたご》山でラジオ放送が始まったり、映画が普及したりしてマスコミがはじまったという影響が、七十歳以下の人たちの人間や言語を平均化してしまったのかな。つまり他人の生活や他人の気持がわからん時代、つまり愛宕山でラジオが放送されていない時代に青春を迎えた人が、方言の型と日本的ないけずの型と頑固さを保ちえたのかな。

富士　標準語を常時きかされておるちゅうことは、だいぶ影響あるぞ。

司馬　その問題は大きいな。きょうはあんたと話しているおかげで、ぼくは小学校で習った標準語をつかわずにすむけど。

富士　標準語の影響は、ラジオの時代はまだ弱いねん。テレビとなると、標準語を動作および表情つきできかされるやろ。だから、地方の人間も、標準語をよく理解するわけや。これが、いまの日本語をけったいにしとるゆえんや思うな。小説書きでもみんな同じような小説書いとるな。鎬《しのぎ》を削って同じことをしとらなんだら、なんだか心細うなるようなとこあるやろ。

司馬　心細さというより、同じ型の中にはいっていったら、先人と同じ所に到達できる。そういう型が各分野にでてきたということやろう。建築でいえば、丹下（健三）流の型を模せば相当なものができるし、文学でも、そうやろな。型にはまってゆけば、そこまで行けるというそういう型がすでにできている。そこに参加したら心細くなくていいという選択で参加するんじゃなくて、時代というものは選択なんかはさせない。気がついたら初めから参加しとるのが時代や。

司馬　そうや。

富士　瞬間湯わかし器が、各家庭に行きわたったようなもんやな。そのお湯でコーヒーをいれる。するとみんなカルキの匂いがする。そういうようなもんやな。

富士　なんや、わびしいねえ。わびしいけど、しゃあないな。そないなってんやから。

気落ちの年

司馬　ところで、今年つまり一九七一年はどんな年になると思う？

富士　気落ちの年や思うな。

司馬　ほう。

富士　何をしても、あまりええことないわい思うてな。みんなトボーンとする年みたいな気がするな。

司馬　どういう高さから気落ちしていくのやろ。いまは高い所にいると思うとるわけか。

富士　いや。やっぱり去年もおもろなかった。今年もそないええことないわっていうような気落ちゃ（笑）。一九七〇年は、何ぞおもろいことないかいうて、みんな這《は》いずりまわったわけや。七一年は、あまり動きもせんようになるとちゃうか。

司馬　つまり、七〇年安保とか、万博とか、何やかやジャーナリズムがいうてくれたので、そうかいなと思い、いろいろとやってきたけれど……。

富士　タネがもうないちゅうこっちゃ（笑）。ジャーナリズムも気落ちして、タネも作れんということになるんとちゃうか。

司馬　公害がかなわんぜ。

富士　しかし、公害はなあ……。

司馬　公害はややこしいぜ。今度は町内の話ばかり出るが（笑）、ある町内にものすごい大きな重土木機械車が毎日どんどん通りよるのや。そういう車のモータープールが町内の奥にできたわけや。

富士　それはあかん。

司馬　あかんやろ。まるで重戦車みたいなものや。簡易舗装の道は、ささくれ立ってしまった。で、町の人が、公害だというので、警察にかけあったりしているうちに、そこへ市会議員たちが出てくる。超党派で調停をしようと出てくる。それで土木機械貸付けをする社長が、市会議員団に対して、何カ月経ったら立ち退くからという誓約書を書いた。ところが実害をうけている連中たちは、簡単にいうとツンボ桟敷や。このためむこう何カ月間は依然として〝重戦車〟が往来することになる。しかし公害問題は、政治のレベルでは、ケリがついたことになっている。

富士 用事が済んだら立ち退くわけか。

司馬 用事が済むまでのことが公害やからな。しかし公害ということで住民の怒りが鬱積するかどうか。つまり田子ノ浦のヘドロも、日本繁栄のための〝用事中〟やからな。

富士 それは鬱積しますよ。なにせ企業があかん。だから公害の工場を爆発さしたるか、そこの社長や重役連中を殺したる以外に、解決の方法はないんや。政治家は企業に押えられとるわな。あいつらは、死ぬことと自分の財産を爆発されること以外、こわいものはないねん。しかし、そんなことをやろうと思うても、あいつらは警察に護られとるんや。政治家、こいつらがほんまは公害やで（笑）。その公害を俺らが選挙しとるのや。

司馬 むずかしいな。公害はリアリズムで、フィクションでないからな。さっきの日本人的大緊張というか、テンションというか、単細胞的な正義の大昂揚というのは、尊王攘夷や、皇国史観や、新左翼がそうであるように、フィクションであればこそ、大昂揚を発するわけやからな。現実というものには、昂揚しない構造が日本人にあるのかな。

富士 かりに全共闘が住民の怒りを組織化しよう思うても、全共闘はインテリやろ。インテリのいうことは庶民はわからんちゅうことになっとるねん、昔から。いうてる理屈がわからんから、民衆の中にはいって一緒に運動しようと思っても、民衆が散ってしまうのや。全共闘はわからんことといいよるさかい。そやから、何やそこらへんでうまくいかん、モタモタした年になるんじゃないかと思う。怒りが爆発するには、まだちょっと間があるような気がする。

司馬 全共闘も、ああ風俗化しては爆発力はもうないな。

富士 その通りやな。風俗化しよる。全共闘の運動をはじめはおもろいと見ているが、そのうちに、一つも前と変ったことせえへんやないか、陳腐やないか、もうちょっとおもろいことやらんかいなという気になってくるんやな。退屈してしまうんや。同じことばかりやって、しょむないやっちゃ、全共闘は。そういわれて、もう終《しま》いや（笑）。けったいな国やな、日本は。

司馬 活気はあるがね。

富士 しかし、俺がでると、必ず座談会は程度が落ちるねんな。いつか貝塚茂樹さんと加藤秀俊とNHKで座談会をしたことがある。貝塚さんと加藤と二人で話しよるときは、学問的で立派なんや、俺の頭の上で高次元に話しておる。けど、そこへ俺がちょっと話を入れると、ワーッと落ちてくるねん。貝塚さんが関西弁使いはじめて、グシャグシャになってしもうた。そしたら、隣の部屋からディレクターが赤い紙持って来よるねん。話をもっとマジメにして下さいと書いてあったわ。高級にせいとな（笑）。この対談もそうやな。低次元になってしもうた（笑）。

司馬　いえいえ。高次元でした。寝ころんで吠《ほ》えとるみたいやけどね（笑）。

（『文藝春秋』一九七一年一月号）

桑原武夫×司馬遼太郎

〝人工日本語〟の功罪

一九七一（昭和四十六）年一月

桑原武夫（くわばら　たけお）

一九〇四（明治三十七）年生まれ。フランス文学者、評論家。京都大学人文科学研究所教授、同所長を経て、同大学名誉教授。新京都学派の中心者として活躍。登山家としても名を馳せ、五八年にはカラコルム・チョゴリザ遠征隊長を務める。文化勲章。八八年逝去。

司馬　きょうはなんのお話を伺おうかと思って、桑原武夫全集をひっくりかえしてみたんですけれど、どうも思いつきません。この飄亭《ひょうてい》さん（京の料亭）に入りますと、きちんと着付けをしたキモノの女中さんたちが、きれいな京ことばを喋《しゃべ》らはります。私の知人のお嬢さんも、この飄亭さんに言葉を習うために奉公にあがっていたことを思いだしまして、話し言葉や書き言葉の問題を中心にお伺いしようと思いまして……。いまアジアの新興国では、哲学や政治それに数学などの諸問題を自国語で表現することが、大変重大な課題になっておりますね。

桑原　表現するのがむずかしいということでしょうか。

司馬　東南アジアのある国のように、とても民族語で哲学の教科書を作りにくいという場合もあれば、朝鮮語（韓国語）のように李朝五百年間、漢字で鍛錬されてきたためにそれが割合すらすらいくという言語もあります。日本では、明治からちょうど百年たっておりますので、標準語は一つの山坂を越えた感じがいたします。

先日、鶴見俊輔さんにお伺いしたことなんですが、あの方は東京高等師範の付属小学校をご卒業なさったそうで、そのころ高等師範の二人の教授が標準語のアクセントを作る作業をなさっていた関係上、いま四十八歳の鶴見さんの小学生時代から、高師付属と学習院とで、きちんとした標準語教育が行なわれるようになった。そこから標準語時代が始まる、ということをきいて、まったく驚きましたな。わたしは四十七歳ですが、大阪の場末の小学校にいたためにそんな密謀（笑）が、東京の一角で企てられていたことなど、この齢になるまで知らなかったなあ。鶴見さんは〝だから自分は標準日本語の一期生です〟とおっしゃっています。もっとも鶴見さんご自身は〝アジのない標準日本語〟について、苦にしていらっしゃるようですけれど。

人工語の理論性

司馬　まあ、そのことはいいとして、いま生存者の年齢でいいまして、八十歳ぐらいで大断層があるようですね。例えば大阪ではきちんとした船場《せんば》言葉、鹿児島でいえばきわめて音楽的な士族語、東京でいえば下町の、つまり発声法からしてその後の方言とは違うちゃんとした方言が使えるのは、八十歳以上の人ですね。例えば、お汁粉を江戸弁ではオシロコといいますね。手拭いをテノゴイ。土佐では花壇のことを鼻音を入れてカンダン。島津ということをシマンd。水をミd。といったふうに伝統のある日本方言が、八十歳のラインで切れてしまっているように思います。これはどういうわけかな。大正十四年三月に始まった愛宕山の放送と関係があるのでしょうか。その時代から、これらの伝統的方言つまり真性日本語に代わって、人工日本語がでてきたように思いますけれど、いかがでしょう。

もう少し喋りますと、そういう人工日本語つまりいまの標準語は、論理的表現はできるが、感情表現にはどうも適しておらないように思います。例えば、大阪弁で「ああしんど」といえば、主観と状況のすべてを覆うだけの感情表現ができますが、まだ歴史の浅い標準語ではできにくいようですね。

桑原　それはおっしゃる通りですが、やはりラジオ、テレビの出現の影響は大きいでしょうね。活字ならある程度知的に受けとめられるわけですが、ラジオ、テレビはじかに感覚に訴えてきますから。それともうひとつ、学問の普及も影響があった。学問の言葉は科学的に正確であろうとしますから、標準語を使う。

愛宕山といえば、ラジオで天気予報をやり始めまして「あしたは雨が降るでしょう」とアナウンサーがいった。これにはものすごいショックを受けましたね。いまではあたりまえの表現ですが、それまでの日常日本語には未来形はなかった。

司馬　ああ、なるほど。

桑原　昔のおじいさんなら「あすは雨が降る」といったでしょう。どうしても未来の感覚を出したければ、「あすは雨が降るはずだ」とか「あすになれば雨が降る」というい方をした。「あすは雨が降るでしょう」など日本語ではない、と年寄連中は怒っていたし、若かったぼくも大仰《おおぎよう》に感じましたね。

司馬　はじめて聞いたなあ。そういえば明治以前は未来形がありませんね。

桑原　まあ、日本語は明治で一つの区切りがついた感じですね。明治で小学教育をはじめて、ずっと押してくる過程で変わっていった。これはわたしの持説なんですが、明治以後の日本が良いか悪いかは別にして、明治維新で日本は、このままでは民族が駄目になるとして切り替えをやりましたね。これは「文化革命」というべきだと思うんです。もしあそこで切り替えが行なわれていなかったら日本はどういうことになったか分からない。どこかの植民地になっていたかもしれない。

切り替えということは、汽車や電信電話をとりいれ、近代的軍隊を創るだけでなく、生活を変えるわけですから、言語にも大変な影響がありましたね。例えば、手紙を書くにしても候文《そうろうぶん》ではまずい、言文一致でいこうということになる。

つまり、明治維新はそれまで持っていた文化のフォルムを潰《つぶ》す犠牲においてやったんです。それは基本的には避けられなかったことですがね。

司馬　これは重大なところですね。

大衆社会と文章能力

桑原　わたしは候文を習ったけれど、司馬さんはやりましたか。

司馬　やりませんけれど、見よう見まねで……。

桑原　あなたは小説家だから別として、あなたの世代はどうですか。例えば中学校では。

司馬　習いませんでした。

桑原　わたしのときは小学校も中学校も候文でした。候文はフォルムがありますから、手紙などには便利でしたがね。例えば、金を借りるときは「御迷惑千万とは存じ候へども、××円御恩借相成まじく候や」と書けばいい。頼まれごとを断ると角が立つが「折角の思召《おぼしめ》しに候へども」と書けばうまくいく。手紙の書き出しの文句にはいつも悩まされるものですが、昔なら「春寒料峭《りょうしょう》の頃」とか決まり文句があった。そういう言葉を潰したわけですね。

司馬　まあ、候文がすたったとともに、文章の型も崩れましたが、それ以後、論理的表現能力のある国語文章が出てきますね。そういう意味での文章日本語は、第二次大戦後に確立したのではないでしょうか。明治時代の文章家は、それぞれが我流で書き言葉を使っておりましたでしょう。泉鏡花なら泉鏡花手製の日本語で。鏡花が大正末期だったか「東京日日新聞」に、工業地帯のルポルタージュを書いたのを古本で見たことがありますが、鏡花手製の文章では、鏡花的世界は表現できますけれど、どうにも煙突やガスタンクのある街がとらえられなくて、悪戦苦闘してついに空中分解しているようなかっこうで。

桑原　それはおもしろいですね。

司馬　つまり鏡花手作りの文章では、ベトナム問題も沖縄問題も論じられませんでしょう。鏡花のルポルタージュをよんで、明治・大正をへてきた日本語の苦渋がわかったような気がしました。誰が書いても同じ文章を民族が持つこと、それは文体に対する病的な愛読者にとっては理想でないかもしれませんが、文明というものが良かれ悪しかれそのように持ってゆく当然の帰結だと思います。日本では戦後になって、はじめてそういう状態になった。

桑原　その通りですね。老人たちの中には、戦後教育は成功していない、文章もちゃんと書けないじゃないか、といっている人もいます。しかし、戦後教育を受けた、例えば大江健三郎、小田実、高橋和巳、こういう人の文章は戦前にはなかった。イデオロギーの好き嫌いは別にして、あの文章では何でも、素粒子論の論文でも都会の風景でも書けますね。そういう文章は、おっしゃる通り戦後に確立したのだと思います。国民全体の文章能力がレベルアップしました。

司馬　ここでフランスのことをお伺いしたいと思いますが、あちらでは誰が演説しても、そのまま日本でフランス語の試験問題になるように思いますけれど、そういう状態になったのは、いつごろでしょうか。

桑原　いまでもそうはなっていないと思いますね。

司馬　そうですか。

桑原　喋ったのがそのまま模範文になるというのは偉い人、エリートだけですよ。それに彼らは必ず原稿を用意してきて、それを読むのです。文章をちゃんと書ける国民の比率は日本はむしろ高いのではないでしょうか。フランスでは、高校卒業生以上はともかく、小学校を出た人がちゃんとした文章を書けるかどうか疑問です。

司馬 しかし、ソルボンヌ大学の教授の文章とドゴールの演説と、ほぼ同じフランス語だろうという感じが素人《しろうと》のあてずっぽうながらするんですけれど……。

桑原 それはそうです。そのかわり、ちゃんとしたフランス語が書けるのは、上のレベルの人たち、つまり高等学校卒業以上だけではないでしょうか。それに高等学校は、日本ほど多くありませんからね。貴族主義的文化人から見ると不愉快なことでしょうが、日本という国は、フランスなどに比べて文化がずっと下まで降りてきている。だから国民の文章能力は決して低くないと思うのです。ただ、おっしゃるとおり、上の方には問題がある。フランスとは逆に、日本では国家民族を代表する政治家の談話をそのまま……。

司馬 国語教科書に載せられませんね。

桑原 日本は大衆社会になってしまって、文章も上から下まで平均化してしまった。

司馬 そうですね。

松本清張氏の文体

桑原 その問題は、フランス語の歴史をみるとよくわかりますね。フランスでは、十七世紀にデカルトが現れるまで、学術論文は全部ラテン語で書いていました。それをデカルトが頑張って『方法叙説』をフランス語で書いた。おそらく当時、キザだとか迎合的だとかいわれたに違いありませんよ。ついでパスカルが出る。パスカルの『田舎の友への手紙』は、フランス語散文の模範となるものですね。

それから十八世紀にはいると、読み手の数がふえてくるから、文章もおのずとやさしくなります。十九世紀の産業革命になると、出版社ができて、読者も一挙にふえたから、文章は必然的にやさしくなる。やさしくなりすぎたというので、十九世紀に反発が起きて、象徴主義文学は普通の庶民にはわからないようなものになりましたが、全体の流れとしては文章はやさしくなっているんです。

司馬　なるほど。

桑原　日本でも同じですね、徳川時代まで漢文でやってきて、明治になると、言文一致になります。もっとも、明治の言文一致は漢文を相当訓練した人たちが使っていましたので、漢文脈ですが。わたしなんか、漢文を勉強したわけではないけれど、やはりわたしの文章は若い人からは漢文脈だといわれるんです。わたしには文章をダラダラ書くことに対する嫌悪感が、理屈でなしに残っているし、同じ形容詞が一ページのなかに三回も四回もでてくるのは、やっぱり耐えられません。そういう漢文脈の文章を書く者は、わたしくらいの世代で切れてしまいますね。

司馬　昭和初期でも、人によってはまだ手作りをやっていますですね。片岡鉄兵の新感覚派宣言の文章なんかは、火星人が書いたんじゃないか（笑）、と思われるほどに手作りですが、まあ、いずれにしても大体共同の書き言葉ができあがったというのは戦後であるとして、後世の文化史家に書いてもらいたいなあ。

例えば、松本清張さんが出てこられて、あの人の文章に驚いた記憶があります。センテンスが短い。これは読みやすいというより、むしろ、ひとつのセンテンスがひとつの意味しか背負っていない文章ですね。それまでの多くの書き日本語は、途切れもなく続いて、ひとつのセンテンスという荷車に、荷物を沢山積んでおった感じがしますが、松本さんの出現によって、というよりそういう時期に、新しい文章がでてきた。ちかごろは、どこに書かれている文章もほぼそのようになっています。これは松本さんの影響というより……。

桑原　そういう社会になったんでしょう。

司馬　たしかに。センテンスがべらぼうに長いといえば、二十五歳になるイギリスの青年が、日本に帰化しようと思ってやってきたんです。彼はケンブリッジの日本語科をでているんですが、そこで習った日本語作文の文章はとめどもなくセンテンスが長くて、かれの論文をみせてもらったのですが、どこで切れるのか読み手にとってあてどもない旅をしているような感じなのです。だれに習った日本語だと聞くと、ケンブリッジの先生がこう書けといったんだという。

平安朝文学の解釈などは、素人のわたしなんかとてもかなわないほどの青年なんですがね、そのとき、松本清張さんの小説を見せて、現代日本語はこうなっているんだといってやりました。このごろ、彼の文章はセンテンスが短くなってきました。

桑原 それはおもしろい話ですね。いまおっしゃった、ひとつの文章がひとつのことしか指していない、これは一種の機能主義的な文章ですね。いまの日本語は、もうそういうところへ来ているんですね。誰でも書けるし、あらゆることがいえる文章が確立された。これからは、そういう文章で、どういうふうに微妙な心のなかの深い問題を表していくか。これが重要になってくる。文章より考え方ということです。

戦後民主主義の影響力

司馬 ところで、先生は以前どこかへゆく車のなかで、「ちかごろ週刊誌の文章と小説の文章と似てきた。これは由々しいことだ」ということを、それも肯定的な態度でおっしゃったことがありましたね。この現象は、どちらが影響しあったかということは別として、やはり日本語としてはめでたきことです。

桑原 ええ。戦後民主主義についてはいろいろの評価がありますが、戦後民主主義が国語に適用されるとそういう現象が起きる。これは週刊誌の文章（内容ではありません）がいいというわけではない。しかしそこに共通基盤が見られるということです。一例をあげると、私の知人のある若い科学者、彼はすばらしい業績をあげていたが、文章が下手で読むにたえないので、ぼくは「きみのネタはすばらしい。しかしこんな文章ではぜったい売り物にはならへん」といったんです。彼は反省しまして、学校に通う電車の中で毎日必ず週刊誌を読んだ。そのうちに文章がうまくなりましたよ。

司馬　なるほど。型に参加できたわけですな。

桑原　別に科学者として偉くなったわけではないが、彼の文章に商品価値が出て、それによって彼の学説も広まったわけです。

司馬　昭和三十年前後に、ある評論家が「最近の作家は小説がうまくなった。しかし大事なものが抜けている」と慨嘆しているのを読んだことがありますけど、そのときわたしは、あれはうまくなったのではなく、文章日本語が共通のものになったせいではないか、だから誰が書いても水準以上のものができるんじゃないか、ということを思ったりしましたが、まあ、そういう文学論めいたことは外すとして、一般庶民が考えていること、見聞したことを伝えるための日本語は、どうやら七合目、あるいは八合目ぐらいまで来ているのではないでしょうか。ただ、話し言葉としての標準語は、どうもわたしには物足りない。

桑原　そうですね。

言語と現実

司馬　地方に住んでいる人は、いままで、標準語を使えないということで劣等感がありましたが、最近はちょっとひらき直って、多少の自信を持つようになったのではないでしょうか。まあ、標準語で話すと感情のディテールが表現できない。ですから標準語で話をする人が、そらぞらしく見えてしょうがない（笑）。あの人はああいうことをいってるが、嘘じゃないか（笑）。東京にも下町言葉というちゃんとした感情表現力のあることばがありますが、新標準語一点張りで生活をしている場合、問題が起きますね。

話し言葉は自分の感情のニュアンスを表すべきものなのに、標準語では論理性だけが厳しい。ですから、生きるとか死ぬとかの問題に直面すると死ぬほうを選ばざるを得ない。生きるということは、非常に猥雑《わいざつ》な現実との妥協ですし、そして猥雑な現実のほうが、人生にとって大事だし厳然たるリアリティをふくんでいて、大切だろうと思うのですが、しかし純理論的に生きるか死ぬかをつきつめた場合、妙なことに死ぬほうが正しいということになる。〝そんなアホなこと〟とはおもわない。生か死かを土語、例えば東北弁で考えていれば、論理的にはアイマイですが、感情的には「女房子がいるべしや」とかなんかで済んでしまう。なにが済むのかわからないけど（笑）。

桑原　なるほど。

司馬　このあいだ、カセットで東条英機の演説をきいて、あらためて驚きましたね。あれは機械がものをいっているみたいで、生活をしている人間のにおいというのがまったくありませんですね。あの人は学習院初等科の出身だそうですから、きちんとした標準語生活者でしょう。戦争中、あの人の大演説をきいて、そらぞらしくなって、感想はといえば「アホかいな」で終《しま》いですね（笑）。

ああいうことは、東条さんという人の精神のまずしさより、あの人の日本語に関係があるような気がする。ああいう東条語で議論をしてゆけば、現実の軍事情勢がどうなっていても、インパールへ大軍を送るべきだというような結果になるような感じがします。ごく粗末な軍事常識をもっていても、それは大量棄民の戦法だということがわかると思うのですけれど、東条さんがあの薄っぺらな日本語で喋っていくと、どうしてもあの作戦をやらざるをえないようなかたちになってゆくような気がします。

東条さんは陸相を兼ねていますから、インパール作戦決定のハンコを押すのですが、そのハンコをもらいに軍事課長が首相官邸にゆく。東条さんは浴室にいる。課長がガラスごしに用件をいうと、矢つぎばやに五カ条の質問をして、一つ補給はどうか、二つ作戦計画は堅実か、三つ兵力は十分か、などとまるで暗記物を暗誦《あんしょう》するようにツルツル喋って、その返事が、大丈夫であります、というと「よし」といってそれであの大作戦がすべりだしたそうで(笑)、おどろくべきことですが、まあ東条さんの頭がそこまで悪いとは思えないから、やはり思考用の言語がツルツルして、紋切型になっていたのではないかと思ったりします。こじつけかもしれませんけど。ともかくあの調子の演説、いまでもありますけど、蔭でひとが「アホかいな」と……。

桑原　いうとる、いうとる(笑)。などというひやかし方もありますね。……ところで、ここで反問すると、現代の新標準語は、あなたのおっしゃるほど、それほど論理的でしょうか。

司馬　まあ、これは地方語との比較の問題で、厳密には問題はありますね。

桑原　あなたやわたしが関西弁でしゃべり、あるいは東北の人がズーズー弁でしゃべる場合、その論理性ということはもともと数量では計れませんが、現実には数量的にはいえないがわかりやすくするために、かりに六〇パーセントの論理性を持っているとしますね。それに比べていまの標準日本語には七〇パーセントの論理性がある。それはいえるかも知れません。

しかし、フランス語やドイツ語の持つ論理性に比べて、標準日本語のほうが論理的であるかどうかは問題ですね。そこでもう一つ反転して、論理的であるかないかを何によって考えるかというと、普通アリストテレス以来の西洋の論理学によってでしょう。ところが、もう一つ、感情の論理学という問題もありますね。これはフランスの心理学者が使った言葉ですが、形式論理から見ると非合理的でも、心理的には感情を納得させる論理もあるわけで、感情の論理学によれば、場合によっては、日本語とフランス語は論理性が同じであるかもわからない。

生命力のある雑種文化

司馬　実をいいますと、いまの発言は、わたしが多年桑原先生を観察していての結論なんです（笑）。大変に即物的で恐れいりますが、先生は問題を論じていかれるのには標準語をお使いになる。が、問題が非常に微妙なところに来たり、ご自分の論理が次の結論にまで到達しない場合、急に開きなおって、それでやなあ、そうなりまっせ、と上方弁を使われる（笑）。あれは何やろかと……。

桑原 批判していたわけだ（笑）。

司馬 いや、批判じゃなくて、これはやはり標準日本語がまだ不自由で足りないところがあるせいだろうと思っております（笑）。喋り言葉としての標準語は論理的であるにしても、おっしゃるように百パーセントの論理性はない。そこで、感情論理学を背負っている京都弁で栓をしてしまう。

桑原 ぼくは標準語を使ってはいるが、意をつくせないときはたしかにありますね。そこで思うんですが、社会科学などの論文に、もっと俗語を使って、「さよか」とか……（笑）。

司馬 「そうだっしゃろ」とか……。

桑原 「たれ流し、よういわんわ」という言葉が入るようになればおもしろいと思うんですがね（笑）。

司馬 そうですな。

桑原 わたし、この前北海道に行って、地方文化の話をしたときに、少し身もふたもないことをいいました。いい音楽を聴き、いい小説を読み、うまいものを食う。それはそれ自体結構なことだが、それがその地方の文化を向上させることになるのだろうか。現代日本は好むと好まざるとにかかわらず中央志向的な大衆社会になっている。だから、東京とはちがう地方文化、例えば北海道や鹿児島で独特の地方文化を持つのは無理至難なのではないか。それを持ちうるのは、その地方の人々が方言で喋ることを恥としない、あえて誇りと思わなくても、少なくとも恥としないところにしか地方文化はない。それがわたしの地方文化の定義です、といったんです。

そうすると、地方文化がまだあるのは上方《かみがた》だけです。わたしは場合によれば京都弁を喋る。大阪の作家はみんな日常大阪弁を使う。しかし、例えば名古屋では、これは名古屋の人が聞いたら怒るかもしれないけれど、「そうきゃあも」などという名古屋弁をもう使わなくなりましたね。恥じている。東北地方の人にもそれがいえます。そこへ、片方からラジオやテレビでローラーをかけていますからね。地方の言葉を捨てて地方文化を守るのは不可能だと思うんです。

司馬　テレビといえば、いろんな流行語がテレビからうまれますね、「ハッパフミフミ」とか「ハヤシもあるでよ」とか。ああいう変な言葉は、標準語が感情表現に百パーセント向かないので、つまり土語代わりの役割を軽微ながら果たしているのではないでしょうか。

桑原　それらの言葉は、かつ結びかつ消えだから型ができない。つまり、日本文化の特色は変化が急ピッチで激しいということですね。言葉でも『万葉集』からいままでの変化は大変なものです。例えば、明治中期の中江兆民などの本を、いまの大学出た人は読めないでしょう。森鷗外でも読みづらい。

司馬　むずかしいでしょうね。

桑原 フランスでももちろん言葉は変わるけれど、ここ三百年ほどは日本ほどの変動はありませんね。十七世紀にアカデミー・フランセーズが、使っていい言葉と悪い言葉を整理した。その整理のためにある意味ではフランス語のボキャブラリー（語彙《ごい》）が少なくなって、溢《あふ》れるような豊かさがなくなった。その代わり、論理的で純粋なラシーヌが出てくる基礎となった。理的で純粋なラシーヌが出てくる基礎となったわけです。しかし、かなり前のことですが、フランスの雑誌を読んでいたらおもしろい記事があった。フランス語は、日本語やドイツ語と違って新しい単語をあまり造りませんで、昔からある言葉にいろんな意味を持たせるんです。例えばvie《ヴィー》という単語があります。これは生命という意味です。が、La vie est chère《ラ・ヴィー・エ・シエール》といえば物価が高い、物価という意味もある。そのほか宗教的生などともいうし、もちろん人生という意味もある。vie de《ヴィー・ド》何々というと何々伝。そういう具合に大変豊かな感じですが、その代わり、一つ一つの言葉が機械的機能的に働かない。

これは専門ではないのでよくわかりませんが、その雑誌に書いてあった通りにいえば、フランス語は保守的で、新造語もしないので、理論物理学だとか生態学とか学問の新しい領域には必ずしも適切でない、というのです。純血であることは、ある意味で弱くなることかも知れませんね。その点、日本文化は雑種文化でしょう。純粋性においては欠けるが、生命力は強い、日本語は、そういう強味をもっているかもしれません。

アジア民族と日本語

司馬　まあ、日本語はどうしようもなく変化しつづけているわけですが、こうして日本語はもし孤児であれば大崩壊してしまうかもしれないのを支えてきたのは、かつては漢文ですね。明治後、もしくは戦後は英語だと思います。日本語は「てにをは」で結ぶ文章で、語尾はどうでもいいような、ナマコみたいな、軟体動物みたいな言語でしょう。文法もない。つまり文法さえ習えば、例えばオランダ語が書けるとか、ドイツ語が書けるとかいう意味の文法がないわけでしょうから、変化するとなると、とめどもなくなるような性格があるように思いますね。

ところが、日本語にはかつての漢文と、いまでは英語などがつねに照応していて、軟骨かもしれないけど、骨格らしいものができている。わたしは、日本語は言語の宿命としてヨーロッパ語のような論理性の度合いの高い言語には、もうとうていならないと思いますが、しかし、それでもここまでこぎつけることができた、ということは、他のアジア民族にとって非常に参考になるというか心強いことではないでしょうか。

例えば、大韓民国や朝鮮民主主義人民共和国では、日本が明治にやったように、戦後に標準語を創りましたね。この標準語を日本における朝鮮や韓国の学校で教えています。まあ、一所懸命に文明語を促成栽培しているわけで、言語現象として非常に興味がありますね。そして、そういう民族にとって、ひとつの勇気づけに日本語の発展があるのではないでしょうか。

桑原　こちらから威張るのはおかしいけれど、そういう面もあると思いますね。日本語にはいろいろ問題があるにしても、むつかしい哲学でも精密科学でも自国語で書ける。これがインド語だったら、英語がはいるわけですね。韓国語ではどうなんでしょう。

司馬　日本語とよく似た言葉ですし、となりに日本語世界があるから、近い将来には日本語とほぼ変わらないほどの表現力を持つようになると言われているそうですね。日本語と似た言葉でモンゴル語がありますが、むずかしいことを表現したりする場合、内モンゴルは中国語を借りてきて、外モンゴルはロシア語を借りていましたが、いまはモンゴル人民共和国では、民族文字も廃止して、ロシア文字とロシア言葉を大量に採用してしまったようですね。アジア諸民族はそうやって苦労しているんですね。

退屈な国語の授業

司馬　まあ、この対談は天下国家に結びつけねばならないので（笑）。ですから国語教育でお話を結んでいただきたいのですが、例えばフランスでは、オルトグラフ（つづりを正しく書くための正字法）などを大変にやかましく教えますね。

桑原　ええ、そうです。しかし、わたしは言葉については改革派で、フランス語にしてもあいうむずかしい正字法がいいとは思っていません。日本語のカナヅカイも同じことがいえると思うんです。言葉は文学や詩のためだけにあるのではない。国民が幸福な生活をするための、楽しい感情生活をするための道具でしょう。しかもその幸福はいわゆるエリートだけの幸福ではないと思っています。そのためにも、漢字は相当制限してしかるべきだと思いますね。

もちろん言葉は大切にすべきですが、基本的には、幸福追求のためのものであるという考えは捨ててはいけないので、その点戦後の国語改革は国民の幸福増進に役立ったと思っています。このごろ、一種の復古的な機運が政治的にも芸術的にもでてきている。その動きと一緒になって、漢字をもっとふやそうとか……わたしは簡単に賛成できませんね。

司馬　いまの日本の国語教育は、子供たちにとって頭痛のタネのようですね。昔の国語の時間は休みみたいなもので、楽しんでおればよかった。ところがいまは違う。いつだったか、どこかの大学の入学試験にわたしの文章が出たとかで、受験出版社から電話がかかってきたんです。何がどこにかかるかということをたずねられましたけど、ところがわたし、何べん聞いても答えられなかった（笑）。そういう謎解きみたいな教え方をしているんですね。

桑原　わたしも『文学入門』という本の中に「これほど人生にとって大切なものはない」と書いた。文学は人生にとって必要だということを書いた本ですが、「これ」は、文学という意味にも、文学を読むことという意味にもとれる。受験生から往復の速達がきて弱りました。わたしに聞く前に、なぜ先生に聞かないのかというのですが、先生を信用してなくて聞きたくない気分もあるらしいんですね。教育全部そうですが、ことに若い人に対する場合、教える内容に教師自身が感動していなければ、伝わらないものですね。

司馬 つまり、日本語という国語に感動しない国語教育がおこなわれているような気がします。文部省の方針なのか、いまの国語の教え方は、全国一つのパターンでやっていますね。非常に憂鬱な謎解きのようなものを教えて、子供たちに言葉を書いたり使ったりするのをこわくさせるようなところがあります。これは、教育の現場において論理的に明快な日本語を創りあげたいという意図でやっているのか、それとも瑣末《さまつ》主義でそうやっているのかよくわかりませんけれど、要するに、国語の時間は、いまの子供たちにとって気楽なものでなく非常に苦痛な時間であるらしい。

桑原 国語教育のことは現場をよく知らないので正確なことは言えませんが、国語の先生が、自分の教える古典と現代文を含めた日本の文章に誇りをもつことが少なければ、そういうことになるんじゃないでしょうか。

司馬 昔、漢文のいい先生がいて、漢文好きの子供をつくったのは、「子曰く」といったときに、感動が生まれたからでしょうね。もちろん反感も起こったでしょうが。

桑原 ぼくなんか「シノタマワク」と読むのに反感を持った（笑）。

司馬 いや、反感を持つほどのパッショネートな時間であったことはたしかでしょう。ところが、いまの国語教育はどうもそうではないらしい。謎解きやパズル式の問題の出し方は、少し考えてもらわないといけませんね。

日本語の将来

桑原 その問題に関連してくると思いますが、いまの社会科学者や歴史科学者の文章、あれはまだ人々を感動させる国民の文章にはなっていない感じがしますね。文学とちがって社会科学では、抽象度の高いことはわかっていますけれど、同じ流派の人にはわかったとしても、われわれ多少は国家民族を憂うる気持ちのある人間にピンとこない文章がある。つまり、人民について人民のために書くための言語がまだちゃんと成立していない感じですよ。

司馬 それは重大問題ですね。伝達の手段としての言語が、まだ偏頗《へんぱ》である。例えば新聞社の社説なども、大勢の人に訴える言葉をもっと工夫すべきです。

桑原 大新聞ともなれば矯激《きょうげき》なことはいえないでしょう。しかし、日米安保条約を外すべきか外さざるべきか、結論はどちらでもいいけれど、もう少しフィーリングのはいった論説を書いてほしいですね。事なかれ主義で逃げているという印象しか残らないのが多いですね。

司馬 言葉というものは、結論よりその途中のフィーリングのほうが大事なときがありますからね。その意味でも、新聞の社説は日本語の担い手として、もっと意欲的であったほうがいいように思います。

桑原　政治や社会科学の言語は、日常お酒を飲んだり恋愛したりするときの言語と違って、抽象レベルの高いものだということは百も承知ですけれど、にもかかわらず、人を感傷的にではなく、知的に動かすような構造をまだ持っていませんね。

司馬　持っていません。

桑原　日本は相当の文化国であるにもかかわらず、論理学や修辞学はついに発達しませんでしたね。王朝時代から芸術批評論はあったが、修辞学には到らなかった。そのことと関係があるんですが、日本には雄弁家はおらんでしょう。西洋にはいっぱいおるのに。

司馬　ええ。日本ではこれは雄弁とはいえませんが、不特定多数の一人に喋りかける習慣をもっていたのは、ただひとつ真宗の説教坊さんですね。ただ、その場合、一時代前までは説教に節がついておりますですね。後に浪花節の成立を刺激したように、七五調の説経節で「お同行《どうぎょう》、ありがたや、ああありがたや、阿弥陀様がどうこう」というようなことを七五調で唄ってゆくと、聴衆が涙をこぼす。キリスト教の説教とは、だいぶ違いますね。

桑原　それは日本文化を考える上で、大きな問題ですね。人を動かそうとすれば節になる。現代でも一番人心をつかんでいるのは、例えば歌謡曲の歌手かも知れませんね。

司馬　歌謡曲はやはり説経節というか、言葉に節がついているだけですから。ですから歌謡曲は、四通りか五通りのメロディを使って作曲しないと、うけないそうですね。

わたしなんか音痴ですから、たいていの流行歌は同じ節にきこえます（笑）。

桑原　そうですね。語り物ですね。

司馬　真宗坊主の説経節は江戸時代、明治期と続いていますね。講壇に出るときは薄化粧をして、派手な縮緬《ちりめん》の紫の衣を着た手弱女《たおやめ》ぶりです。じいさん、ばあさん、とくにばあさんは、この姿にまず感動する。

桑原　それが三波春夫につながっているんですね。

司馬　ですから、日本語というか、日本語表現の場所は、もうどうしようもないものがあるのかもしれない。

桑原　いや、日本語はもうどうしようもないと、あきらめに話をおとさずに……、正月早々だから……（笑）。まあ、日本語は、いままで議論したように、基礎はできた。もっとも、これからも日本語が西洋の言語と同じような論理性を持つことはないでしょう。しかし、これからの人間は論理的でなければ生きられませんから、そういう意味での論理性は、漸次そなえてくるでしょう。いま、日本ではコンピュータをアメリカに次いで沢山使っていますね、ヨーロッパより多い。このコンピュータのプログラミングするときには、「生きることは死ぬことである」というようないい方では具合が悪い（笑）。すべてあいまいなことでは、コンピュータが……。

司馬　いうことを聞かない（笑）。

桑原　コンピュータを動かすには、少なくともそれなりの論理性がなければならないんです。ですから、コンピュータが普及する過程で、ちょっと楽天主義のようですが、おのずとわれわれの生活に論理性ができてくるのではないでしょうか。もちろんコンピュータというのは一つのたとえですが、日本人は論理性がないから駄目なんだ、という決め込みはいけませんよ。ですから、司馬さんが亡くなる時代には、日本語がもっとよくなる可能性はあると思います。

司馬　理屈も十分喋れて、しかも感情表現の豊かな言語になる。

生きている者の義務

桑原　ご承知のように、いま翻訳機械が開発されつつありますが、言語の機械的操作に一番適している言語は、世界の文明国語のなかでは日本語だといわれていますね。

司馬　そうらしいですな。

桑原　日本語は、音素（音韻の最小単位）が一番少ないんです。喋ったことがすぐ活字になって出てくるフォネティック・タイプライター、これは京大の坂井教授のご研究ですが、日本語のカナ・タイプライターの場合は、この部屋（四畳半）の二倍半くらいの容積だったと見ましたが、英語だと正確に覚えていませんが、その何倍もが必要になるらしいのです。

司馬　ほほう。

桑原　アメリカでも、言語の機械を作った場合、実験は日本語でやっていると聞きました。英語は正字法がやっかいですからね。例えばofはobとなるでしょうし、enough《イナッフ》なんて、とうてい機械は書けない。もちろんわたしは、科学だけで人間の世の中がうまくいくとは思っていませんけれど、歴史には方向があってコンピュータを使ったり、言語の科学的措置をしたりするのは避けられないと思いますね、そうなると日本語はその点で大変に有利ではなかろうか。もちろん、機能主義だけで万事片づくわけではありませんが……。

司馬　そうです。それを忘れるということは、日本語の一番重要な問題を忘れてしまうことになりますからね。

桑原　さっき司馬さんがおっしゃった、理屈が十分喋れて、しかも感情表現が豊かな日本語……そこに持っていくのは、われわれ生きている者の義務じゃないでしょうか。

司馬　いい結論ですね。

（『文藝春秋』一九七一年三月号）

貝塚茂樹×司馬遼太郎

中国とつきあう法

一九七一（昭和四十六）年二月

貝塚茂樹（かいづか　しげき）

一九〇四（明治三十七）年生まれ。中国史学者。内藤湖南らに師事。京都大学教授、同大名誉教授。古代中国の甲骨文字や金文の実証的研究で、すぐれた業績を残した。『京都大学人文科学研究所蔵甲骨文字』など。文化勲章、瑞宝章など。八七年逝去。

司馬　最近、倉敷で中国の南画について講演なさいましたね。
貝塚　ええ。
司馬　また聞きでかいつまんだところをうかがったんですけど、あれおもしろかったな。「南画は中国人のユートピアの表現である」とおっしゃったこと、蒙を啓《ひら》かれた思いがしました。きょうはその中国人のユートピアということから……。
貝塚　あれは仙人の世界なんですね。漢代に画像鏡というものがありますが、この鏡の裏の文様に山があって、そこに仙人がいるわけなんです。つまり山水画は、仙人の住む所を描いたものです。まあ西洋では、ルネッサンスの絵がそうであるように、まず人物画が発達して、山水は背景にすぎない。けれど、中国では古くから山水画が独立に発達したのですね。そしてその山水とは、もとは仙境なんです。
司馬　仙境は天国や地獄といった他の所にあるのでなく、自分の中にあるわけでしょうね。
貝塚　ええ。自分の頭の中にあるイメージです。

司馬　そのあたりが、中国人理解のために大事ですね。その人の画境が佳《よ》いというのはその表現者のユートピアが高いというか、自分を高めてゆく以外に画境が高まってゆかないということでしょうね。そういう精神が同一人格の中の一面にありながら、もう一面、地上から絶対に浮くことのない儒教というような、これはいまはマルキシズムもしくは毛沢東思想といっていいと思いますけど――現実的であるという意味で――を持っている。おもしろい精神構造ですね。

二面的世界を持つ

貝塚　山水画の祖といわれる王摩詰《おうまきつ》（王維）は、大官、日本流にいえば大臣ですが、輞川《もうせん》の山中に立派な荘園があって、気に入らんことがあるとこの荘園に引退するんです。この荘園の景色を描いたのが、山水画の初めだといわれていますね。つまり王摩詰は政治的世界にも住んでいるし、そういう仙境にも住んでいる。

司馬　王摩詰の場合、そのどちらも濃厚ですね。

貝塚　大画家に列し、堂々たる詩も書く。山に入れば道人ですね。王摩詰はむしろ仏教だけれど、同時に道教的で老荘的隠遁思想もありますから、隠士でもあり、政治家でもある。

司馬　それが、辛亥革命以前の中国人の理想人なのでしょうか。

貝塚　ええ。もちろん政治の世界では儒教思想でしょう。しかし老荘的な思想も持っています。明《みん》になると仏教に代って道教が広まるが、それでも、二つの世界を持っている。

司馬　そのあたりが、われわれ日本人にわかりにくいところでしょうね。われわれが受け取っているものは、儒教的生活形式や背景を抜きにして入ってきていますから、勝手な受け取り方をしているかもしれない。日本人が影響されたのは宋以後の儒教だと思いますけれど、たとえば王陽明のものなどは、あれは県知事とか大臣とかいうような帝王の補佐者というか、治国平天下の責任をもつ立場の人の政治哲学でしょう。いまでいえば大臣とか、知事とか会社の社長とかのためのもので、われわれ牧民についての、責任のない匹夫《ひっぷ》の哲学になりうるのかどうか。

貝塚　王陽明も中央の大官で、なかなかの政治家でしたから。

司馬　日本にくると、人間の生死の問題のようなエッセンスになってしまいますね。私は学校のころに王陽明の『伝習録』の一部を人に習って、そのときはなるほど懦夫《だふ》の身ながら凜乎《りんこ》として志を立てねばならんと思ったりしましたが、十年ばかり前、河井継之助を知る必要があって自分なりに読んでみて、なぜこういう勁烈《けいれつ》な思想家が中国的土壌の中から出てきたのか、どうもそのほうに気をとられました。つまり中国は何千年間という、おどろくべき長期間にわたる中央集権主義の官僚社会ですね。さらにはヨーロッパ風の論理的学問でないにしても、政治学の発達面では世界に冠たるものがあろうと思います。それでありながら、一面に官場《かんじょう》の大腐敗というものも何千年の伝統をもっていて、宋以後、その腐敗を許しがたいという精神がでてくる。それが王陽明になるのではないか。つまり、官僚社会の腐敗を現実に見て、その中からでてくる思想ではないでしょうか。

日本では江戸時代の中期以後、王陽明好きな人がでてきますね。なるほど日本の封建体制の中で官吏に相当する人たちにも多少の腐敗はありましたけれども、しかし、中国の官吏に比較すれば、江戸時代の武家官吏というものは平均的に清貧で、田沼意次《おきつぐ》などは例外としても、大官になって巨富を得たという人は幕府にも藩にもまずない。それにもかかわらず王陽明がもてはやされたのは、その思想を生んだ中国官僚社会とは無関係に、王陽明の気分というか生気というか、そういうものが、日本人の何かと結びついたのでしょうね。まあ、おなじ官吏といっても、日本の武家政治の社会と中国のそれとは一緒くたにはできませんでしょうけれど。

貝塚　中国の政治は文人政治なんです。中国では軍人はヤクザ同様の人間なんですね。力があれば天下は取れるけれど、軍人である限りは尊敬されませんよ。ですから軍人が天下をとっても、みな官僚になってしまう。政治を担当するのは、儒教的教育をうけた官吏、官僚です。ですから中世的封建制といっても、西洋の騎士や日本の武士が支配しているのとはぜんぜん違います。

ぼくは子供のとき『唐宋八家文』をいやというほど読まされましたが、それにのっている范文正公の「岳陽楼記」というのは始めから終りまで暗誦させられました。そのなかで彼は、「天下の憂いに先立って憂い、天下の楽しみに後れて楽しむ」の言葉のように、天下の政治に対して非常に責任感を持っていますね。そういうところから、王陽明がでてくるわけなんです。

司馬　政治に対する責任感がでてきたのは世界史的にみて、中国が一番先んじているわけですね。

貝塚　ええ。西洋のルネッサンスよりずっと前ですから。こういう官僚組織は漢代からですよ。二千年続いているわけです。

伝統と革新

司馬　そういう長い伝統を、毛沢東はどう思っているんでしょう（笑）。えらい急に話が変りますけれど（笑）。伝統を否定しなければ新中国は生まれない、という考え方が辛亥革命前後から一部のインテリにあったのではないでしょうか。陳独秀だったか、梁啓超《りょうけいちょう》だったか、中国にも武士道はあったと……。

貝塚　梁啓超です。

司馬　ヨーロッパは武で、中国は文である。そのためにひどい目にあっているのだ。漢以前、つまり文人政治以前には中国にはすばらしい武があった、いま漢以前の武を呼び戻さなければならない。そういうことをわざわざ書かねばならない歴史的な異常事態が清朝末期からおこったわけでしょう。巨大な、いわば世界文明史の重要な部分である中国の政治文明を否定するところから新中国が興るのか、それとも少しは過去のいいところを継承するのか、それが今日一番おうかがいしたいことなんです。

貝塚　五・四運動のころは、陳独秀と、とくに胡適は全面的西洋化を主張しましたね。西洋の文明に対応するためには、こっちも西洋化しなければならぬと考えた。ところが毛沢東は、戦争中の新民主主義論では中国の文化の批判的継承をとなえました。中国の古い伝統でも、いいものは残しておこう。一九四〇年代まではそういう主義です。

司馬　けれど、伝統があまりに重いために紅衛兵運動が起ったりしている。文化大革命は、要するに古いものはすべてやめるという、そういうエネルギーではないか、とつい早合点したいような気持になりますけれども。

貝塚　この前、オーストラリアのキャンベラに行ったんです。キャンベラは一九一三年にできた人工首都ですね。シドニーとメルボルンとどちらも首都になりたがって喧嘩して、しようがないから中間に人工的な町をつくった。それがキャンベラです。本当にきれいな町で、へんなバーもパンパンもいない、清潔そのものです。メイフラワー号にのってアメリカに渡ったピューリタンの連中は旧教国とは相いれないのでアメリカに渡って、新天地で新しい国家をつくった。私は人工的首都の美しいキャンベラを歩きながら、アメリカのニューイングランドの清教徒を思い出し、いくら革命しても古い国では純粋で清潔な世界はつくれないのかも知れぬと思いました。毛沢東主義もそういうものですね。中国みたいな古い国を新しくしようと思ったら、従来のものとはすべて訣別《けつべつ》して、新しいものをつくる覚悟じゃないといけないんではないか。

司馬　そうでしょうね。

貝塚　日本と違って、中間の策はない。

司馬　これが日本であれば、明治維新のときサンプルの国が共産主義であったなら、共産主義になっていますね。

貝塚　明治維新で西洋をモデルにした文明開発をやろうと思った日本人ですから、新中国が文化革命をもしうまくやっていくと、それをモデルにしようと本気で思う人が多くできかねません（笑）。向うから別に革命工作しないでも……。

司馬　非常に影響を受けるでしょうね。

貝塚　そういうように外国の影響を受けるのが日本人の特色ですから（笑）。

司馬　まあ、中国のイデオロギーというのは非常に地についていますね。その点、日本人のイデオロギーは……。

貝塚　尊王攘夷の本を読んでいて気がついたんですが、日本人がイデオロギーと呼んでいるものは、西洋のイデオロギーじゃないんですね。ムード的な……。

司馬　心理的な、そして気質的もしくは環境的事情かもしれませんね。

貝塚　個人的なテンペラメント、そういうものをイデオロギーと呼んでいる。向うでは、ぎっしりと論理的に構成されて、日本みたいに、明日になったらすっかり転向してしまうということはない。日本のイデオロギーは、イデオロギーと呼ぶに値せんですよ。

司馬　気分ですからね。私は明治初年の自由民権運動をどうにも額面どおりにうけとれなくて、ほとんど呆然とすることがあります。あれは旧士族や旧庄屋階級の復権というか、復権運動までいかなくても権益喪失についての不満の表現という要素が八〇パーセント以上ですね。イデオロギーではなさそうなんで、後世に対してカン違いさせる。

貝塚　だからすぐまた変るんです。

司馬　中国はどうでしょう。

貝塚　中国人は変らんです。一度決めたらそんなに容易に変らんですよ。百家争鳴後の粛清のときに中国に行った時のことですが、北京飯店で何十回目かの批判会をやってました。批判されている連中は、自分のやったことは決して間違いないと、いつまでも主張するんですな。日本人は、二、三回やられたらすぐ自己批判するでしょう。ところが、中国人はなかなか自己批判しない。そこまで確固としているのがイデオロギーです。

司馬　中国語は、言語として論理的ですね。一つレンガを外したら、建物が崩れるような言語でしょう。あの言葉なら、イデオロギーが成立するまいと思っても成立してしまう。

貝塚　日本語では、イデオロギーは成立しえないんですね。

“礼”と“文”の国

司馬　まあそれはともかく、中国を訪れた日本の政治家や文化人のひとたちが非常な好意をもって帰ってくるのは、私なりにわかる部分があるような気がします。私の知人の中国人がすべてそうですけれども、ご馳走してくれるとなると、ここまで心を配れるかというくらいもう死身《しにみ》になって一心不乱に接待してくれます。いつもそのとき、これが文字に書かれていると礼というものかと驚嘆する思いでいるのですけれども、これは中国人ひとりや二人の癖《へき》というようなものじゃありませんね。何千年かかってみがきあげた方式ですから、平素、ザッカケナイ扱いをうけたりしている日本人がみんな中国に好意をもって帰ってくるのは、一つは礼に参ってしまうのでしょうね。

貝塚　わたしは昭和三年にはじめて中国に行って、中国人の学者とおつきあいしました。そのとき気がついたのですが、中国人はこちらがご馳走をすると、その場で必ず、こちらの都合をきいて、いつどこでこんど飯を食いましょうとわたしを招待するんです。ご馳走になりっぱなしということはないんですね。礼は往来するものだといって、必ず倍にして返してくる。

　北京大学の教授ともなると、相当の収入があるわけだけれど、そんなわけで毎晩二回か三回宴会をしていますから、宴会の費用がだいぶかかるらしい。まあ、日本みたいに社用で交際費はおとせないし、しかも、あっちこっちで無限にお返しをするんですからね。それはもうたいへんなことです。

司馬　ははあ。

貝塚　この前、キャンベラに行ったときも驚きました。キャンベラの大学には、一、三人の中国人教授がいるんです。ご馳走をするというのででかけてみると、小学生くらいの子供がニコニコとして接待をしてくれるんです。ぼくの酒がなくなると、たくさんの来客のなかをすりぬけてサッと台所に駈けていって、新しい酒をついできてくれる。ウチの孫なんて、とてもそのようなサービスはできやしませんからね（笑）。

司馬　つまりあれでしょうね。中国人であればだれでも、それだけ他人を接待する能力が身についているという感じですね。ただに周恩来氏のみならず、ふつうの町の人にもそういう素養がある、日本にいる華僑もそうですね。そんな民族は、ほかにありませんですね。

貝塚　ええ。ですから日本人が向うのペースに完全に巻きこまれてしまうわけです。

司馬　孔子のいう礼、中国の文というか、それが人間成立の基本になっているんでしょうね。

貝塚　そうですね。それにひきかえ、日本人は社交性がありませんから、余計に……。

司馬　日本人は古来貧乏で、こんにちといえども法人は別として貧乏ですもの、個人の財布をはたいても、中国風の礼などはとてもつくせない。

貝塚　そうですね。昔の中国人の一番いい階級は、みんな家に料理番を持っています。料理屋で宴会をするのは、まだあまり金のない奴でね。どこの料理屋がうまいなんて、貧乏人のいうことです（笑）。日本とはスケールが違う。

〝文〟か〝武〟か

司馬　『中国の歴史』（貝塚氏の最近の著書）、通史というものは容易ならぬ事業で、まれにしか成功しないものだと思いますけれど、読んでいて目が醒めるような思いを何度もしました。あの中に、中国の易姓《えきせい》革命はすべて農民の力で起ったものだ、とありますね。

貝塚　それは、毛沢東さんのいった言葉ですけれどね。

司馬　中国史上の革命者は漢の高祖以来、初めは武をもって立つが、やがて国ができ上がると武を捨てて文をとる。文をもって治めるわけで、革命をおこした兵隊たち、つまり武装農民たちも武器を捨ててしまう。常備軍というのは存在するにしてもそれは一種の賤民扱いをうける。それが中国二千年のありかただったと思いますが、しかし毛沢東さんの場合はちがっていて、武を捨てるな、常備軍こそ中核的存在であるということなんでしょうね。

貝塚　そうですね。毛沢東も力によって中国を統一したわけでしょう。農民組織、つまり組織力でやったんですから。それには鉄砲がなければ革命はできない、これは当然です。しかしいくら鉄砲がなければ革命ができないと、毛沢東がいったところで、中国の民衆は、そうは受け取りません。民衆にとって、毛沢東は聖人なのだから。

司馬　聖人ですか。

貝塚　ええ。

司馬　おどろいたなあ、なるほど聖人として見られているといわれればわかるような気がする。となると、聖人たる存在が鉄砲を持てなんていうのはおかしいわけなんですね。

貝塚　だからあれは失策だと思います。鉄砲で革命ができるなんて、自分たちだけで思っていればいい。それを宣伝するのはまずい。いまの中国はまぎれもないプロレタリア独裁、独裁制の粋《すい》でしょう。ところが、大衆はそうは受け取っていない。独裁というのは、中国ではとてつもなく悪い言葉ですからね。お百姓さんたちは毛沢東は聖人だと思っている。現代中国は鉄砲で統一されたのではなく、聖人が解放してくれた、と思っている。これが最近のぼくの考え方なんです。

司馬　中国には聖人が出る、本朝には出たことがない、というのが江戸時代の日本の儒者の劣等感だったということですが、なるほど中国では民衆が聖人をつくる気分をもっているわけだなあ。これはどうも驚いたな。毛沢東自身が自分を聖人だと思わなくても、もともと数千人の地《じ》の力で、みんなのほうがそう思っているわけですね。

貝塚　みんな聖人のおかげだ、と思っていなければ文革のような現象は起らない。その点、劉少奇は具合悪いんです。まだ聖人ではなかったから（笑）。

中国は一つである

司馬　ですけれど、毛沢東はこう考えているのではないでしょうか。長い間の中国の文の歴史を断ち切らなければ、眼前の敵であるソビエト修正主義やら、アメリカ帝国主義やらの大軍事勢力には勝てない。たとえば、化学工場も、原子爆弾もつくらねばならない。製鉄所も、あのくらい広い国だから三十も五十もつくらねばならない。そういうものは、全部ヨーロッパ風の武の中からでてきたものだから、われわれも武を中心にしなくてはいけない。そういう考えが、毛沢東の頭の中にあるんじゃないでしょうか。

貝塚　革命は鉄砲によるものだし、国家は武力によって統治するもの。これは常識ですね。しかし表向きは、力の政治ではないのだといわなければ、中国民衆を統治できない。力の政治、つまり覇道なんて、誰も問題にはしませんからね。中国民衆は、力は一時的なもので、いずれ破滅すると見ていますから。

司馬　そういうことでしょうね。数千年の歴史をみても、武力で統治するものは結局は蕃夷で、これは短期間で破滅しておりますね。

貝塚　そうです。

司馬　たしかに、中国は考えられないくらい広大で、しかもほぼ単一の民族でしょう。しかもほぼ一つの文章言語でおさまっている。けれども、あれだけの広大な天地ですから、たとえばいつ揚子江以南が反乱を起すかもしれない。むしろ反乱して独立したほうがヨーロッパ的な常識からいえば、あるべき姿でしょう。あんなに広いところを、一人の帝王、一つの政権が治めていること自体が奇蹟のようにさえ思います。中国の歴代の王朝はかならずしもあれだけの大地と人民を完全に統一してはいなかったと思いますが、その事業を史上はじめて大完成させたのが毛沢東だと思います。しかし、それだけの政権を維持していくには、強大な武力を中央の統制下におかなければいけない。やはり、裏の武力は、隠しがたいくらいに表に出てくるんじゃないでしょうか。

貝塚　しかし、ヨーロッパの近代国家が何で分割したのか。あまり意味がないでしょう。

司馬　これは、参ったな。ヨーロッパを基準に考えねばならぬ理由はないわけですな。方言による分割ぐらいが理由でしょうか。

貝塚　チャールズ大帝以後、国が分れるけれど、それには地理的な事情がある。それと、新教と旧教の分裂。中国にはそういう要因がなかったですね。同じ次元で食うか食われるかという対立がない。仏教も対立的な宗教ではないし、イデオロギーにも対立はない。地理的には多少あるが、自給自足の国といわれる四川省も、独立国になったのはほんの短い期間ですね。つまり、分裂を正当化するイデオロギーがないということなんです。つまり中国人は、天下は一つである。それが二つに分れているのはおかしい状態だと思っているのと違いますか。中国の文化は一つだ、この世界は一つだ、と。

司馬　つねに中国世界の統一ということが、歴史的意志としてずっとあって、その上に歴史や政治がのっかっているわけですね。

漢民族の特性

司馬　話は変りますが、清朝にはずいぶん秀《すぐ》れた皇帝がでておりますね。どこの国の皇帝王様でも、こんなに一所懸命に民のために政治はしなかった。

貝塚　康熙《こうき》帝など、たいへんな努力家でしたね。

司馬　彼らは固有《ツングース》満州民族で、はっきりと異民族ですけれど、漢民族化した皇帝ですから、漢民族の思考法で一所懸命に政治をしている。それでもなおかつ清帝国は亡び、そのあと中国史はジグザグしていきますけれど……。

貝塚　康熙帝は西洋の科学技術文明をよく取り入れましたね。フランス人について数学も学んだ。ああいう努力をした皇帝はいません。

司馬　いませんですね。しかし、それほど努力したけれども、やっぱり亡びてしまう。

貝塚　亡びたというけれど、その時分の満州人は百万人もいないでしょう。それがほとんど満州語を忘れて、中国人になった。北京語は、北京の市民の言葉というより、北京の貴族の言葉ですね。そういう連中が革命後に語学の先生になったんです。満州人が北京語を教えたわけですね。ぼくも、満州旗人、つまり貴族に北京語を習いました。

司馬　わたしも、金先生という中国姓をもった満州旗人に習いました。その先生に、あなたはモンゴリアンであることが誇りなのか、それとも中国人であるのが誇りなのか、ときいたら、眼の色を変えまして、中国人であることが誇りだ（笑）。つまりモンゴリアン、満州人は結局、漢民族にやられるようになっていたんでしょうね。みんな漢民族の中に消えてしまう。

貝塚　完全に同化してしまう。中国人、つまり漢人のなかに消滅してしまいます。が、蒙古人だけは、残ったものもいますね。

司馬　それには蒙古人の事情みたいなものがありますね。満州人は、同じウラル・アルタイ人でも、遊牧ばかりしておらず農耕民族になっていたので漢民族化しやすい精神というか生活文化形式でしょう。蒙古人は……。

貝塚　遊牧民族ですからね。

司馬　それもまるっきりの。しかも遊牧人である蒙古人は土をひっかいて農耕をやるという姿勢を恥じているような……これは証拠がないことですが。

貝塚　いや、実際そうでしょう。

司馬　自分たちは馬賊みたいなものだから略奪しておりさえすればいい。農耕はアホのすることだという気分があるでしょう。だから元《げん》帝国ができても、漢民族以外の文化、たとえばアラビア人の文化みたいなものを平気でどんどん持ってきますね。

貝塚　ジンギス汗は、中国を征服する前にアラビアの大征伐をやって、アラビア文化を取り入れていますからね。だから中国にきても、中国文化にはわりあい冷淡なんです。

司馬　そして、中国文化には音痴のところがありますね。

貝塚　それは西方文化を見たからだという説があるんです。その時代の西方文化はそれほど高くなかったにせよ、ヨーロッパまで攻めこんで、違う文化にぶつかっているわけですから。その時代のアラビアは、自然科学では非常に秀れていましたし。

司馬　ただ、漢民族の女が美しいのには驚いたようですね。だいたい、蒙古人には美人はいないから。

貝塚　しかし、トルコの女性は美しいですよ。

司馬　トルコはツングースであってもアーリア人と早くから混血しておりましょう？先生の説では、ペルシャ人が一番きれいだそうですね。

貝塚　いやトルコ人が一番きれいじゃないですか（笑）。

司馬　大元帝国の連中はそういう女性に堪能《たんのう》してきているから、ひょっとすると中国美人には驚かなかったかな。しかし、ここ百年くらい蒙古人がいってることだと、「日本人がわれわれと同じ民族なら、美人は一人もいないだろう。美人がいるとしたら、日本人は中国系である」（笑）まあ、だから、連中にすれば美人というと、中国大陸、漢民族を思うんじゃないでしょうか。もっとも、ジンギス汗のころの連中は、コーカサス美人も堪能してきているでしょうけれど（笑）。

歴史に対して演技する

貝塚　さきほどの康熙帝の話ですが、中国の政治家は、歴史に対して演技しているんですよ。政治家の生命は政権を失ったときになくなるわけでしょう。だから、どんな極悪非道な人間でも、死んでしまえば歴史によって批判されることを意識して、歴史に対して演技するわけです。ポーズをつくる。

司馬　日本では、徳川慶喜しかいませんね。慶喜にははっきりと歴史意識があって、歴史の中で演技して、後世の批判はこうだろうと想定して、自分の行動を考えています。

貝塚　いまの日本では、政治家にも実業家にもぜんぜんいませんね。ですから中国人から見れば、日本人は野蛮人ですわ。歴史に対して演技しない政治家は、政治家じゃない。青史に名をとどめる、これが中国の政治家の最大の理想でしょう。権力をとること自体も、たやすくはないけれど……。

司馬　運と力さえあれば一時期でもとれる可能性はあるわけですから、その歴史的場所にさえいれば、政権をとることそのものはたやすいということもいえるかもしれない。ニクソンさんだって大統領になれたんですから（笑）。

貝塚　が、青史に名をとどめるのはむずかしい。ですから、みんなものすごくポーズしているわけです。毛さんにしても、大いにポーズしていたのでしょう。自分が権力を失ったあとでも、中国の歴史の中に残らないと具合が悪いんです。

司馬　だからその〝文明国〟での政治家の動きというのを理解する条件は複雑ですね。ときに後世が評価しやすいような発想法で動くこともありうるわけでしょうから。そういう、歴史に対して演技するのは、文天祥（十三世紀南宋末の政治家。南宋滅亡時の宰相。元に捕えられたが、節を守って降らず、殺害された）あたりから出ているんでしょうか。

貝塚　もっと昔からそうですよ、連綿として。だから、後世から悪い評価をうけるようなことは、したがりませんよ。中国人は、成功すると何かというと文化的なことをやりますね。金持になったら、いい本を出版する。自分が書けなければいい叢書をだす。みんなやります。金があるのにそういうことをしないのはバカです。死んで相続税をとられて、何にも残らんなんてことは、中国人はしません。それは野蛮人のすることですから。

司馬　ここで少し日本のために弁護しますと、日本の歴史のなかで大きな富が集中したことは、歴史的にほとんどありませんでしょう。大金持といえば秀吉のある時期ぐらいのものです。家康など、世界的規格での金持かといえばとても疑問ですね。

それから、これはまた聞きですが、昭和十年代の英国王の戴冠式のとき、秩父宮ご夫妻が訪英された。妃殿下は、そのとき、宮家や華族たちの宝石をかき集めて、まあ借りて持っていかれたんです。ところが、それでも中国軍閥の二号夫人が持っていた宝石より貧弱だったそうです。だから、日本で非常なる富を集中した人がいるかを考えると、まあいないといっていいですね。アメリカのジョンス・ホプキンス大学といったぐあいに、自分の名前をくっつけて大学を寄付したような金持は、成立したことがない。

貝塚　メロン（アメリカの大財閥）も、自分の西洋画の大コレクションのためワシントンのナショナル・ギャラリーを一年でたてて寄付しましたね。

司馬　富力が文化を生むわけですが、日本のGNPがいくらだなんていうのは、富力というようなものにならない。何千年、富をどう集めてどう使いつづけてきたかが問題ですね。そうなると、この貧乏国の尺度で中国をはかるのは、無理かもしれませんね。中国は大きなタンカーをつくれないじゃないか、という程度のことで中国をバカにしたり、また逆に尊敬したりするのはおかしい。いまの中国を考えるときにも、われわれの貧乏根性が、邪魔をしているのではないでしょうか。

周恩来は大久保利通

貝塚　アジア人の中で、自国の文化に自信を持っているのは、中国人とインド人でしょう。今度の東洋学会で、インド代表が、「サンスクリットが古典文学として他の文化に与えた影響を研究討論するシンポジウムをやれ」と提案しました。日本の文化が外国文化に与えた影響について研究しろなんて、いえますか（笑）。

司馬　いえませんですね。

貝塚　日本では『源氏物語』ぐらいのものでしょう。

司馬　源氏物語研究などでは一カ国で数人の学者がやっているとすればまあ賑わっているといえる程度のものですね。戦時中アメリカでは日本語熱がでて、すぐれた日本学者を出しておりますが、後継者が非常に少ないようですね。本命は中国研究でしょうね。

貝塚　日本美術史の本をだしても、あまり売れない。ところが中国美術史だったら売れるらしいですね。

司馬　そうらしいですな。

貝塚　ここで話をさっきの、歴史に対する演技に戻しますが、中国人は、政治も演技だと思っているんですよ。いい演技家でない政治家はありえない。周恩来なんて、大変な演技家ですからね。毛さんもボサーッとしているようにみえて、大変な演技家です。

司馬　ボサーッとしていてひとに解釈をいろいろ考えさせる演技が最高のものでしょうね。

貝塚　中国の政治家は、みんな演技家ですよ。彼らは、明治維新における西郷隆盛とか大久保利通とか……周恩来は大久保利通ですね。日本の政治家は並び大名程度でしょう。向うは、団十郎、菊五郎が揃っているのだから、勝負になりませんよ（笑）。

司馬　ともかく新国家の英雄的政治家というものはとても一筋縄ではゆきませんな。

貝塚　一般の中国人も演技がうまいですからね。この前、香港に泊まった帰り、ホテルから空港までホテルの自動車にのった。降りるとき、いくらチップをやっていいのかわからないので、いい加減にやった。そうしたら、少なかったんですね。つかみかからんばかりのこわい顔をした（笑）。で、もう少しやったら、とたんにニコニコする。パッと怒って、パッとニコニコするなんて、日本人にはできませんからね。

司馬　日本人はかいもく演技能力がありませんね。

貝塚　こういう演技のうまい民族を相手にして、外交で勝つなんてことは、初めから考えてはいけないんです。負ければいい。そのかわり、一番うまい負け方をすることです。

司馬　どんなに。

貝塚　向うのカオを立てることです。それから、やはり実行することです。中国人は言葉だけでは信用しません。こんど藤山愛一郎さんが中国に行かれたが、藤山さんを中国が評価したのは日中国交回復促進議員連盟を作ったからなんですよ。

司馬　なるほど。

貝塚　藤山さんは安保条約のときの外務大臣だから駄目だという説が左翼にあるけれど、それは余り関係ない。彼が連盟をつくったことで評価したんです。

司馬　日本人だと、あいつは何もしないけれどもいい奴だ、で世間に通用するけれど。

貝塚　自分の意見を主張して、それから中国に対して何かを実行すること。それによって評価するんですよ。

司馬　中国人というのは一にも二にも信用第一ですね。

貝塚　ええ。日本人はイデオロギーを信用していると思っているが、それは大間違いです。この人はどのくらい実行する人か、ちゃんと見ています。ある日本の実業家に、こうたずねられたことがあるんです。中国に貿易交渉にいったとき、「中国人に誠意をしめせとしきりにいわれたが、どういうことでしょうか」と。私は答えました。誠意をしめすということは、実行するということですよ。口で誠意なんていっても駄目です。

司馬　それは相当にむずかしいことですね、日本人にとっては。

貝塚　「お前のいうことはよくわかる」なんていうだけではいけないんです。それでは、日本の学生にも信用されない。いうことがわかっているのなら、何とかしたらいいじゃないか（笑）。わかる、わかると口でいっても駄目で、身体を張って学生を護って、はじめてわかっていることになる。中国に対しても同じことでしょう。

司馬　しかし、まあ日本人は、だいたいが口舌《こうぜつ》の徒だから。

貝塚　政治家はことにそうですね。

主張をくりかえすということ

司馬　幕末のことを見ていてわかったんですが、私は長州人を非常に大きく評価しますけれども、同時代の日本人の中でもきわだって口舌の徒ですね。言葉が好きで、吉田松陰とか高杉晋作とか、ああいう天才的な行動家でさえ、大量にそういう癖をもっている。松陰などはそういう大量の言葉を残してくれたおかげで、後世のわれわれは彼を理解できるのですけれども。それがチンピラ志士にもある。行動を起すときも、なぜ行動を起すのかということを友達に手紙を書く。挫折すると、なぜ失敗したのかとその理由を書いてくばる。この長州的性格は、明治以後いまだに続いている性格ですね。とにかく言葉を先に出して、駄目になったら——たいてい駄目になるのですけど——その弁解をする。これでは、中国とつきあうとき、困りますね。

貝塚　困りますよ。口舌だけではいけません。昔中国からの留学生と話していたら、こういうことをいっていました。「京都に新しい中国人学生が来たら、どのくらい信用がおける人物かを調査するんだ」と。どこで借金をふみ倒したとか、女をひっかけたとか、一週間で調べ上げるそうですよ。日本の学生はそんなことは調べないでしょう。学生同士なら金を貸すことがいくらでもありますけれど、そんなとき、踏み倒しの前歴がある学生には貸さない。それが中国人ですよ。

司馬　やっぱり、国と国との外交でも、ちゃんと調べるのでしょうな。なるほど、これは甘くないなあ。

貝塚　イデオロギーに関して厳しいのだと日本人は思っていますが、実は、イデオロギーにだけ厳しいのじゃない。人間に対して厳しいんです。本当は、その人間が信用できないということを、イデオロギーを通じていってるのでしょう。

司馬　なるほど。それは何でもないことのように思えるけれど、大きな問題ですね。だいたい日本人は、外交が下手だから、かえって他国の外交とは権謀術数で成り立っているという妄想に近いものをもっている。だから十八、十九世紀ヨーロッパの外交をずいぶん日本人は学んで、できないくせに権謀術数を考え出そうとしたりする。特に、陸軍の軍人は、満州事変以後、権謀術数だけでごまかしているような所があった。外務省にはそんなものはないかもしれないけれど、浪人の外交論には、いまだにその傾向がある。

貝塚　中国人の厳しさは、麻雀をやるとわかります。麻雀は賭けだから、中国人は相当インチキをやりますね。そこで相手がインチキをやればそれ以上のインチキをこちらがやって、その場で仕返しをしてもいいんです。

司馬　なるほど。

貝塚　相手が悪いことをすれば、こっちも悪いことをして返せばいい。それでオアイコです。これが日本人なら、相手がインチキをしても、こっちがインチキをするのは差し控えるでしょう。そしてあとであいつがインチキをやると悪口をいう。中国人は違う。日本の軍部がムチャをしたのなら、こっちもムチャをしたらいい。先にしたものが悪いんだから。中国の喧嘩では、先に手を出すのが悪いんですね。どんな理由があっても。

司馬　なるほど、中国を理解するのは、なかなかむずかしいですね。

貝塚　その通りです。とにかく、中国とつきあうには、主張をするにしても、一度や二度主張したくらいではいけない。向うは同じことを何十ぺんもくりかえしてきますよ。百家争鳴のあとの北京飯店での批判会のようにね。批判する方も批判される方も同じことをくりかえしている。なかなか自己批判しない。北京に交渉にいったらむこうは同じことをくりかえしますよ。だからこっちも同じことをくりかえすことです。一度や二度で主張をやめたら、本当にそう思ってないのではないか、と中国人に思われてしまう。だから、最後まで同じことをいうべきです。十回でも、二十回でも、三十回でも。

司馬　ははあ。

貝塚　くりかえしていうべきです。くりかえしは平気な民族ですから。そうじゃなかったら『論語』みたいなもの、くりかえして、いままで読んでいますか（笑）。

司馬　数千年くりかえして読んでますなあ。いまも『毛沢東語録』を何億人もが毎日読んでいるなあ。

貝塚　感覚が違うんです。どんないい本でも、二千年も三千年も読んでいられますか。

司馬　日本では、ベストセラーがせいぜい一年ですからね（笑）。

（『文藝春秋』一九七一年四月号）

山口 瞳×司馬遼太郎

東京・大阪〝われらは異人種〟

一九七一（昭和四十六）年三月

山口 瞳（やまぐち ひとみ）

一九二六（大正十五）年生まれ。作家。寿屋（現サントリー）で広告制作にたずさわった後、作家生活に入る。「江分利満氏の優雅な生活」で直木賞、『血族』で菊池寛賞受賞。『週刊新潮』の連載「男性自身」は亡くなるまでの三十一年間、休載なく執筆。九五年逝去。

司馬　ぼくは山口さんの小説や随筆はぜんぶ読んだつもりですけど、読みおわるとじつによく眠れる（笑）。どういうわけだろうとここへ来るまで考えこんでいたのですが、ともかく旺盛《おうせい》な拒絶反応性というか、非寛容というか（笑）、トゲトゲしているくせに、それが濃厚な美の意識で秩序づけられているから、その秩序の国にまぎれこんでゆくとこちらの気持も安らかになってきて、眠りにおちこんでゆくことができまして（笑）。

まあ、それは今日の本題とはかかわりはありません。山口さんは定義好き（笑）、――こまったな、ぼくはそう決めてかかっているのですけれど――まあ、強烈な定義メーカーであられる。その定義好きに倣《なら》って私も山口さんを定義しますと、命がけの僻論《へきろん》家で……（笑）。

山口　偏軒と号す（笑）。

司馬　偏見を正念場にして、その偏見のためには死んでもいいというような（笑）、これはすごいな。まことに凄絶《せいぜつ》なもので、つまり山口流の一つの定規を作って、これにあらずんば人間にあらず、あるいは文明や文化ではないんだとおっしゃる。これは江戸いらいのきっすいの東京人の精神みたいなものだと思いますね。きっすいというのは、三代つづかなければ江戸ッ子じゃない、というああいうきっすいでなくて、精神の意味です。

山口　育った環境とか母の教育のせいでしょうけれど、世の中には本物と偽物とあって、本物だけを信じようという気持が、子供のときから強かったですね。つまり、芸者には、いい芸者とダメな芸者がいる。芸人にも、いい芸人とダメな芸人がいる。いい人間とダメな人間がいる。そういう感じがものすごく強かった。ですから、世の中が逆転しても、芯《しん》になっているのは、子供のときに抱いたそういう感情なんです。一回限りの命ならば、自分の好きな女に惚《ほ》れちまえ、という感じが実に強いですね。

司馬　今日は山口さんのお好きな東京についてお伺いしようというわけなんですが、山口さんから見て、東京というのは、地理的もしくは心理的にいえば、どこからどこまでなんでしょう。

山口　初めは非常に限定しまして、山の手線の内側だけが東京で、あとはいらないと思っていました（笑）。新宿なんて、いやでしたね。宿場みたいな、馬糞が落ちているような感じで……。私は三鷹市なんて北海道ぐらいに感じていました（笑）。それが一つの東京です。それと、東京郊外、杉並区、世田谷区あたりの、小津安二郎の映画に出てくるような小市民的な町。それも一つの東京だというふうに思っています。江戸ッ子と東京人と、東京に群がっている人間、いまでは三つあるような感じで、そのどれも好きですね。

迷路の町・東京

司馬　ぼくは寸毫《すんごう》も東京が語れない。ぼくの頭の中には、江戸時代の地図ばかりがなんとなく入っていて、たとえば溜池《ためいけ》を通りますと、あ、ここは鍋島肥前守の屋敷があってそのむこうに汐見《しおみ》坂があって、その坂沿いに塀のあるのが松平大和守の屋敷だというぐあいになってしまう（笑）。ところがやっぱり妙ですな、そういう大名屋敷のあとはあまり細かく切り売りされてなくて、やはりドカッとビルが建っている。旧江戸の域内はだいたい江戸期の区画が骨組みになっていますね。東京に緑が減ったというけれども、しかし樹齢三百年といった樹々が所々に小さな森をなしていて、大名屋敷の庭の一部が残ったようなかっこうになっている。

そこへゆくと大阪なんてのは緑がなくて、ごみごみしているなあ。町の成り立ちから、まあ大名屋敷がなかったも同然なので、大区切りがない。中之島のあたりにかろうじて大名の蔵屋敷がならんでいたおかげで、その跡地にいまの朝日新聞だとか大阪大学の医学部などの大きなビルがあり得ているわけですけれど、他は一坪の土地でもあれば物をならべて売るというぐあいで、じつに細分化されてごちゃごちゃと発展してきて、まったくきたない。大名屋敷という大区画がなかったから、原型としての骨格が船場以外にないんですが、船場も問屋の町ですから、緑などはない。そこへゆくと東京はきれいな町だと思います。骨格というものにめぐまれていたんですね。
真ん中に宮城があるでしょう。中央にこれだけ手入れされた大きな自然を残しているのは、世界にそうはないんじゃないでしょうか。ただ、道がややこしいですな。それは宮城があるためというより、徳川家康というのは心の貧しい人で（笑）、異常に防衛本能が強くて、京都風の町にしなかったからなんです。攻めこまれたとき、京都風の町ではこまる。迷路のほうがいい。で、いま西向いていたら南を向いているというこの東京の道は、家康の防衛感覚からでていますね。まあ、山口さんにすれば、むしろ迷路であることが東京の東京たるところなのであって、京都みたいな碁盤の目の町は、間違っていると思うのではありませんか（笑）。

山口　私の感覚でいいますと、碁盤の目はかえってわかりにくいんです。何条だったか忘れちゃったりすると、もうまったくわからない（笑）。東京はどうかというと、私の育った山の手線の内側だけの感覚でいえば、円タクにのればいいんです。円タクに乗って、尾張町とか動物園とか言えばいい。歴史的なことはわかりませんが、山の手線と中央線というのは非常にわかりやすいですよ。ただし、郊外は駄目だ。

誇り高き〝京都共和国〟

司馬　ぼくは昭和二十一年だったかな、京都で新聞記者をしていて、はじめて京都に接したんだけど、変な町だとおもったな。変にデレリとしていて、祇園祭の祭ばやしなんかも生理的にいやだったな。それに碁盤の目。あれがわかりにくくて、京都の人にそういうと、「こんなに道をわかりやすくしてあるのに、あんたはんよそのお人やからわからへんのどす」（笑）京都でよそのお人というのは田舎の人のことです、むろん東京をふくめて（笑）。まして大阪人などは京都人の目からみれば賤民やな。

山口　私に言わせれば、そういうところが実に田舎くさいのです。どこへでも自由に出かけて行くのが都会人です。京都の人は離れませんね。閉鎖的です。それと、冠婚葬祭とか仕来《しきた》りにやかましい。窮屈ですね。「京に田舎あり」といいますが、「京は田舎なり」が私の持論です。

司馬　京都大学にいる私の知人で、じつに寛仁大度《かんじんたいど》な人がいます。その思想は脱日本的で、本当の意味でコスモポリタンといっていいような人なんですけれども、この人も、こと京都になると絶対の精神をもっているな。京都市民なんてものじゃなくて、日本があって、もう一つ〝京都共和国〟というものがあるという感じです。東京に対するコンプレックスとか、町に文化財があるとかいったような類《たぐ》いの図式で割りきれるものじゃなくて、ちがう次元のものですね。

山口　私、本当にはっきり申しあげて、これは司馬さん以外ということで申しあげるんですが、関西の文化人は大嫌いなんです。臆面《おくめん》がないでしょう。テレたり、恥ずかしがったりすることがないでしょう。それが実に耐えがたいんです。関西の文化人と座談会をしたあとで、中学の同窓生に会ったりすると、実にホッとするんです。

司馬　言いにくいことをいうなあ。しかしその実感は非常に狭い体験の中でならわかりますが、概念としては私にはわからない。

山口　京都に〝哲学の小径〟ってありますでしょう。あの名前なども、実にいやですね。

司馬　京都の地《じ》の人、言ってるかしら。あんな名称、誰がつけたんでしょう。

山口　京都の人は、いまでもやや自慢げに随筆などに書きますね。それを読むとたまらない気がするんです。ネーミングがいやです。私は牛込《うしごめ》とか矢来町なんていうブッキラボーでソッケない町名が好きだな。花見小路なんてゲロが出そうになる。

司馬　そうかなあ、私はたくさん京都の人を知ってるけど、これはミクロでみているわけで、マクロでみればそういう印象もあるかもしれませんね。しかし〝哲学の小径〟は田舎から京都大学に入った学生がつけて言いつたえたんじゃないでしょうか。私は昭和二十年代六年間、京都にいたけど、〝哲学の小径〟という言葉を地の人からきいたことがないな。もっともこないだ鹿児島に行っておかしかったんですけれども、今年、あそこに〝哲学の小径〟ができましたな。山林を切り開いて立派な県立青年教育センターができましてね、その中の小径が〝哲学の小径〟と命名された（笑）。

江戸文化と田舎者

山口　しかしまあ、いやな面というのは、上方だけにあるのではなく、東京人にもありますね。

司馬　ありますか。

山口　権威に実に弱いんです。それは私自身の中にもあります。それに臆病です。五月《さつき》の鯉の吹き流しで、ハラワタはない。

司馬　山口さんはそうじゃなさそうだけれども……。

山口　いや、大ありです。私の先生の高橋義孝にしてもありますね。九州帝国大学、横綱審議会委員、ゲーテ、鷗外でしょう。私も鷗外には簡単にいかれちまう。

司馬　話を外《そ》らすようですが、漱石は非常にいい東京人ですね。学問には根気がいりますでしょう。根気のいる仕事は笈《きゆう》を負って出てきた田舎者にしてやれることで、根っからの都会ッ子がやれるものではない。漱石があそこまで学問という洒落《しやれ》っ気のない根気仕事をやったというのは、江戸ッ子にしては上出来です。

幕末、江戸にぼつぼつ蘭学塾ができ始めたころ、蘭学の先生が旗本か御家人の息子の入塾志願を「学問は田舎者に限る」といって、断わったそうです。つまり、江戸文化は学問文化ではなくて、人間の生き方や生活のしきたりやしぐさの文化なんですね。人間の暮らしのメソッドの美しさを守ろうという文化だとおもいます。こんなに偉い学者がでたとか、こんなに偉い陸軍大将が出たとかいう文化が江戸文化ではない。

山口　そういうのはバカにしますね、あれは田舎者だといって。

司馬　現にそういう仕事は田舎者がになってきたんです。すくなくとも江戸初期から太平洋戦争の終りごろまではね。いまでもそう、田舎者がになっているのかもしれません。ところで、山口さんはよく「田舎は好きだが、田舎者はきらいだ」とおっしゃいますね。山口さんの定義による田舎者とは、いったいどんなものなんでしょう。

山口　いまとっさにいえるのは、他人に迷惑をかけないとか、対人関係における気の使い方とか、そういうものが欠けている人間のことです。それと私のいう田舎者は自己本位ですね。また、東京人は嫉妬心が希薄です。よくいえば公平です。功名心がない。執着しない。芸を大事にする。変な話ですが、ヨットで太平洋を横断したりするのは大阪人ですね。あんなことは意味がない。功名心だけです。東京人は、とても我慢ができないで引き返すか、ムチャをやって死んでしまう。

司馬　ぼくは少し違うのかな。田舎の人は自己本位だからこそ、なんともいえぬユーモアがあるでしょう。あれがどうも好きで。ある県にいったとき、早朝いきなり電話で起されて、飛びおきて受話器をとると「自分は百姓で、いい大根を作っている。一度見にきてくれ」というだけの用事で、むろん見ず知らずの御仁です。農協的田舎というのはすべて天動説で（笑）、ああいう我利我執の人物がどうもおかしくて仕様がない。私だけでなく、私のまわりの人にもそういうのをおかしがってよろこぶ人が多いですよ。

山口　いや、それは私のもっとも愛している人種です。つまり、田舎者は嫌いだけれど田舎が好きだというのは、そのへんのことなんですが、フリワケ荷物で頬かぶりして万国博を見に行く人は大好きなんで、そのことは何度も書いています。それはそれで筋が通っています。

商売に不向きな大阪人

山口　私は三十歳すぎてから、サントリーという完全に大阪商人の会社に入ったんです。東京支店で東京の人間を採用するのを現地採用というんですが（笑）、私はその現地採用の最初かもしれません。入ったときは変な感じがしましたよ。とにかく課長以上が全部大阪人なんですから。しかし、実に気の楽な面もありましたね。完全に名を捨てて実をとるという主義でして、名誉のいらない社会は住みやすいんです。こんなに楽をして月給もらっていいのか、というふうに思いました（笑）。お昼に社員食堂に行くと、重役が天ぷらうどんとご飯だけの丼をとって、その天ぷらをご飯の上にのせるんです。これでたぬきうどんと天丼と二つとれたというわけです（笑）。当時は、サントリーは茅場町《かやばちよう》にありまして、道にオデン屋が来ると、開高健でも柳原良平でも、会社の前で立ってオデンを食べるんです。そのころ一串五円で三つも食べるとオヤツみたいになるんですね。そんなこと、とても私にはできませんでした。

司馬　大阪にはむかしの日雇人夫や、学生たちに、きつねうどんでご飯を食べるというやり方があるんです。あれはうまいものです。それをちょっとサントリー風にして、現地人である山口さんに誇ったんでしょうね。

山口　いや、うまいまずいとか損得の問題ではないんです。なにか薄汚ない感じ、ケチ臭い感じがしました。そのうちだんだん慣れましたけれど。私はケチだといわれると、舌かんで死んじゃいたいようなところがある（笑）。本人は非常にケチなんですが（笑）。

司馬　ぼくは不幸にして代々の大阪だけど、大阪の人間がケチだと思ったことはありませんよ。もちろん、大阪のケチとド根性という概念が世間に流布されていることはたしかです。あれはしかし、ボテ振り商人の習性です。なんといっても大阪は、印《しるし》ばんてんと天秤《てんびん》棒一本で田舎からでてきて、爪《つめ》に火をともすようにして資本を貯めればなんとかなる、という伝統では三百年の都市ですからね。金沢でも博多でも既得権がうるさくて、大阪のように負けン気とケチだけでなんとか小店一つもてるという都市は、ほんの戦前まで大阪しかなかったと思います。江戸はどうかというと、日本橋あたりの問屋では何様御用ということで成立していた。田舎から出てきて商人になろうたって、株仲間や既得権の所有者がうるさくてとても割りこめませんよ。田舎から出てくる者は江戸では職人になるのが普通だったのです、問屋の下職の。

大阪でのそういう天秤棒さんの精神みたいなものが概念化されて、流布されたと思うがなあ。普通の大阪人というのは頼りない、つまらないものなんですよ。商人としてはまったく不向きなのが多い。とくに大商人にむかない。松下幸之助だって和歌山でしょう。三洋の故井植歳男さんは淡路です。とにかく、大阪人は概して商売にはむきませんよ。

山口　ぼんぼん……。

司馬　うん、ぼんぼん。ぼんぼんでなくてもカイショナシ（甲斐性なし）。実に役立たずなものです。これは数字であげると明快になりすぎて、かえって物事のニュアンスを失いますけど、まあ言うとすれば、商売の都のセンターである大阪商工会議所の会頭は明治初年以来大阪人は、たった一人ですよ、それも明治初年に地主さんが頼まれてなっただけです。これをみても、大阪がいかに田舎から流入してくるひとびとの覇者《はしゃ》交代の地であるかわかると思います。

山口　しかし、大阪人はケチ臭いという感じは、依然としてあるんです（笑）。牢固として抜きがたいな（笑）。

司馬　ぼくは小学校から最終学校まで、それに勤め先も〝大阪〟とつかないところにいたことはありません。兵隊で満州に行くまで、大阪以外の土地をぜんぜん知らなかったんです。二十三、四歳のとき、まあ古代騎馬民族みたいにわざわざ満州から朝鮮半島を経て、新潟に上陸して、東京を防衛するというのでうまれてはじめて関東平野に入ってきて、そのとき、連隊の使いで東京へ行って、はじめて東京をみました。焼け野が原だったけど、まあ、あれが私にとっての東京瞥見《べっけん》だったな。だから、ぼくには全く東京経験はありません。従って東京コンプレックスもない。

といって大阪が好きだから住んでいるんじゃないんで、どこも行く所がないから住んでるんです。高知や鹿児島に住んでもいいと思いますけど、作家だから東京へ住まなきゃならないということになるなら、作家をやめます。これは本音です。

山口　いや、驚いた。あなたこそ命がけの僻論家ですね。作家をやめるなんて……（笑）。

司馬　たとえば東京へうかうか住んで、八百屋へ行って大根を買ったりすると、東京の大根を売られちゃうという恐怖心がある（笑）。これはべつにナショナリズムじゃないんで、住んでいる町というのは着古した洋服と同じで、着やすいというか、住みやすい所がいい。私など大阪には小学校以来の友達が、うどん屋もいれば巡査もいるし、泥棒までいますぜ。そういう所に住んでいるのが、人間の幸福だからと思って住んでいるわけだけど、大阪が気に入って住んでるわけではない。私はじつは大阪に対しては近親憎悪のようなところがあって、大阪の役所から何とか賞というのをくれるというのもヒステリックにことわっちゃった。ぞっとする思いです。

山口　激しいなあ。私は権威に弱いから、すぐもらっちまう（笑）。

司馬　まあまあ山口さんの体験はおそらく正しいでしょう。ぼくは同臭の中にいるからわからないのかもしれない。世間に流布されている概念的大阪を、それでもなおこの近親のためになんとか打ちこわしたいとは思うんですが、なにせ山口さんのような体験者がおっしゃるんですから……（笑）。

山口　同僚はみんな大阪人でしたよ（笑）。

ユーモアの違い

司馬　ぼくが兵隊に行ったときは、学徒出陣なので学生ばかりで、それも特科隊ですから、各県からきています。そのとき、信頼できるのは大阪の人間だけだ、と思いましてね。

山口　その感じは非常によくわかるんです。名誉がいらず短気でもない。合理的なんですね。権威にも強い。私も、日本の軍隊なら大阪の部隊に入隊したい。

司馬　ただしこれは注釈がいります。郷土意識じゃなくて、つまり悪いことをしたり怠けたりするときだけの相互扶助関係であって、それは暗黙の上に成立する。各県の連中は——といって学校はたいてい東京なんですが——どこか張りきってしまうところがありましたから……。

山口　その通りです。実に気が楽になるような良さがある。それはいまでも感じていますよ。それからちょっと別のことですが、東京とはユーモアのセンスが違いますね。これは私にとって、耐えがたいことなんです。

司馬　そうなんです。違いますね。大阪の連中も、これだけは耐えられないといっている（笑）。

山口　三遊亭円生《えんしょう》は大阪生まれの東京人ですが、「大阪では噺《はなし》がやりにくいったらない」っていってました。どぎつくやらないと笑ってくれない。あんな辛いことはないから、大阪に行くのはいやなんですって。

司馬　円生の磨きあげた芸は、江戸芸ですからね。

山口　しかし「三十石船」でも、大阪ダネでしょう。

司馬　江戸落語のタネは七割以上が大阪で作られたものですね。となると大阪の人は創造力があるようにきこえるが、これは別な事情もあってそうもほめられない。ともかく大阪は落語ダネは創ったけれども、噺をみがきあげて芸に仕上げてしまうということができないいんです。これは芸人が悪いんじゃなくて、風土がそうさせないのでしょう。落語の芸は、ともかく江戸でなきゃ成立しませんよ。客がああいうふうに通《つう》ぶってキザったらしくなってくれなきゃあ、噺家が気負いこんで芸をみがいて、ここまで来いというぐあいにいかない。

山口　偏見だなあ。東京人は決して通ぶったりはしませんよ。通ぶるのは、それこそ田舎の人なんですよ。東京人は、むしろ野暮を心がけるんです。万事につけて控え目です。可哀そうなくらいに……。しかし、芸に対するオアシはキレますよ。

大阪人の〝笑い〟

司馬　大阪はダメです。客は笑わしてくれという一点ばりで、子供に菓子をまいているようなもんや。江戸もしくは東京の場合、お客は一生懸命に聴くでしょう。いやな噺家なら背を向けたりしますけど――あれまあキザですけどね――しかし、それでも聴かねばならないという姿勢は持っている。その心情をすこしイケズにいえば、江戸風になるための道場みたいなものが寄席《よせ》だったという伝統がありますね。ところが大阪で寄席に行くのは、田舎から出てきて商店街で軒店のひとつも出した連中です。せっかくお金を払って来てるのだから、ほげたが砕けるほど笑わせてくれという。笑いは知性の尺度ですね。まあ大阪というところは、いまの五十代ぐらいから上の人は、大学出などめったにいない土地ですし、そういうこととは無関係であるとしても、土地に知恵はあっても知性がない。みなオッサンやオバハンばかりが客で、これまことに江戸芸は通用しません。ともかくまあ、円生の磨きあげた芸では、大阪人はどうにもポカンとしてしまうらしい。しかし、だからといって大阪のユーモアがダメだということにはならないで、ユーモアの系列がちがうんです。

山口　円生の「かなわないな」という感じがよくわかります。たとえば六代目菊五郎の芸を大阪に持っていけば、非常にあわれというか、気の毒な感じがしますね。

司馬　とりつくしまもない、というような格好になるでしょうな。

山口　六代目のは、人をバカにしたようなサバサバした芸ですからね。しかし、あれは実は大変な修練の結果なんです。吉右衛門でも勘三郎でも、歯がみして口惜しがるような立派な芸です。

司馬　しかしまあ、東京でも浅草の喜劇芸人なんてのは、エノケンのほかはどうにもわからない。バナナですべってゲラゲラでしょう。あんなものなんだ、ラジオ体操してるだけじゃないか、と思うだけで（笑）、どうにもあれがわからない。

山口　私は、エノケンでも受けつけないんです。エノケンよりも、三木のり平のほうが東京の芸です。山本嘉次郎の演出したエノケンは別ですが……しかしたしかに喜劇役者は関西のほうがいい、あれは不思議ですね。

司馬　喜劇役者にいいのがいるというよりも、いまのところ関西弁のほうが方言といえる。もっとも京都弁では笑えませんけれどね。

山口　それと、向うのほうが競争が激しいし、ギャラが安いですね。東京の芸人は偉くなるとすぐギャラが高くなってしまう。森繁にしても三木のり平にしてもえらく高くて、おそらく藤田まことの何倍になっちゃうわけでしょう。向うは安くて、辛抱して、熱演しますから、自然にうまくなるし、使いやすいというので、テレビや映画にどんどん出てくるわけです。

司馬　その方面はよく知りませんが、ははあ安いのか（笑）。

「東京は田舎なり」

山口　西条凡児。あれは大阪の典型ですか。大阪人は、「西条凡児ようやった」という感じがあるんじゃないかと思うけれど……。

司馬　あれは典型ではありません。なんだかあの欲ボケさんは世間一般の大阪概念にピタッとはまる人物として、社会面に派手に登場しちゃいましたけれども、まさかようやったとは大阪の人、思ってないと思いますけど。あれを攻撃して書いた四つの新聞の社会部は、みな大阪ですからね、「ようやった」と市民が思うようなら、社会部というのは、庶民感覚に敏感なだけがプロフェッショナルな唯一の点ですから、あんなにキツイ攻撃はしなかったでしょう。

山口　鹿児島では西郷吉之助がすごい人気だとかいうし、関東でも荒船清十郎などああいうスキャンダルを起した人物が、国に帰ると人気者になってまた当選してしまうということがありますね。あれにひどく田舎臭い感じをうけるんです。

司馬　たしかにいやらしい感じをうけますね。西条凡児についていえば、ぼくはテレビを見ないからよくわからないのですが、かつてタクシーの中できいたことがある。あいうギスギスした物の言い方はどうも上方の味じゃありませんね。

山口　私は西条凡児というのは嫌いではありません。むしろ月亭可朝のほうが好みにあいません。どっちでもいいけれど……。

司馬　上方人は中間色で物をいいます。決してはっきりとはいわない。上方の言語は、フニャフニャとわけのわからないことをいって、そこで本意を察してくれという、そういう気息の間《かん》に成立しているものです。たとえばグジャグジャいってるけれど、本当は断わりたい、だけど断わりますといったら失礼だからグジャグジャいってる。それが上方言語です。それを察しないと木曾義仲になって京都から宙に浮いてしまう。ところが日常、東京の人にそういう言い方をしても、ちっとも察してくれない。だから東京はやっぱり田舎なんだな、と思ってしまうんですよ（笑）。

山口　「東京は田舎なり」ですか。それでも結構ですよ。私もいまの東京は田舎だと思っています。しかし、この対談、なんだか変だなあ、子供の喧嘩みたいで。

司馬　東京には、江戸時代のころから沢山人間が集まっていますね。元禄過ぎたころに、百万人もいたそうです。で、幕府は二百数十年間、江戸に人口を流入させないように苦心して、いろいろおふれをだしている。結局刀折れ矢尽きて、東京になってしまったわけです。各県から人間が流入するので、共通言語が必要になってきますね。それが東京ことばになった。各県から来た連中に「これがほしい」とか、「それはダメだ」というような意味をはっきりわからせなければいけないので、東京ことばは、日本の言葉の中では、極めて例外的に意味が明晰《めいせき》なんですね。上方ことばは、その点では土語です。日本人の遅れたる生活感情と一緒の言葉ですから、グジャグジャいって、顔色を見て察してくれということになるんですね。

ところが、東京ことばは、さっき申したように論理的な言葉の伝統が三百年もありますから、どうにも理屈っぽくなる。ところが、理屈でいうと、間違うことがありますね。初めはこう言おうと思っていても、論理というのは妙なもので、理屈自身が理屈をひきずっていってとうとう思わぬ結論にいくときがある。そういう言語の違いが、東西の行き違いになるんじゃないでしょうか。いま、大阪に本社がある会社も、東京に進出していますが、東京と大阪で電話で業務上の連絡をしているとき、たいてい喧嘩になるというのも、言語の違い、いや言語以前のセンスの違いからくるのでしょう。

両都市間の断層

山口　関西出身の人で、普通は東京弁を使っているのに、物を断わるとき急に関西弁になる人がいますね。あの感じはズルくて実にいやです。

司馬　私もときにそれをやる（笑）。断わるというのは、やはり失礼ですよ。失礼だが断わらなきゃしかたがない。八百屋のオヤジが、大根を下さいといわれて、大根がなかったとする。すると大阪では「どうもすんまへん、すぐ取り寄せまっさ」というんです。翌日入荷するだけのことで、すぐ取り寄せるわけではなくて、これはウソなんですけれどね、これをウソだといっていきまいたら、木曾義仲になって、あれはアホやということになる。その「すぐ取り寄せまっさ」というのはウソなんですけれど、ウソを承知でその場の雰囲気だけはやわらかくなる。言葉というのは、文化の古いところではほとんど無意味につかわれるわけで、ただ人間関係を円滑にするだけで効用をはたしている。もし、「大根ありません」なんていったら、もうあんな店に行くか、ということになってしまいます。

山口　どうも弱ったなあ、私はブッキラボーだけど決して嘘はいわない東京の頑固なオヤジが大好きなんです。すると私はアホになるわけですね（笑）。

司馬　戦後、東京の友達の家に泊まって、向かいの煙草屋にチリ紙を買いに行ったことがあるんです。じつに無愛想なオヤジがいて、国電のキップを出すようにチリ紙を出してプイと横を向きやがった。私はそれに腹を立てて、友達にお前の向かいの煙草屋、あんなことで商売になるのかといったら、彼が切り返してきて、「大阪でチリ紙を買うと、みんなニタニタしやがって、ニセのチリ紙でも売ってるんじゃないかと思ったよ」（笑）まあそういう行き違いがありますね。お互いに理解しようとしない。

山口　私は理解してますよ（笑）。それに、弱ったな（笑）おかしいな（笑）。私は大阪で買物をするのが厭なんです。大阪という所は、買うほうも売るほうも商人なんです。従って、実にエゲツない。買物の楽しみとか、馬鹿馬鹿しさとか、心意気なんてものがない。とにかく、大阪で物を買っても「ありがとうございます」といわれない。商人と商人ですから、これは当然です。

司馬　お互いに懸命に理解しようとしなければいけないほど断層ができたのは、原型的に、どうも古くは別個の人種の地帯同士だったんじゃないのかなあ。これはオーバーですけれどもね。まあ日本歴史は大和盆地を中心に叙述されていますね。大和盆地に飛鳥だか奈良の都だかわからないが、ともかく強い政権ができたとき、鈴鹿峠から東が、東国《あずま》だったわけです。アズマとは、わけのわからざるところ、人情言語の通ぜざるところということです。それからどんどんと関所が東方に移って美濃の関ケ原に不破の関ができ、ついで白河の関までゆく。源頼朝の政権によって白河の関がやっとはずれる。それがわずか七百八十年前ですよ。

まあ家康の時代になると、箱根に関所を作って、ここをもって西日本と東日本の境となす、ということになりましたけど、これはまあ極めて政治的に作った関所ですけれど、ともかく風土的には西と東は言葉でも言語の発想からしても違いますね。大垣から沖縄まではおなじ抑揚《イントネーション》ですから。これが大体西ブロックじゃないでしょうか。

ぼくは兵隊の末期、関東地方の館林《たてばやし》や佐野、相馬ケ原などにいて、あのへんの農家の人々とずいぶん親しくしていたけど、土地の人と話していてどうも自分が悪人に見えてしようがなかった。つまり、上方の言語は悪というものを知りぬいてしまった言語なんですよ。悪を知り抜いたところから出て、自分の悪を出すまい、相手の悪もあばくまいということまで含めて成立した言語です。ですから、この言葉をしゃべっている限り、オレは悪人なんだなという感じがしましてね。

そういう違いは、もう大変なものなんですよ。ぼくは子供のころ、もし東京と戦争が起ったら、おれはどうも肉弾三勇士にでもならなきゃ仕様がないなと思っていましたから（笑）。

山口　偏軒という号は司馬さんに返上します（笑）。私はとてもそこまでは考えない。それでは、私はショーギ隊となって討死いたします。

〝味〟の文化

司馬　まあそういう意味の、多少は劣等感からくるナショナリズムは、京都をのぞく上方にはありますね。五年ほど前に、大阪のPR雑誌を読んでいたら、十代の連中の〝大阪を語る〟という座談会がのっているんです。しかし、大阪にはべつに語るべき文化などはないから、とにかく最後まで、東京への憎悪と攻撃なんですね。つまり、愛国心とかナショナリズムは、二番手を走っている国や都会にあるんですよ。大学でも、東京大学には格の意識だけあってナショナリズムはありませんけれど、京都大学にはありますでしょう。

山口　京大はわかりませんが、そういう座談会が実に田舎なんだなあ。東京人は憎悪とか嫉妬とかが希薄なんですよ。

司馬　京都大学は、いわゆる大学が東京にしかなかった時期に、その次を一つ作ろうやというのでできた大学です。わりあい遅く、東京大学より二十年あとの明治三十年にできているんです。で、東京大学の謀叛《むほん》心の強い人間が行ったり、また教授に学歴のない人を採用したりもしました。たとえば内藤湖南といった東洋学の開祖のような人は、秋田師範出の新聞記者だし、ごく近年でも考古学の梅原末治さんなどは中学校しか出ていない。まあ、それはどうでもいいですけれど、二番手を走っているからナショナリズムが起って、東京大学何するものぞ、ということになる。ナショナリズムというのは本来悲痛なものですけれど、ただ上方のよりどころは、一つあるなあ。東京には味の文化がないということです。

山口　不思議だなあ、そんなことはありませんよ。東京人は上方の味を理解していますし、ヒイキにしています。残念ながら、瀬戸内海や裏日本をバックにしている上方とは違って、東京にはウマイモノがないんです。それだけの違いです。それから器に凝ったりしないんです。あれは田舎くさい。私の場合でいいますと、台所に入ったり、食べ物の話をすると叱られまして、それがいまだにしみついています。

司馬　ぼくの家もそうでした。これはまあ、そのころ日本全体にあったシツケですね。しかし上方には食通随筆家は一人をのぞいていませんよ。食通文化は江戸から東京の独特な文化です。あれはちょうど宵越しの金をもつやつは江戸ッ子じゃないということが江戸の大工の、それも棟梁《とうりよう》じゃなくて下働き大工の世間のモラルだったように、その連中からのものですね。大工の下働きは日当はその日勘定ですから、その日に使ってしまっても翌日仕事場にゆけばまたくれる。金を貯めているやつは仕事をしなくなるか、いい仕事をしようと思わなくなる。そんな事情から出たものだと思うんですが、食通文化もおなじで、江戸にはうまいものがどうにも少ない、だからどこそこの店で何を食わせる、ということが重大な情報になるし、それにとびつく。半日がかりでも出かけて行って食ってくる。

上方と東京の違いは、牛肉でも大根でも、西のほうはその辺の八百屋で食ってもうまいが、関東は料理屋はべつとして、素材がなんといってもまずい。劣等感に苛《さいな》まれた上方人が、ときに落魄《らくはく》の想いをもつとき、開きなおって、東京の奴に味がわかるか、それからさらに飛躍して、味のわからん奴に文化がわかるか。さらに飛躍して、東京の奴がアメリカに行ってアメリカの食い物はまずいというけれど、奴らは平素どんなうまいものを食っているのか（笑）、ということになっていくんでしょうね。まあ可哀そうなもので、それが上方のよりどころになっているんです。可哀そうだけど物の味とか、建物とかは、やはり上方のほうが上じゃないかな。

山口　そのこと自体はまぎれもない事実なんです。銀座で二代つづいた小料理屋は十軒ありません。飲食店は全部、関西及び東京以外の人に席捲《せっけん》されてしまった。もう、お手あげです。降参です（笑）。

許せぬ日光東照宮

司馬　私はめったに東京にはゆかないんですけど、お正月に東京のホテルでゴロゴロしていたことがあるんです。退屈だからその辺をタクシーでまわってみようとアテもなく走りはじめたら、丸の内にでたんです。そのとき、これはすごい町だなあ、と思ったなあ。お正月で人っ子一人いませんからね、町全体が私に迫ってくる。風景画に人物を描くと弛《ゆる》むでしょう。実際の風景でもきびしくなりますね、だからつくづくみて、東京のビルがみんな上等になったということに驚いたな。空襲以来しみじみ見たのははじめてだったからな。どうも大阪でみるビルは、バタバタ作った安ビルが多いんですが、東京のは実にいい。表の化粧だけでも大阪の五倍以上の金は使っていると思ったですな。

山口　おそれいります。私は「丸の内が東京だ」とは思っていませんが。

司馬　しかし、開きなおってみると、そうなる理由があるわけで、いまの日本の税法というのは国税中心で、政府に金が吸いあげられるようになっている。ですから恐らく、日本政府はフランスやイギリスの政府よりも、はるかにお金持ちなんじゃないでしょうか。そしてこのごろの大事業というのは、ほとんど政府がかんでいて、政府の金があてにされている。だからどうしても、お金のある所に会社も人も集まる。いまの日本はお金の中央集権制度みたいなものです。だから、どこの会社でも東京に本社をおかなかったら格好がつきません。そういうわけで、大阪のビルを一億円で作ったら、東京では十億円くらいのビルを作る。ですから、もう東京は国際的なステーションとしての町で、日本から、国際的な場所に婿入りしやがったな、という感じがするんだなあ。同じ取引をするにしても、外国との取引は東京でやりますからね。やはりビルは立派にしておかなきゃいけない。

　ぼくはそれまで東京は田舎だと思っていたけれど、しかしこれは改めなければならないと、そのお正月に思いましたな。ぼくの住んでいるところは、大阪といってもこれは大阪が迷惑するような場末ですから、その場末からくるとびっくりしてしまう。しかしそのくせ、原型的な東京に対する美意識についての不信感があるんです。建物について東京の悪口をいいますと、東海道線で小田原あたりから東京まで走ると、ああ東京の家だというのが眼につきますね。相当にいいお屋敷なんだけれども、屋根がトタンで、トタンはいいけれども、その色たるや縁が赤くて真ん中は黒くて、つまりイモリみたいな配色で、東京の人があんな色彩センスの家に住んでいては、日本の文化も大きな期待はできんなという気がするんです（笑）。

山口　申しわけありません（笑）。

司馬　また、日光の建物が許せない。あんな田舎の建物はない。もっとも東照宮は歴史的な建造物ですが、やはり日光センスというのが東京にあるのではないか。

山口　東照宮のあのケバケバしい感じは、私にとっては関西の感じがします（笑）。

司馬　いいとこあるなあ。そこが命がけの偏見（笑）。まあぼくなんかからみると日光センスは東京なんだと思ってしまう。そこに東西比較論のいいかげんなところがあるんですが、浅草の雷門を見ると、よくまあこんなものが見えるところに人が住んでいると思ってしまうんですよ（笑）。

山口　たしかに浅草雷門なんて、ちっとも面白くはありません。だけど、ちょっとしたところに爪楊枝《つまようじ》や袋物の専門店があったり、鳥料理屋があったり、牛屋があったり、まあ、そんなことはどうだっていいんだな。浅草ッ子の久保田万太郎の文学碑は「竹馬やいろはにほへとちりぢりに」だそうですけれど、このシャレッ気や心意気は好きだなあ。だいたい、大阪には俳句が似合わない。

司馬　『アサヒカメラ』に、この前、雷門を背景にした、素人のいい写真がのっていましたよ。二十一、二歳の女の子で、うまく説明できないが、これは江戸が生きているなという感じがしました。いま流行のあのへんな和服じゃなくてキモノでね、それも縞《しま》の着物。縞を今時のどの土地の娘も着こなせませんよ、しかもどのくらい年期がかかったかと思えるほど、着付がしっかりしている。眼付の鋭い美人で、キンチャク切りなんかすぐとっつかまえそうな感じで、そのくせ底ぬけに親切そうなところがある。あれは三百年の伝統をもつ下町しか絶対に生産できない娘だと思いました。

そういうふうに、東京については、感心するところと、どうにもわからないところと、どうしようもなくアホかいなと思わざるをえないところがあるんです。

山口　私は、東京人のバカバカしいところが、実は好きなんです。尾崎士郎さんは「銀座で十円の靴を買うのには、百円かかる」とおっしゃったそうで、私にはその感じがよくわかるんです。そして、それを大阪人に話しても、まず誰も笑ってはくれないでしょう。私、将棋のお稽古をすると、月謝は一万円です。が、一万円の月謝を払うのには五万円も十万円もかかるという感じが絶えずあって、現実にそうなってしまう。私が、関西人を誘わないのは、月謝は一万円だというと、「キミ七千円にならないか」といわれるからです。それはそれで合理的でいいんですが、将棋も芸ですし、芸人を大事にしたいし、従って私の家には将棋指しが集まってくる。……しかし、私のような人間は滅びてしまうでしょうね。

滅びゆく頑固者

司馬　尾崎士郎さんは、専門部じゃなければ早稲田じゃないとかおっしゃる（笑）、狷介《けんかい》な美意識の持主でしたからね。まあ、たった一人の例をあげて、普遍的な問題にすりかえることはできないんですけれど、ぼくの祖父は明治三年か四年に大阪に出てきたオカキの商人でしたが、商売のほうは、日露戦争前後にダメになってしまいました。なぜダメになったかというと、朝鮮米や台湾米を舶来だからといって使わなかったからなんです。日本米はコストが高いんですね。しかもこの人は、明治三十八年までチョンマゲを結っていた人で、最後まで頑固でした。五十歳のときにできた一人息子を小学校に通わせないんです。娘は通わせましたが、小学校は西洋モノだから男子はいかんというんで、塾に通わせた。ぼくの父がその被害者だったんですよ。まあ、そういうメソッドというのは、昔は、個人個人にあったのでしょうね。そういうメソッドを持っていなければ人間じゃない、というようなところがあったんでしょうね。

山口　それはまさに東京人だ（笑）、あなたのオジイさんは。

司馬　ところが、頑固を建て前としているそういう人間は、大阪ではもう滅びてしまった。だが東京では、山口さんのような人がいまだ生きてますなあ（笑）。だから東京は滅びないんだ。こいつはすごいと思いますよ。

山口　よろしかったら何人でもご紹介します。

司馬　京都も、もう危ないです。純粋京都人からみると、祇園ですらニセ京都みたいなところがあるといいますからね。私にも多少わかります。あそこは、京都を意識して再生産したような場所ですから、純粋京都人は、祇園言葉からしていやだといいますね。

山口　祇園の裏は連れ込み宿ばかりで、「ホテル上高地」とか「ホテル軽井沢」とか。あれはいったい何ですか。純粋な京都人は何をしてるんですか。

司馬　だが、東京にだけはわずかながら残っているんだなあ。日本橋に行っても、袋物問屋の旦那に厳として三百年の伝統が生きている感じをもったことが何度かあります。山口さんとこう向かいあっていても、生きているものを感じますよ。

山口　私はもう引退ですよ。

司馬　引退というのが、つまり、もう一枚上の頑固になるということでしょう（笑）。ぼくには不思議でしようがないんですけれど、東京は、頑固な人間が住みつきやすいようにできているんじゃないでしょうか（笑）。

山口　もう大体滅びちゃってますがね。私なんか場違いです（笑）。これは本音です。第一、金がない。東京はゼイロクに占領されました。どうぞ、よろしいように……。

司馬　どうも頑固だな（笑）。

（『文藝春秋』一九七一年五月号）

今西錦司×司馬遼太郎

人類を救うのはアフリカ人

一九七一（昭和四十六）年四月

今西錦司（いまにし　きんじ）

一九〇二（明治三十五）年生まれ。岐阜大学学長、京都大学名誉教授。日本の霊長類研究の創始者。ニホンザルほかの生態学者として優れた業績を残す一方、大興安嶺の探検隊長を務めるなど、登山家・探検家としても活躍。文化勲章、瑞宝章など。九二年逝去。

司馬　ヒマラヤのチュルー（六二〇〇メートル）にお登りになったのは、あれはおいくつのときでした。
今西　五十歳のときです。アフリカのキリマンジャロ（五九〇〇メートル）に登ったのは、六十一歳やったな。
司馬　は、はあ（笑）。
今西　ヒマラヤに行ったときにはね、面白いことがあったんですよ。私は三十代の後半からひどい坐骨神経痛になやんでいたんです。若いときに、鴨川の河原で石ばっかりめくっておったでしょう。
司馬　例の棲《す》み分け理論（生物の社会では対等な者同士は空間的時間的な棲み分けによって共存し、強者と弱者がいっしょにいる社会では、順位や分業をとおして、別な平衡を保っている）を発見されるまでは、鴨川にしゃがんでおられたそうですね。
今西　そう、そう。大きな石を持ち上げて裏返すと、裏に虫がついている。それをピンセットで採集するでしょう。川の中でこいつを朝から晩までやっていると、ものすごう腰が痛くなりよる。それで、坐骨神経痛になったらしい。それと、二十代のとき一度遭難してね。

司馬　どこでした。

今西　穂高でクレバスに落ちてね。そのとき友達が一人死にました。

司馬　井上さん……。

今西　ええ……。私は胸を打って、肺が片方割れよったんです。

司馬　打撲性の気胸ですな。

今西　それから、岩に腰をぶつけて歩けなくなり、松本の病院にひと月ほど入院してましたからね、それも神経痛の原因になっているかもしれん。その神経痛が、ヒマラヤに行ったら、ケロリと治って（笑）、それからは、前みたいにひどい神経痛が起こらんようになった。世の中には案外、神経痛やら風邪やらの患者がようけいますが、関東大震災のときなど、グラッと揺れたら、いままで動けんといってた連中が、シューッと逃げだしよった（笑）。自分が神経痛やということを忘れて走ってしまったんですな。

　私の場合もそういうものかな、と思いましてね。ヒマラヤに行くっていうことになったら、気持ちがシャンとしたのかも知れない（笑）。

司馬　しかしまあ、五十歳でヒマラヤとは、超人的ですな（笑）。ところで、山歩きをすると、カンが鋭くなるようですね。

今西　そうかもしれませんな。山歩きで鍛えたカンは、社会生活にも、学問研究のうえにも、活かすことができるかもしれない。〝今西学〟の特色はひょっとするとそういうところにあるのかもしれんと思うんですが、それ以上のことは本人の口からはいえないな（笑）。

司馬　いつか桑原（武夫）さんがおっしゃってましたよ。今西さんは山を黙々と歩いていらっしゃる、どんどん歩いていって、こんなところから里に出られるのかと思っていてゆくと、スッと里に出てしまう、と。学問だって里へ行く方法でしょうから、やっぱり同じなのかもしれないなあ。

今西　そうかもしれない。

塾の必要性

司馬　ところで、先生は数年前までお弟子さんを殴ってらしたようですな（笑）。

今西　そんなことはせえへんて（笑）。

司馬　あっははは。それはともかく、先生のところからは、不思議にいいお弟子が育ってしまいますね。何かコツがあるんですか。〈編集部注。中尾佐助（大阪府立大教授）、森下正明（京大教授）、梅棹忠夫（国立民族学博物館館長）、吉良竜夫（大阪市立大教授）、川喜田二郎（元東工大教授）、富川盛道（東外大教授）、和崎洋一（天理大教授）氏など〉

今西　育てたつもりはないいんやけどね。

司馬　みなさん、よく似ているところは、物の考え方が自由でひろいということと、その場所に身を投げこんで研究したり物を考えたりすること、もう一つは文章がうまいことですね。

今西　文章がうまいのは不思議やな。まあ、初期の人たちなどは、もう真っ黒になるまで原稿を直しましたがね。それで多少何かを体得したのかもしれない。

司馬　日本でいいグループ教育をしたという人は、たとえば吉田松陰とか緒方洪庵《おがたこうあん》とか正岡子規がいますが、そのあとは、ご当人を前においていうのはおかしいけれど、やはり今西先生ですね。

今西　エヘヘヘ。

司馬　やはり人間は、手ざわりで、肉体でさわらなければ教育はできないものでしょうね。原稿を直すとか、あるいは殴るとか（笑）、山に連れていってシゴクとか……。

今西　私は意識して教育しようと思ったことはありませんよ。教授だったら、門下生を一人前に育てる責任があっただろうけれど、私はそうやなかったんですからね。しかしまあ、みんなしょっちゅう家に訪ねてきました。酒飲んで、歌うたって、議論して……。そういう間にいろんなことを自然に覚えていったんやろうな。いわば塾のようなものやったかもしれない。

司馬　まさしく塾ですな。

今西　塾みたいに個人接触で教育する機関が、もっとあってもよいのですね。いまの制度やと、中学校あたりから馬車馬的に、名門校をめざして試験勉強をするでしょう。だから、眼さきのことしか見ない。本当に自由な気持ちで何かをやりたいという気分に、これではなれんでしょう。そういう気分になった連中は、試験勉強がおろそかになるから、試験にすべって、どこかの事務員かなにかになってしまう。たとえば、子供のときから動物の好きな連中が、大学の動物学科に入ろうと思ったら、理学部の試験を受けんならんでしょう。ところが、理学部では数学なんかに非常にむつかしい問題が出るから、結局入れんことになる。

司馬　まあ、いまの学校教育は、いまの文明を肯定したかたちで伸ばすというか、国家単位でいえばすぐ、その利益に結びついてゆくというものですね。松陰、洪庵、子規などは別の文明を自分の場所から育てようとしたひとびとですね。

今西　まあ、いまの大学では百人、二百人の学生を前にしてマイクの講義でしょう。あれではどのようにえらい先生が講義しても、その影響力が薄まってしまってダメですね。やはり個人接触でないと……。

司馬　やはり塾ですね。

今西　しかしまあ、教育の無価値論も考えておかんといかんでしょうな。

司馬　どういうことですか。

今西　生まれつき才能がある人間は、どこにおいても伸びるんやな（笑）。だってそうでしょう、釈迦《しやか》やキリストのような人は、いったいどこの大学卒業したんや（笑）。

生物の強さ

司馬　話題が変わりますけど、きょうある動物雑誌を読んでいますと、例の下北半島のサルの記事が出ている。絶滅しそうだという……。下北半島がサルの北限だそうですね。零下十度にもなるような寒さの中であの連中は、ずっと種を保存してきたわけですけど、ところが昨年の六月に、ベトナムで枯葉作戦に使われた除草剤が空中散布された。それでもって、サルが食べるヤマブドウやイチゴなどが枯れてしまってどうにもならんというあの一件。

今西　しかしね、あそこのサルは、まだ一頭も死んでないんですよ、いまのところは。

司馬　サルが頑張っとるわけやなあ。ははあ。

今西　サルはそれぐらいのことでは参らんのやね。人間の心配しているほどのことはない（笑）。

司馬　まあ、サルはともかく（笑）、ぼくはお釈迦さんが好きですから、人類は滅びても、それはやむをえないと思っています。素人《しろうと》考えからいっても、このままでいくと、人類は滅びるでしょうね、いかがですか。

今西　へへへ……。みんな滅ぶ、滅ぶといいだしたから、私はこのごろは滅びんというてますねん（笑）。

司馬　まあ、人類の社会には、人類がそれを理想としたり目的としたりしている文明形態がありますね。あそこまで行ったら最高なんや、というまあ合意の目標のような。だから、文明が進むことは無条件にいいことだ、と思われてきたし、私などはいまでもそう思っています。しかし、最近ではいまの文明のもたらす害がふえてきて、進歩への信仰の手前、当惑したり、信仰がゆらいだりして、じつにやるせないことですな。

今西　このままでいったら、やはり良うはないと思いますけど、これだけ声を大にして人類は滅びるといっていれば、すこしは薬がきくのやないでしょうか。

司馬　ぼくはほんのわずかしか、政治をやるひとびととは面識がありませんが、政府と関係の深い政治家ほど、たとえば公害問題というネガティヴな面に鈍感ですね。まあわざと鈍感でいる政治家もいるでしょうけど。考えてみれば古来政治というものは人間を相手にしてきて、人間どもを食える域に達せしめるということが政治の目的の原型的なものですね。食わせる、という目的の次の次ぐらいに教育の問題があったりした。ともかく人間を相手にしてきたわけですけれど、突如、生物としてのヒトを相手にせざるをえない事態になって、政治家というより〝政治〟という抽象的概念そのものが当惑して戦慄《せんりつ》している感じですね。どうしていいのかわからない。

今西　そやけどね、神通《じんづう》川の流域でイタイイタイ病が発生しているといっても、東京にいる政治家にとっては遠いところの出来事なんやから、自分の身に迫ったものとして感じられませんわな。ところが、自分の周辺の空気や水が汚染されてきたら、これはわが身に迫ってきますからな。それでも放っておくということはないと思いますね。だからこれは、そこまでまだ公害がひどくなっておらんという証拠なんやね。ただ、ジャーナリズムだけは公害問題をたいへんセンセーショナルにとりあげているでしょう。これは、今日の文明の、マスコミ文明のよいところであるとともに悪いところですな。この記事には相当の誇張があるなんてことを一々考えている読者は少ないでしょうから、たいていの人は、それをそのまま受け取ってしまう。それでノイローゼになってしまう人もいるやろな。まあ、公害の種類にもよるが、いま急に人類がどうこうなるというようなことはないと私は思うんやけどね。太平洋の海水がいくらか汚染されているといっても……。

司馬　たいしたことはないですかね。

今西　いまのところは。

司馬　このごろ鴨川には、昔のように虫がいますか。

今西　いや、虫はおらんようになったね。

司馬　すると、その虫と同じような道を、ヒトも辿《たど》るということになりませんか。

今西　鴨川の虫は農薬でやられたんやね。日本はアメリカの何倍っていう農薬を使っているといいますよ。それだけの量の農薬を使わんと日本の害虫が死なぬのか、それとも農薬会社がうまいことというて売り込んでいるのか、どっちか知りませんけどな。鴨川の虫はそれでやられた。しかし、日本全国の虫がやられたんではなくて、まだどこかに残っていますでしょうね。農薬をこんなにたくさん使わなくなれば、また生き残ったところから次第次第に広がりだして、鴨川もいつかは元の状態に戻りますよ、年数はかかるやろけどね。ある数残っておったら、また回復します。そういうものですよ、自然というものは。

文明と心中するわれら

司馬　日本は加工で食ってゆかねばならない以上、いまにこの列島をぜんぶ工場地帯にせざるを得なくなるでしょう。そうなると、文明の排泄物質で、気管支炎になったり、風邪ひいても一カ月以上も治らんような生理状態になる人がふえてくる。絶滅はしないにしても、弱くなりますでしょうね。ところが、地球全体からみると汚染されない地帯がいぜんとしてある。そこにいる人間および他の生物が、こんどは地球を背負って立つということになるんでしょうね。いまの今西論によると、そういうことになるわけでしょうね。

今西　文明から離れては生活できんという人間は、文明とともに滅びるかもしれん。しかし、地球上には文明中毒になっていない人間もたくさんいるでしょう、現在でも。そういう人間は、文明と心中しませんよ。文明中毒患者が死に絶えても、そういう人間が生きのこって、また広がっていくでしょうな。

いま、人類は滅びるかもしれないといいだしているでしょう。しかし、そういっているのは文明中毒患者なのですね。もし本当に文明に中毒して滅びるのがいやなのやったら、文明を断ったらよい。どうせ人間のつくった文明なのだから、それが命取りになるというのやったら、そんな文明はこわしてしまってもかまわないはずやないですか。そして、もっとよい文明をつくったらよいやありませんか。しかし、そうはいっても、いうとおりにはできぬところに問題がある。文明をつくりかえるのは、着物を着かえるようなわけにゆかぬ。われわれはやっぱり心中組やろか。

司馬　人類はいろんなグループにわかれていて、その生存状態からみても、今西理論をお借りすれば、棲み分けになって暮らしておりますね。日本が高度成長するのに、他の国がその生存条件を動かさずにじっとしている、ということは決してなくて、日本のつぎには日本より低い段階にいる国家が高度成長をする。競いあって、先進の弊を後進がかならず繰り返しますね、人類というのは。

今西　そううまいことといくやろか。

司馬　そういくように思いますね。東アジアでも、日本と同じコースを進んでいる働き者国家、もしくはそういう国家になりたいと思っている国家がありますでしょう。そういう国には、今は公害問題はないけれど、いまに問題を起こすようになるでしょう。そまあ将来日本が公害問題をコントロールできる時代になると、こんどはそういう国がどんどん公害で悩むようになって無間《むげん》——間断のない——地獄のようなことになると思いますね。

今西　この間、産業界の方々と話をしたんですよ。日本だけで製品を売っていたんでは限度がある。いま日本の企業は、世界市場を相手にするという方向に進んでいるが、先方に購買力がなかったらどうすることもできない。その問題はどう解決しますのやって聞いたんやけど、誰もちゃんと答えてくれへんのですよ。開発途上国に購買力ができるのを待っていたのでは、こちらがくたびれてしまうのではないかと、そこを心配しているのですが……。

司馬　今西学によると、人類は賢いようですか。私はある面では救いがたいアホな所があると思うんですが……。

今西　文明と心中するようでは、あまり賢いことはないな。

司馬　どうも、この文明といずれは心中というように思えてならない。

今西　現在の先進国は、心中するところまでいくかもしれない。高度成長、金儲け主義でどこまででも行けるとしたらね。しかし、いまおっしゃったように、仮に開発途上国が間もなく追いついてくるとしても、あるいは私の心配するように、そうは簡単には追いついてこないとしても、いずれにしても、いままでのような高度成長の急カーブが頭打ちになって、少し安定した社会がくるのと違いますか。

司馬　なるほど。

今西　そうなると、いまは公害やなんやというとるけれど、そういう問題も自然に落ちついてくるやろ。まあ、これで日本の資本家が満足するかどうかという問題が、別にありますけどね。資本主義の行き詰まりも、そのへんにあるのやないかな。

司馬　資本主義は、そのへんで行き詰まるということはハッキリしてきたようですね。マルクスが教えてくれた問題で行き詰まるんじゃなくて、まったく次元の違う場所で頭打ちになるんじゃないでしょうか。

今西　そうですね。どんなものでも、無限に上昇を続けることはできない。進化にしてもそうです。テンポが早くなる時期があって、そのあとは、段々ゆるくなり、最後に変化のないような状態になる。人類の歴史も、そういうことの繰り返しではないやろうか。アメリカの学者で「これからは一層変化のはげしい時代が来る。それに適応できなければ、その時代を背負えん」という人がいるけれど、そんなめまぐるしい時代は、誰も喜ばへんでしょう、人間の生理的条件からいってもね。

自然を作りかえる

司馬　一昨年でしたか、関西《かんせい》学院大学のワンダーフォーゲル部の新入生たちが、先輩につれられて六甲山を歩いた。ところがまだ二キロしか歩いていないのに、二人まで倒れて息をひきとっていますね。ウソのような話ですけど、つまり文明という保温器の中で生きて自然の生物活動の能力をうしないつつある、そんな子供ができつつあることは事実ですね。

今西　これは嘘か本当か知らんけれど、東京の街中に住んでいる子供はアリを知らないそうやね。自然な姿のアリを見たことがない。百貨店で売ってるアリを見て、「ほほう、これがアリか」と思う（笑）。ちょっと街を離れて郊外に行ったら、アリなんかなんぼでもいるのにね。これが文明というものやったら、ちょっとおかしいですよ。「自然が破壊されてる」と盛んにいうけれど、実は自然を見ずにそういっとるようなところがある。どうもそのへんになにか食い違いがあるんですな。大局的に見たら、日本の自然はまだそう破壊されていないように思うんですけどな。

司馬　土を一メートルほど掘ったらまだまだ虫がたくさんいる、というわけですな。いまでも出てくるでしょうか。

今西　それは出てきますよ。トンボやカゲロウみたいに幼虫時代を水の中で暮らしている連中は、農薬のためにうんと減りましたけどね。セミみたいなものは、幼虫時代に土の中で暮らしていて、それから地上に出てきよるから、なにも被害をうけていない。夏は「ジャー、ジャー」鳴いてやかましいでしょう。それから、山の木を伐《き》るって怒るけれど、そのあとちゃんと生えてきますからね。木を伐った直後に行けば、えらい破壊されたと思うやろが、二十年、三十年たったらまた森林になる。ダム工事にしても、工事中に行くとブルドーザーが山を削っているから、ひどいことをするなと思うのであって、ちゃんと完成してから眺めてみると、ダムも、新しい人工的な景色として悪うないものですよ。

司馬　なるほどね。

今西　これだけ人間が多くなったのやから、原始のままの状態を保存しろといっても無理ですよ。こうなったら、人間に合った自然に作りかえていくのはやむをえません。人間の要求にマッチしないものは捨て去られてもしようがないやね。去年、北海道でクマに食われた学生がありましたね。あんな事件、文明国の現象とはいえない。やっぱりクマはおらんほうがええのですよ。

司馬　ははあ、どうもちかごろの今西学は、だいぶ違ってきましたな（笑）。

今西　しかし、だいたい今西学派はオプティミスティック（楽天的）ですよ。登山や探検をやる連中は、そういう気質やなかったらいかん。失敗するに決まってるなんて思ったら、だれが探検なんかやりますかいな。「未知ではあるが、ワシは成功する自信がある。よしやろう」という積極性があって、はじめてそういう行動が起こせるんですよ。悲観主義は探検に向かんのやね。

氷期を生き抜く

司馬　しかし、いくら楽天的であっても、山に登れば予期せざる危険というのがいっぱいありましょう。

今西　雨雪《あめゆき》ってやつやね。冬の初め、春さきのみぞれですな。服にしみてきまして、温度が下がると凍るんですよ。これが一番恐ろしいですね。

司馬　そんな悪条件で登山できる、ということは、人間は相当に強い生物なんですね。虫やヘビよりよほど強いかな。

今西　まあ、そこらへんにはむつかしい問題がありますがね。アフリカの動物にとっては、水の欠乏が一番恐ろしいんです。そうなると動物はどんどん移動しますよ、水を求めて。そんな中で、ゾウだけは悠々としておる。ゾウは力が強いので、水の涸《か》れた河底を鼻で水のある所まで掘りよるのや。ゾウが水を飲んで立ち去ると、こんどはサイやライオンがその水を飲む。

司馬　どっかでコソッと見とるわけやな。

今西　「ゾウが行きよる。ひとつついていけ」ってことでしょうか。ゾウは偉い動物ですよ。まあ、ここで話がちょっと変わりますがね、いまから一万年ぐらい前の動物のことなんですが……（笑）。

いまから一万年ほど前っていうと、氷期がようやく終わった頃やね。氷期はこれからもういっぺん来るのかどうかはわからないが、とにかく一万年前の氷期が終わったときに、氷期の最中は生き続けていた動物がバタバタと倒れたんですね。小さい動物には、そのころから現在まで生きつづけているのもたくさんいるけれど、大きい動物はずいぶん絶滅したんです、アメリカでもヨーロッパでもアジアでも。マンモスなんていうゾウもこのとき絶滅した。ではなぜ絶滅したのかというと、アメリカあたりで有力な説は、ちょうどこのころに人間の狩猟技術が進んだので、そのためみんな人間にやられ、人間に食われてしまったというんです。しかし、それにしては、一万年前の人間の数が少なすぎるんやね。だから、絶滅の理由に人間を持ってくる説は、どうも気に入らないんです。やはり環境の変化やろと思うんですがね。

司馬　そりゃ、そうでしょうね。

今西　ぼくはずっとまえに、冬の蒙古を歩いたことがありますが、それは、一番環境条件の悪いときに、動物達がいかにしてそういう悪条件に耐えているのか、を知りたかったからなんです。ところが冬でも雪がやわらかかったら、少々積もっておったところで、動物は蹄《ひづめ》で枯草を掘りだして食うことができる。けれども、さっき申しあげたような、春さきのアメユキが降って、そいつが凍ると、もう蹄がきかんようになる。そういうときにヒツジなんかバタバタと大量に死ぬことがあると蒙古人もいっていました。それで、これは私の仮説なんですがね、氷期というのは、むしろしのぎやすかったんではないか。

司馬　ほう。

今西　気候変化は、氷期の最後の段階で急激に起こったんですね。その時期に動物達は適応できなかったのやないか。資料がためがまだ十分にできていませんが、どうもそういう見方をしたほうがよさそうですな。

司馬　冬の蒙古では、ツルハシで叩いても、ピーンとはね返ってしまうほど大地は凍っていますもの。たかが羊が蹄でいくら大地をたたいても、とても掘れません。……とすると、氷期のころは、地面は案外凍ってなかったんでしょうか。

今西　シベリアなどには夏でもとけない永久凍土層があるでしょう。あれは氷期のあとにきた寒さと凍《い》ての名残りやね。氷期は寒くて間氷期は温かい、と単純に考えている人が多いけれど、それでは説明しきれんことがたくさんある。ともかく氷期がすんだとたんに、バタバタと絶滅してしもうた。
司馬　なるほど、それが連中にとってさっきのアメユキ現象だったのかもしれませんですね。
今西　そうかもしれん。

都市集中を憂う

司馬　一万年前にいた動物が、今はいないということを考えると、非常に悲観的になりますがね。しかし人類ばかりは、その諸情況のなかを生きつづけて滅びなかったという過去のことを考えると、わずかながら気がつよくなってきますな。
今西　ですから、人類はどんな試練をうけても、それに耐えて生き残らなきゃいけませんよ。文明を犠牲にしてでもですね。
このごろ大地震が来るという説が擡頭《たいとう》してますが、ぼくは前からそういってるのですよ。関東大震災よりももっと大きな地震の起こる可能性がある、そのときがきたらいまの文明なんかイチコロやって。こいつが恐ろしいですな。科学が進歩して、自然など人間の力でなんとでもなる、と思いやすいけれど、自然の力の中には、まだ人間の力でコントロールできないものがいくらでもある。

司馬　人類の記憶にはない、すごい変化が起こるかもしれんということですね。

今西　人類にはおそらく何千万年という歴史があって、その間には天変地異も何回かあった。それを人類だけではなく、いま生存している動物や植物も一しょに通りぬけてきた。たとえば、ヒマラヤ、アルプス、アンデスなどという大山脈ができたときのことを想像してみて下さい。地球上は大変な混乱ですわ。世界中の火山が一斉に爆発して煙を吹きだす。そうなると、空気の成分もかわって炭酸ガスが非常にふえたかもしれない。そういう時期を、人類も動植物もちゃんと越えてきたのやね。だから人類は少々のことでは参らんと思うんです。まだ適応力がどっかに潜在しているんやないか。もちろん公害問題は楽観を許さないことは確かですが、もう少し長い眼で見たら、そのうちに適応力がでてこないとも限らんわけですよね。

司馬　なるほど。

今西　しかし、それにもかかわらず、天変地異が起これば、今の文明が破壊されることも間違いないんやね。その時期がいつ来るのか予測はつきませんが、もう絶対に来ないなどとは断言できん。逆に、来るにきまっているという断言ならできるんです。ではどうして天変地異をくぐりぬけて人類が生き残れたのや、どうして鳥や獣は生き残れたのや、とお尋ねになるかもしれない。生き残れたのは、この地上に分散して生活していたから、どこかに生き残りができたんですよ。

もちろん、不幸にして絶滅した生物もいますよ。けれども、生き残ったのもすくなくない。ゾウの仲間は、さっきもいった一万年ぐらい前に、ほとんど全部絶滅したけれど、アフリカやインドにはいまでもまだ生き残っているでしょう。生き残りがあったら、それからまた芽を出して広がることもないとはいえない。とにかく分散しておけばどっかに生き残りができるけれど、集中していたら天変地異でバッサリやられる。都市にばかり集中するのは、一種の自殺行為ですな。

司馬　アフリカや南半球の密林にもやはり人は住んでもらわんならん。そういう人がいなくなると、人類は滅びてしまう（笑）。

今西　この文明が津々浦々に、アフリカの奥地にまで広がって、それから天変地異が起こったとすると、もう人類の後継者はいなくなってしまうかもしれない。理想としては地球全体に文明が広まるのは結構なことなんですがね。そういうことを考えてると、アフリカ人に叱られるかしれないが、アフリカをうかつに工業国にしてはいけないのかもしれない。もうぼくらは後戻りはできませんでしょう、行きつくところまで来てしまったから。だからせめてアフリカだけは工業国になってくれるな……。

司馬　そういわれたら、さっきの競争の原理をアフリカ人も持っとるとしたら、怒るやろなあ（笑）。

今西　矛盾しているところが、本当なんやね。

文明をコントロールする

司馬　いま日本では、おっしゃるように都市集中が激しい。あたかも文明の意思のように集中してますね。しかしこれはどうしようもないことじゃないでしょうか。既存の政治の力ではコントロールできそうにない。

今西　できませんでしょうな。

司馬　文明をコントロールした唯一の例外は、世界史上、徳川時代しかないんじゃないでしょうか。徳川幕府は、徳川家を一軒守るための体制であり原理であったわけですね。だから、武器だけではなく、あらゆる道具を開発してはいけなかった。ヘンな発明をすると弾圧ですね。平賀源内にしても悲惨なものでした。そういう文明をコントロールした時代が二百七十年も続いた。道具を開発しなかったから、はじめてあれだけの平和があったんだろうと思うんですよ。しかし、もうああいう時代に戻れませんね。

今西　もう後戻りはできませんでしょうな。しかし、ある段階まで科学文明が進んできたら、世界中で相談をしてコントロールを始めてもええのやないか、と思いますね。たとえば核兵器など、もう作るまいという相談がまとまったら、これはもうすぐにでもできますからな。

司馬　それはできますね。できる雰囲気になりつつありますね。

今西　その他のことでもできますよ。いままでは学問の自由ということで、いろんな研究や開発が野放しになっていたけれど、これからは、もうこんな研究はしてはいけないというような取りきめを作るべきやないかと思いますね。それをしないと社会の安定が保てないという心配がある。徳川時代に戻す、ということやないんですが、この文明を維持してゆくためには、やはりそれだけの自己制御が必要だと思いますね。そうしないと、たとえば遺伝子をなぶることによってケッタイな生物や人間がいっぱい出てくるかもしれないでしょう。いまの学問の進み方をみていると、どうもそういう方向に行きかねませんからね。

司馬　そうですね。エネルギーというのはエネルギーが消えるまで動くというものですからね。

原爆が落ちた後に

今西　もっと手近なところでは、人工臓器やな。それに臓器移植。ああいう研究もどんなところへ進むかわからんでしょう。そんなことで人間の寿命をのばすということは、自然に逆らうものですからね。やはり人間は天寿に甘んずるという態度でないと、いかんのやないかと思うんですけどな。

司馬　臓器移植をして三年ほど生命を延ばしたって、別に意味のあることではないと思いますね。しかしまあ、この研究をしたらいかんと規制するには、すごいというか、前代未聞の大思想が必要でしょうな。

今西 そうです。これは議会あたりで決めるべき問題やない。偉大なる支配者が一人で決めなければできないことです。

司馬　そうでしょうね。偉大なる支配者が現れて、その人物に偉大なる権力を持たせないとできないことかもしれませんな。まあ、ギリシア以来の民主主義というものも、そういう面から電池が切れかかってくるかもしれないですね。

今西　その通りかもしれませんな。学問をコントロールするってことは、昔、秦《しん》の始皇帝が書物をみんな燃やしてしまったような、ああいう決断がいるわけやからね。

司馬　いわば大破壊の能力も潜在的にもった大権力でしょうね。そういう大権力は、人間の形をしていないかもしれませんよ。電子計算機の形をしているかもしれない。つまり電子計算機で出てきた答えに服従するということになるかもしれんでしょう。仮に大権力が人間の形をしていたりすると、人間どもが謀叛《むほん》を起こす可能性もありますでしょう。ところが、電子計算機の答えには、人間は割合に従順なところがありますからね。特に日本人はそうですね。アメリカ人もあるいはそうでしょう。ですから、電子計算機が大権力になったら、存外おとなしく従うんじゃないかと思うんですが、どんなもんでしょうか。

今西　あるところまでは、それで行けるかもしれませんけどね。しかし、電子計算機には、創造力ってものがないやろうからな。

司馬　そういうことも考えなくちゃいかんわけですね。

今西　人類社会をこれからどうするか、というのは、創造力の問題ですからね。だから学問をコントロールするときには、そういう偉大な創造力を持った人間がいなくては、どうすることもできない。

司馬　ヒトラー（笑）。しかしまあ、秦の始皇帝の百倍もの権力を自分一個に集中しうる、もしくは人々からゆだねられるというそういう物すごい人物は、今の文明社会からは出ないかもしれませんね。あるいはアフリカから出てくるかもしれない。こんな文明なんか必要ない、という猛烈な思想の持ち主が現れる場所というのは、もうアフリカあたりしかありませんでしょう。

今西　それと、こういう問題もあるやろね。人より先に、百年も前にええことというても、誰も聞かんでしょう。その時代に合わなければダメなんです。だから、世の中が満ちたりているようなときはダメやね。もっともっと人類が悲惨な生活をするようにならなければ、いままで話しているようなことは実現しませんよ。科学文明が行き詰まって悲惨になった実状を目《ま》のあたりにみんうちは、創造力も働かんのと違いますか。

司馬　そうなんだ。それはそうなんだ。

今西　つまり、とことんまで行かないと、人類は救われんということなんやね（笑）。

司馬　そう。その問題に戻ってきますね。そうすると、人類の七割くらいが死ぬか生物としてこわれてしまう時代が来てから、あと三割くらいの生き残った連中が考えてくれるだろう、ということですね（笑）。

今西　そういうことやね。核兵器を使ったとするでしょう。まあ全滅してしもうたらアカンけれど、七割くらい死んで、あと三割くらいが残ったとしたら、救世主みたいな人間が出てくるかもしれませんな、どうも無責任みたいな言い方かもしれないけどね。そういう点で、人類はそこまでいかんと眼が開かんからアホであるかもしれない。しかしそういう事態になったら何かやる、あるいは何かをやる人間が出てくるということで、やはり賢いのかもしれない（笑）。そのへんのところでバランスをとっておかないと（笑）。

司馬　気宇が大きくなってきたなあ。しかし同時にその説をお伺いして、安心できるような、安心できんようなあたらしい不安感もおこったなあ（笑）。

（『文藝春秋』一九七一年六月号）

あとがき

小説を書くというのはただひとりでいる仕事だから、ときに人恋しくなる。そういう恋しさに堪えるということでは私はわりあい何とかなるほうだが、文藝春秋の杉村友一氏はそうは私に思わせず、「いいえ、人恋しいはずです」ときめつけて、こういう仕業をさせてしまった。

日本の賢者といわれるような人達にお会いできることは冥利であったが、しかし私はどうも人見知りをするたちで、とくに昵懇《じっこん》にしていただいている方だと、むかいあったときに変に照れくさくて、毎回、閉口し、ご迷惑ばかりおかけした。

人選びは、編集部にまかせた。

最初は梅棹忠夫氏で、京の祇園のはずれの、部屋の下に白川がながれている宿でやったのだが、じつに気持がよくて、このぶんならつとまるだろうと思ったのだが、第二回目の犬養道子さんとの場合は顔を合わせるなり照れてしまい、笑われてしまった。

梅原猛氏とのときは、ちょうど氏が日本仏教論についてすぐれた思索をしておられた最中で、話がそのほうに寄ってしまい、じつは他に訊ねようとしたこともあったのだが、当方の対談技術がまずいために多少のうらみをのこして終った。

向坊隆氏の日本の繁栄の光りと陰についての工学者としての観察がじつに重厚で、それを政治学の立場でまとめてくださったのが高坂正堯氏であった。

他に多分に時事的でありすぎた主題のものについては割愛せざるをえなかった。宇都宮徳馬氏、小坂徳三郎氏、戒能通孝氏、大野勝巳氏、古井喜実氏、村上兵衛氏の六篇で、それぞれ惜しい気がする。

精神医学の辻悟氏の意見をかねがね尊敬していたが、対談がおもしろかっただけでなく、あとで多少雑談の時間があって、そのときのお話もおもしろかった。これは対談者のヨロクというものである。

富士正晴氏、陳舜臣氏、山口瞳氏は、同業の友人である。だけに、あらたまってみると変な気がして、どこをどう触っていいのかわからなかったが、触ってみると平素とはちがう音色が出て思わぬ収穫であった。

桑原武夫氏、貝塚茂樹氏には、私がもっと大きな撞木《しゅもく》をもっていればもっと洪《おお》きな鐘の声をきけたにちがいないが、そういう意味では長蛇を逸したような後悔がある。

この対談の最後は今西錦司氏ということに編集部がはじめからきめていたようであった。たしかに洪鐘が鳴ったが、この鐘ばかりは割れるまで撞いてみたかったと思い、スペースの不足をかこつ思いがしたが、しかしふりかえってみると、すべての対談がそうであったようで、現場で接した私の幸福の半分も読者につたわらない結果になったことを、なんとなく首尾悪くおもっている。この対談を整理してくださった編集部の堤堯氏、内藤厚氏に感謝する。

昭和四十六年六月

司馬遼太郎

解説

岡崎満義
（元「文藝春秋」編集長）

司馬遼太郎さんは座談の名人である。何よりもあの温《あたた》かく柔かい、しっとりとした声が体にしみ通る。語られる内容も、筋張った論理や鋭い観察に基づいた予見が、乱反射するような多彩な人間的なエピソードにくるまれて、スルスルと体の中に入り込み、あとで何度も反芻して楽しめるのである。私が出会った座談の名手は三人。小林秀雄、宮本常一、司馬遼太郎。批評家の小林秀雄は麻糸の手ざわり。どこかサッパリと清潔な感じ。民俗学者、というより足で歩く旅の達人・宮本常一は木綿の手ざわり。ほっこりと土や草の匂いがして、古風ななつかしい生活感が漂う。司馬遼太郎は練り絹。光沢のある柔らかさに包まれる感じだ。こう書きながら、私は昔、司馬遼太郎さんと立花隆さんの対談「宇宙飛行士と空海」の席に同席したときのことをなつかしく思い出す。

「伊勢物語に、やんごとなき家の深窓のお嬢ちゃんが、強盗にさらわれる話があります。人さらいが少女を背中に負ぶって、月夜の浅茅ヶ原を走って逃げる。それまで、そんな夜中に外出したことのなかった少女は、すすきの葉先に夜露が宿って、月の光でキラキラ光っているのを見て、あれは何？、と夜露の美しさにうたれるのですが、宇宙飛行士が遠い宇宙から見た青い地球は、さながらその少女が見た、キラキラ光るすすきの葉先の夜露のようなものだったんでしょうね」

司馬さんは詩人だな、と思っていると、突然停電になり、部屋はまっ暗になった。料亭の仲居さんがあわてて蠟燭を取りに走ってくれたが、その間も二人の話は静かに続いた。目が慣れるにつれて、司馬さんのみごとな白髪がぼんぼりのように淡く光り、柔かくしっとりとした声が遠い宇宙のかなたから届くような不思議な感覚にとらわれた。

こんど四十数年ぶりに、この「司馬遼太郎対談集　日本人を考える」を読みなおして、まざまざと司馬さんの声が甦えるような気がした。

この対談は一九六九（昭和44）年から七一（昭和46）年にかけて行なわれている。一九六〇年、一九七〇年代はまさに日本の高度経済成長の時代で、その目覚しい発展ぶりは〝世界史の奇跡〟といわれ、〝ジャパン・アズ・ナンバーワン〟と称された。敗戦の痛手もようやく癒えて、日本人が自信を取り戻した時代であった。一九七〇年三月から半年間開かれた大阪万博には六〇〇〇万人を越す人々がつめかけ、六年前の一九六四年の東京オリンピックにつづいて、日本の国力の充実を世界に見せつけた年である。と同時に、同じ一九七〇年十一月二十五日、作家の三島由紀夫が楯の会の森田必勝他三名と自衛隊市ヶ谷駐屯地に乱入、一〇〇〇名近い隊員にクーデター決起を呼びかけ、直後に割腹自決するという前代未聞の事件が起きた年でもあった。そのとき三島は次のような檄文《げき》をまいた。

「われわれは戦後の日本が、経済的繁栄にうつつを抜かし、国の大本を忘れ、国民精神を失ひ、本を正さずして末に走り、その場しのぎと偽善に陥り、自ら魂の空白状態へ落ち込んでゆくのを見た。政治は矛盾の糊塗、自己の保身、権力欲、偽善にのみ捧げられ、国家百年の大計は外国に委ね、敗戦の汚辱は払拭されずにただごまかされ、日本人自ら日本の歴史と伝統を瀆してゆくのを、歯嚙みをしながら見てゐなければならなかった。……」

三島は一九六一年に短篇小説「憂国」を書き、つづいて二・二六事件を描いた戯曲「十日の菊」、そして六六年に太平洋戦争を描いた小説「英霊の声」を書き上げ、いわゆる天皇三部作を完成させていた。戦争責任を問われることなく、昭和21年元旦に「人間宣言」をした天皇に対して、「などてすめろぎは人となりたまいしや」と問い詰め、鋭く刃をつきつけたかたちだ。どんな屈辱があろうとも、アメリカのいいなりになろうともそれは構わない。しかし、天皇が人間になられては困る、日本人、日本文化のためにあってはならないことだ、と主張するのである。もちろん、アジ演説を聞いた自衛隊員はそれにまったく反応せず、世の中の大半の人々も信じがたい妄動として無視しようとした。しかしこの事件は経済的繁栄の下、天下泰平に酔う日本人の虚を衝き、みんなの心に一抹の不安の影が走ったのも事実である。

司馬さんはこうした三島の思想と行動に組しない。「対談集」の民族学者・梅棹忠夫さんとの対談の中で「戦争をしかけられたらどうするか。すぐ降伏すればいい。戦争をやれば百万人は死ぬでしょう。レジスタンスをやれば十万人は死にますね。それより無抵抗で、ハイ持てるだけ持っていって下さい、といえるぐらいの生産力を持っていればすむこと。向うが占領して住みついたら、これに同化しちゃえばいい。それくらい柔軟な社会をつくることが、われわれ社会の目的じゃないですか」と発言し、梅棹さんも「いいヴィジョンですな」と同感している。つづけて「無思想・無帰属人間をわんさとかかえた無階層社会——人類が初めて経験する社会に、われわれは踏みこんでいる」と言うのに司馬さんも「まさに世界の先兵ですな」と合槌をうっている。三島由紀夫スタイルの堅い日本像と対照的な司馬遼太郎流儀の柔軟な日本・世界像が読みとれる。

私はスポーツ総合誌「ナンバー」の編集を経験してから、スポーツを補助線に使って世の中を見るクセがついた。この「対談集」の対談が行われた一九七〇年を、私は一九五九（昭和34）年から一九七四（昭和49）年まで十五年の大枠の中で考えてみたい。この十五年間に戦後日本の大きな転換期があった、と思うからだ。一九五九年はいまの天皇・美智子皇后のご成婚の年であり、それにあわせてテレビが爆発的に普及した。また週刊文春をはじめ、出版社系の週刊誌が次々に創刊され、大衆情報消費社会の幕明けとなった。

この年、もっとも忘れられないのは六月二十五日。後楽園球場の初めての天覧試合で、巨人・長嶋茂雄が阪神の村山実投手からサヨナラホームランを打ったことだ。巨人に入団したばかりの王貞治もホームランを打ち、ONアベックホームラン第一号となっている。天皇はサヨナラホームランに身をのり出し、大きく拍手して喜こばれた。退席予定時間の午後九時十五分ギリギリのホームランで、チャンスに強い〝燃える男〟の面目躍如たるものがあった。長嶋は戦後日本の最後の、唯一人の「公僕」だと私は思っている。王貞治が「空前絶後の人」とあきれるぐらい寝ても醒めてもファンを喜ばすことだけを考えつづけた人が、昭和天皇の前で武勲をたてたのである。神としての純粋天皇を考えつづけた三島由紀夫に対して、長嶋は象徴としての人間天皇を肯定し、共に生きることを態度で示したのである。後に長嶋は私のインタビューにこう話してくれたことがある。

「自分の頃の東京六大学野球は黄金時代で、秋山、土井、近藤和、森、杉浦、本屋敷……とキラ星のような選手の中で、ただ一点、私が彼らとちがったところは、砂押監督から徹底的にアメリカ野球を叩き込まれたことです。つまり、私くらいアメリカナイズされた人間はいないんです」と実にうれしそうに話してくれたのである。自称ナショナリストは掃いて捨てるほどいるが、こんなにアメリカナイズされた人間であることをうれしそうに話す人はいない。つまり、もっともアメリカナイズされた人間が、右手にバット、左手に戦後民主主義を持って、天皇に真正面から向かいあい、心から慰めたのだ。三島由紀夫型の愛国主義、ナショナリズムではなかった。

そしてその十五年後の一九七四（昭和49）年に、「私は今日引退しますが、巨人軍は永久に不滅であります」という言葉を残して、長嶋はユニフォームをぬぎ、球場から去って行った。この年一九七四年を戦後日本の分岐点ではないか、と私は考えている。

①小野田寛郎少尉がルバング島より生還。

②日本人女性ゴーマン美智子さんがボストンマラソンで優勝。日本にも〝走る女性〟が激増した。

③コンビニ「セブン－イレブン」一号店が江東区に誕生。

④生涯学習を見据えた「朝日カルチャーセンター」の開設。

⑤朝日新聞の連載漫画「サザエさん」休載。

⑥ＮＨＫニュースセンター9時に磯村尚徳キャスターが登場。淡々と読むニュースから親しく語りかけるニュースに変わる。

⑦長嶋茂雄引退。（この年松井秀喜が生まれ、前年のオイルショックの年にイチローが誕生している。）

⑧文藝春秋十一月号の立花隆「田中金脈の研究」が引き金となって、日本列島改造論、日中国交回復の田中角栄内閣が倒れ、三木武夫内閣となる。

⑨芥川賞受賞者を一九三五（昭和10）年から一九七四年までの三十九年間と、一九七五（昭和50）年から二〇一四（平成26）年までの三十九年間をくらべると、男性作家と女性作家の比率は前者が六三人対一〇人、後者が四九人対三二人と女性作家が激増している。かくして〝女流作家〟は死語と化した。

一九七四年の特徴的な社会現象をアトランダムに並べてみただけでも、一九七〇年の

「司馬遼太郎対談集」の時代から明らかに歴史の歯車がカチリと一つ回っていることが分かる。ゴーマン美智子さんの出現で、日本中に〝走る女性〟が大量にあらわれた。昼日中、Tシャツ短パン姿で皇居の回りを走る女性は今では当たり前の風景になっているが、当時はびっくり仰天で、私は早速、文藝春秋のグラビアを組んだものだ。その前から戦闘的なウーマンリブの運動も始まっていたが、〝走る女性〟の大量出現こそが世の中を変えたのだと思う。その後の肉食系女子、草食系男子にもつながる。終戦直後、「強くなったのはナイロン製の靴下と女性」と言われていたが、女性については三十年経ってようやく現実のものとなってきた。朝日新聞の連載漫画「サザエさん」の休載は、いよいよ大家族主義の時代から核家族の時代へ移ったことをよく示すものだ。血縁、地縁の共同体が消え、核家族へ、そして今や単身者社会へ大きくカジが切られている。

一九六八（昭和43）年一月九日、自殺したマラソンランナー円谷幸吉が残した遺書が忘れられない。何度読んでも涙がこぼれる。

「父上様、母上様、三日とろろ美味しうございました。干し柿、もちも美味しうございました。敏雄兄、姉上様、おすし美味しうございました。勝美兄、姉上様、ブドウ酒、リンゴ美味しうございました。巌兄、姉上様、しそめし、南ばんづけ美味しうございました。喜久造兄、姉上様、ブドウ液、養命酒美味しうございました。又いつも洗濯ありがとうございました。幸造兄、姉上様、往復車に便乗さして戴き有難とうございました。モンゴいか美味しうございました。正男兄、姉上様、お気を煩わして大変申し訳ありませんでした。幸雄君、秀雄君、幹雄君、敏子ちゃん、ひで子ちゃん、良介君、敬久君、みよ子ちゃん、ゆき江ちゃん、光江ちゃん、彰君、芳幸君、恵子ちゃん、幸栄君、裕ちゃん、キーちゃん、正嗣君、立派な人になって下さい。父上様、母上様、幸吉はもうすっかり疲れ切ってしまって走れません。何卒お許し下さい。気が休まる事なく、御苦労、御心配をお掛け致し申し訳ありません。幸吉は父母上様の側で暮しとうございました」

　この遺書に書かれている肉親親族の名前は父母を入れて三一人にのぼる。大家族の団《だん》欒《らん》風景はこのあたりでもはや見ることはできなくなったといえるだろう。

　血縁・地縁共同体の消えた日本に残ったのは会社共同体である。終身雇用・年功序列制の会社にまだ共同体の温もりがあり、長嶋茂雄はその共同体の最高の〝公僕〟として、エコノミックアニマルとして生きた私たちを応援してくれたのである。長嶋引退の一九七四年に生まれた松井秀喜、その前年オイルショックの年に生まれたイチローは、後にともにアメリカの大リーグへ向った。とくにイチローは長嶋が脳梗塞で倒れた二〇〇四年、大リーグ新記録となるシーズン最多安打二六二本を打ってファンを驚ろかせた。私は長嶋とイチローはそれぞれの時代の生き方をみごとに体現し、それも対照的なライフスタイルを見せてくれたように思う。

　どうしたら三〇〇〇万の野球ファンを楽しませることができるかを日夜考え、努力した長嶋を、私はつい、今年一〇四歳で亡くなった詩人まど・みちおのあるインタビューに重ね合わせてしまうのだ。まどさんは「私の中のみんなが私に詩を書かせてくれるような気がする」と言う。長嶋もまた「私の中のみんな」に動かされ、みんなのために、プレーしたに違いない。イチローは違う。「私の中の私」をさらに磨くためにプレーし、努力しているように見える。さまざまに工夫し練習する中で形成されてくる日々新しい私をファンに見てもらうことこそが大切だ、と考えているようだ。長嶋は会社共同体が信じられた時代の人、イチローは血縁・地縁共同体はもちろん、会社共同体すら危うくなったグローバル化した世界で、「個」として自立する人間の姿をクッキリと見せている。

二〇〇四年はプロ野球界で選手のストライキがあって、球団の合併や新球団の誕生もあった。一九九三年に生まれたサッカーのJリーグの影響もあったであろう。野球の巨人が日本のプロスポーツを代表する時代ではなくなったのである。この年、もう一つ忘れられない出来事は五月十日、皇太子がヨーロッパ訪問の旅に出られる時の記者会見での発言だった。「雅子のキャリア、それに基づく人格を否定する動きもありました」とおっしゃったことにびっくりした。たしかに昭和天皇は「人間宣言」をされたのだが、昭和天皇も現天皇も「象徴であることと人格」の問題についてことあげされることはなかった。天皇皇后の清浄な日常の存在そのものに、ときに象徴を思い、ときに人格を感じてきたのが私たちである。そのことをあからさまにことあげすれば、象徴とは何ぞや、象徴に人格とは？　象徴に人権はあるのか……などのややこしい問題が出てくる。皇太子の発言を聞いて、日本はいよいよ個の時代を迎えたことだけはたしかだと思った。イチローが個のプラス面を見せてくれるのに対し、キャリアウーマンだった雅子妃の長年にわたる精神的な病いは孤立した個のマイナス面を示すものだろう。共同体という場を離れた個の自由さと大きな不安を感じるのだ。

そんなことを考えながら「対談集」を読むと、ホストの司馬さんもゲストの一二人も驚くほど時代に敏感に反応し、先を予見していることが分かる。たとえば犬養道子さんは「何千年来の原則をかたくなに守る執着心のつよい、粘液質の民族がうようよいて、これと否応なくつきあわねばならぬ。日本人の淡白であっけらかんとした好人物の性格を変えないようにしながら、そういう民族と対等に太刀打ちしながらやっていくために、どうしたらいいのかしらねぇ」と心配する。

精神医学の辻悟さんとの対談で司馬さんは「若い人が全員、個々に生きる目標を持たなければ生きていけないような時代も、今はじめての経験です」と未来を予知している。政治学者・高坂正堯さんとの対談では「日本歴史の中で政治家を四人あげよといわれたら、私は信長、秀吉、家康、それに大久保利通をあげますね。大久保はステーツマンであって、しかも陰謀政治もできる稀有の人物。長期のヴィジョンをもっていたし、それを実現するための権力についても、内科的所見も外科的処置もちゃんと知っていた」と歴史的知見を披露し、高坂さんが「大久保はシラフで二つのことができた珍しい例」「正論は官僚の議論で政治家の議論じゃない。正論というのは直線の上をずっと走るようなもので。しかし人間というのは千鳥足にいくんです」と受ければ、司馬さんが重ねて「政治に教科書はない、人生に教科書はない、そこから出発せんといかんということですな」と結論を出す。この丁々発止、打てば響く関係を瞬時にして出現させるところに座談の名人芸がある。あらゆる話題に対応できる引出しの多さ、どんなに不安・失望を語ってもどこか窓があいていて風が吹き抜けるような開放感がある。それが対談を読むいちばんの楽しみなのだ。

戦後日本の原子力利用の草分けである向坊隆さんは対談の中で「(原発のコストは安い)ところが、原子力発電には安全性の絶対確保という重大問題がある。広島に落とされた原爆は重さにして二〜三キロの〝死の灰〟をばらまいたが、原発にはその灰がトン当りで溜っていく。これを絶対にばらまかない、漏らさない工夫、設備が必要です」「原爆をつくるのに要する核物質の量なんて、原子炉を動かす量にくらべればほんのわずかで、いわば誤差みたいなもの」と言い切っている。二〇一一年三月の東日本大震災で爆発、メルトダウンしたフクシマ原発の大惨事が、四十数年前に予言されているのである。恐ろしい予言である。それをうかうか読みすごしてきたのだ、とつくづく思う。

日本の碩学、英知といわれる人たちのほかに、竹林の七賢人を思わす作家・富士正晴さんとの人を食ったような対談も脱線しているようでハッと思わせるところがある。富士さんは「全共闘の運動をはじめはおもろいと見ているが、そのうちに、一つも前と変ったことせえへんやないか、陳腐やないか、もうちょっとおもろいことやらんかいなという気になってくるんやな。退屈してしまうんや。同じことばかりやって、しょむないやっちゃ、全共闘は。そういわれて、もう終いや。けったいな国やな、日本は」と言い、司馬さんも「戦争に負けた当座は、これから面白い日本人が出てくるだろうと思ったし、そのきざしもたくさんあったけど、しかし負けたことを知らん若い衆が出てきたら、また元通りになってしまった」と言う。日本人への失望、不安を卒直に語っている。司馬さんは作家独特の嗅覚で、日本の薄闇を見透している。根底にどこかニヒリズムがあるように思えてくるが、しかしそれは明るいニヒリズム、透明なニヒリズムのように感じられるのはお人柄のせいだろう。

「対談集」の最後に日本サル学の創始者、今西錦司さんとの対談で司馬さんは「人間は手ざわりで、肉体でさわらなければ教育はできないものでしょうね」「このままでいくと人類は滅びるのも、それはやむをえないと思っています」と言う。人間の未来に関して、楽観的な見方をしていないことが分かる。それでもどこかに希望がひとはけついている。

「対談集」を読みながら、あらためて「温故知新」を思う。古きを温めて新しきを知る。古いもの、過ぎ去ったものを自分の体温で温めながら、そこから英知を汲み取っていくしかない。司馬さんは自由自在の話術を駆使しながら、そのことを読者に教えてくれるのである。四十数年前に語られた言葉が、今の時代に読まれることによって、新しい生命がふきこまれるのだ。それらの言葉によって読者は元気づけられ、はげまされる。すぐれた対談には、まるでその場に居合わせたかのような臨場感がある。

文春文庫

司馬遼太郎《しばりようたろう》対談集《たいだんしゆう》

日本人《にほんじん》を考《かんが》える

定価はカバーに表示してあります

2014年6月10日 新装版第1刷
2023年1月30日 第2刷

著者代表 司馬遼太郎《しばりようたろう》

発行者 大沼貴之

発行所 株式会社 文藝春秋

東京都千代田区紀尾井町3-23 〒102-8008
TEL 03・3265・1211㈹
文藝春秋ホームページ http://www.bunshun.co.jp

落丁、乱丁本は、お手数ですが小社製作部宛お送り下さい。送料小社負担でお取替致します。

印刷製本・凸版印刷

Printed in Japan
ISBN978-4-16-790125-7